三国英雄记

南门太守 著

前

PREQUEL

传

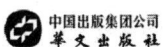
中国出版集团公司
华文出版社

图书在版编目（CIP）数据

三国英雄记前传 / 南门太守著．-- 北京：华文出版社，2020.7

ISBN 978-7-5075-5315-4

Ⅰ．①三… Ⅱ．①南… Ⅲ．①中国历史－三国时代－通俗读物 Ⅳ．①K236.09

中国版本图书馆CIP数据核字(2020)第090797号

三国英雄记前传

作　　者：	南门太守
责任编辑：	张超琪
出版发行：	华文出版社
社　　址：	北京市西城区广外大街305号8区2号楼
邮编码：	100055
网　　址：	http://www.hwcbs.com.cn
电　　话：	总编室 010-58336239　责任编辑 010-63426125
	发行部 010-58336253　58336202
经　　销：	新华书店
印　　刷：	三河市祥宏印务有限公司
开　　本：	889×1194　1/32
印　　张：	11.75
字　　数：	260千字
印　　数：	1—5000
版　　次：	2020年7月第1版
印　　次：	2020年7月第1次印刷
标准书号：	ISBN 978-7-5075-5315-4
定　　价：	58.00元

版权所有，侵权必究

目录

CONTENTS

序言：汉末三国历史的"口述实录"——王粲和他的《汉末英雄记》／001

1 由"带头大哥"到"漂亮的草包"／001
   "权贵子弟"出身的袁绍原本仕途坦荡，但他却整天跟一帮形迹可疑的人混在一起。作为最早意识到天下将要大乱的一批精英，袁绍和他的同道们要走另一条道路。

2 独夫是怎样炼成的 ／ 013
   董卓是史上首个真正意义上的大军阀，也是汉末三国时代被史书骂得最狠的人，但他不是天生的暴虐成性的恶人，他也曾经为朝廷身历百战，是朝廷的功臣和栋梁。

3 汉末最危险的职业是做外戚 ／ 027
   皇亲国戚是多么荣耀的身份，可是放在汉末三国时代就成了最不幸的人。在政治斗争中，外戚一再成为牺牲品。自梁氏一族开始，东汉末年，最后几家外戚全部遭灭门。

4 遇到文人就跟他比谁更流氓 ／ 041
   遇上流氓就跟他比文化，遇到文人就跟他比谁更流氓。董卓的残虐有时是装出来的，目的就是为了吓唬那些雄踞于道德高地上的士人们。

5 丁原事件背后的内幕交易 / 049

  在政局最敏感的时刻,丁原突然被最亲信的部下所杀,所有的人都感到惊讶和不解,只有董卓和吕布心里最清楚。为了策反吕布,董卓开出了天价,让吕布想不动心都难。

6 当两个野心家相遇 / 055

  一个是雄心勃勃的少壮派,一个是目空一切的大军阀,他们不约而同地盯上了最高权力的宝座,都不肯屈居人下。一场对决在所难免,因为他们都是不折不扣的野心家。

7 武人终究没斗过文人 / 063

  敢在董卓身边玩潜伏,那是因为他们艺高人胆大。靠武力起家的董卓突然发现文人是那么重要,但他没有料到的是,他所器重的这些人个个都是自己的掘墓人。

8 曹操与刘备的早年友谊 / 071

  "奸雄"曹操和"枭雄"刘备原来早年即相识,尽管他们的人生轨迹各不相同,但他们在一生中多次相遇,在相知中相斗。他们有时是对手,有时是朋友,他们影响着历史的进程。

9 酸枣会盟必然失败的原因 / 081

  轰轰烈烈的酸枣会盟居然顷刻间瓦解,声势浩大的关东联军不用董卓动手已变得四分五裂,贪婪、自私和怯懦是各路盟军的致命伤,董卓有理由瞧不起这群乌合之众。

10 被忽略的急性子将军 / 089

  一个凉州军里的重量级人物,曾经是吕布和华雄的顶头上司,但在后世却比吕布和华雄的名气小得多。他行事简单粗暴,所以屡次遭到算计。对付这样的长官,吕布自有办法。

11 改写历史的意外事件 / 097

  一次意外事件改写了荆州的政局,也延缓了一个最有潜力的军事集团的崛起。如果孙坚不死于这场意外,就没有日后的刘表,而曹操最强大的对手也将不再是袁绍。

12 朝廷"下派官员"带来的矛盾 / 109

公孙瓒本有希望成为"幽州王",他的"白马义从"足以帮他成就这个荣耀,但是半路上杀出来的朝廷"下派官员"刘虞,给公孙瓒增添了无尽的烦恼和郁闷。

13 乱世中懦弱退缩者注定遭淘汰 / 119

人在江湖身不由己,乱世中没有退而求其次的可能。韩馥以自己悲惨的结局,给曹操、孙权等人上了生动的一课:乱世中,无论如何不能放弃手中的兵权。

14 精心打造的"大戟士"扬名界桥 / 131

这是一支为公孙瓒的"白马义从"量身定制的神秘部队,就是这八百勇士让那支赫赫有名的王牌之师神话般地灭亡了,他们在界桥之战后扬名天下,从而改写了历史。

15 仁者未能无敌 / 143

在战场上行仁义就是妇人之仁,刘虞在失败后也许会反思到这一点。对付公孙瓒那样强悍的敌人,只能以更加血腥的暴力来对付他的暴力,但是刘虞已经没有机会了。

16 喜欢在塔楼里办公的人 / 151

一个神奇的防御体系,一项空前绝后的防守工程。但越是强大的防御越会削弱主动进攻的欲望,公孙瓒被自己的发明给毁了。

17 缺少顶尖人才难成气候 / 159

要干事就离不开人才,要干成事就离不开优秀人才,要干成超级大事就离不开顶尖人才。公孙瓒被"庸儿"包围,靠那几个小商小贩出主意,难免会经常推出一些"雷人"政策来。

18 令人扼腕叹息的悲剧英雄 / 165

臧洪被陈寿称为"烈士",他为了旧主不惜背叛新主,血战到最后一刻，在城中断粮的情况下，甚至杀了自己的爱妾给将士们吃。可惜的是，他的忠义带着深深的悲剧色彩。

19 发生在长安的流血政变 / 173

董卓被杀前发生了许多神秘事件，这也许是野史的杜撰，也许是那些了解内幕的人想暗示董卓什么。但是，这些已经不重要了，重要的是祸国殃民的董卓终于死了。

20 凉州军和并州军的内讧 / 181

吕布被策反过一次，现在又被策反了。不过这一次他既不是为了钱，也不是为了官位，更不是为了一匹马。他的再次背叛有点迫不得已，他为的是整个并州军的前程。

21 政治信用比什么都重要 / 189

自以为有大功于天下、有大恩于袁氏的吕布没想到会四处碰壁。原来，一个人可以没有兵马，可以没有地盘，但不能没有起码的信用。政治信用已经破产的吕布感到很受伤。

22 黑山军是袁绍的梦魇 / 199

黑山军是一支转战在太行山区的农民义军，袁绍对他们无计可施。这支军队在战斗中成长，成为袁绍的噩梦，却是曹操的福星。曹操最终战胜袁绍，也有他们的功劳。

23 也有人死心踏地挺袁绍 / 205

乌桓人强大起来，他们因反对公孙瓒而倒向袁绍，又因支持袁绍而与曹操为敌。群雄逐鹿并不只发生在中原，白狼山一战成就了虎豹骑的威名，却终结了蹋顿的神话。

24 派系斗争瓦解了最强势的集团 / 213

袁绍手下的人才之盛甚至超过了曹操，这里会聚了许多顶尖人才。但是，袁绍没有把这支队伍带好，他放任部下搞派系斗争，重创了本集团的实力，成为其失败的主因。

25 审配犯下大错但死得壮烈 / 223

官渡之败袁绍自己要负主要责任,再往下就数审配的责任最大,他净支"晕招",还大搞内斗。但他不失为袁氏集团的忠臣,一直战斗到底,最后壮烈而死。

26 都想找顶钢盔戴头上 / 231

小沛因刘邦而出名,现在又因为刘备和吕布再次受到关注。刘备的私心被吕布复制,他们都希望对方成为保护自己的盾牌,但历史经验表明,把自己的安全交给别人是最愚蠢的。

27 两个老对手短暂的政治蜜月 / 243

曹操和吕布这两个杀红了眼的死对头不只是握手言和,简直就是握手言欢了。这是一个奇特的政治蜜月,一切缘于双方对战略利益的考虑,但这些都是极其短暂的。

28 不仅是无知,简直是狂妄 / 251

袁术称帝震撼了天下。以董卓的目空一切、袁绍的胆大妄为和曹操的近水楼台,他们都不曾有自己当皇帝的打算,袁术的不理智行为使得仅有的盟友都被迫翻了脸。

29 袁术失败原因的心理学分析 / 263

袁术是个自信心和优越感过盛的人,一个狂妄的自大者,一个集矫情与骄傲于一身的人。他不自量力,无法正确认识现实、把握未来,这些似乎可以从心理学上找到答案。

30 成也"二陈",败也"二陈" / 271

陈宫和陈登既是吕布事业上的助手,也是导致他失败的两个人。看来吕布驾驭不了他们,以至于发现陈宫谋反也不敢追究。身边有这样的人也是吕布的不幸。

31 用人不能疑,疑人不能再用 / 285

吕布不仅耳根子软,而且在用人上存在严重失误。他既不明白"用人不疑"的道理,随便怀疑下属;更不明白"疑人不用"的道理,对于正在怀疑的人还继续听信重用。

32 汉末三国的"完美军人" / 295

高顺堪称"完美军人",他不仅能打、有智慧,而且品德好,不饮酒、不受贿,对自己要求严格,对吕布忠心耿耿,有了委屈也不放在心上,但他有着一个悲壮的结局。

33 曹操的情商和个人魅力 / 303

曹操取得成功不是偶然的,除了他的智商和勤奋外,他的情商也很高。他既是一代枭雄,也是一个平凡的人。他有普通人的喜怒哀乐,也有普通人的随和、平易和可爱。

34 雄才和大略一样都不能缺 / 315

乱世中的竞争就像一场长跑比赛,出发早的人并不意味着永远跑在前头。相对于曹操、孙权、刘备这些玩命狂奔的人,一路慢跑、有时还走走停停的刘表只有被淘汰出局了。

35 老子生猛,儿子软弱 / 325

对付内部强硬势力,刘焉毫不手软。作为报复,本土实力派们把最软弱的刘璋扶持上台。如果说刘焉是有雄才而无大略的话,那么刘璋就是既无雄才也无大略。

36 被忽视的兵团和另一个赤壁 / 335

《汉末英雄记》清楚地记述了另一场不是发生在长江里的战斗,这是真实的赤壁还是虚构的?通过抽丝剥茧,我们突然发现原来还有另一支兵团和另一个赤壁。

37 《汉末英雄记》里的其他人物 / 345

这里有被谭嗣同所羡慕的朝廷通缉犯,有汉末最酷的"犀利哥",有助人为乐的楷模,也有最后一个老"愤青",以及被曹操派往朝鲜半岛的太守,他们同样是王粲眼中的英雄。

序言：汉末三国历史的"口述实录"
——王粲和他的《汉末英雄记》

  《汉末英雄记》又名《英雄记》《英雄交争记》，是我国第一部以"英雄"为主题的历史专著，作者是三国时期"建安七子"之一的王粲。王粲是一个特殊人物，他有着特殊的出身和经历。作为一名有个性的文学家、诗人，同时又是那段历史的亲身经历者，他写的《汉末英雄记》有着与一般史书不同的风格和独特的史料价值，是我们解读汉末三国历史不可缺少的文本。但这部书从宋代开始便散佚了，保存下来的部分因为支离破碎而难窥其全貌，因而常常被人们忽视。

一、特殊的经历

  王粲（177—217），字仲宣，东汉山阳郡高平县（今山东邹城一带）人。山阳郡的王氏是一个名门大族，他们虽不如汝南袁氏那样"四世三公"，但自王粲曾祖起也都是朝廷的重臣。王粲的曾祖父王龚在汉顺帝时当过太尉，祖父王畅在汉灵帝时当过司空（太尉和司空都是三公之一，比"正部级"的九卿还高）。王粲的父亲王谦当过大将军何进的长史，这个职务类似于秘书长。出身在这样一个世族家庭，王粲从小就有着优越的生活条件和教育条件。

然而，王粲生活在东汉王朝即将崩溃的前夕，即汉末时期。这是一个社会动荡不安、政权不稳、思想文化激荡起伏的年代，王粲没有延续父祖一辈走过的仕途，而是被裹胁进历史的洪流中。王粲17岁左右来到长安，此时的长安是临时国都。王粲虽然其貌不扬，"年既幼弱，容貌短小"，但仍引起了大学者蔡邕的注意。《三国志》记载，蔡邕听说王粲前来拜访，立即"倒屣迎之"，并向来宾郑重推荐，蔡邕成为王粲的老师；蔡邕向大家宣布自己死后，家里所有的"书籍文章"都赠予王粲，显示出蔡邕对这个晚辈的超乎寻常的器重。

不久，发生了长安之乱，王粲目睹了凉州军人劫掠百姓的惨象，之后流离到了荆州，在那里生活了十几年。统治荆州近20年的刘表也是山阳郡人，他是王粲祖父王畅的学生。由于这样的双重关系，王粲到荆州避难后得到刘表的一定照顾。但是，在荆州期间王粲并不得志，他的身份只是一名普通幕僚而已。其表面原因如《三国志》所说是刘表"以粲貌寝而体弱，通侻，不甚重也"，而深层次的原因是刘表"非霸王之才"，他"外宽内忌"，不能纵观大局，缺乏远大志向，选人用人还停留在清议、容止、品藻等传统标准上，不能像曹操那样与时俱进地提出"唯才是举"

的口号，对各类人才兼容并蓄、广泛吸纳。

寄居荆州期间，王粲写下了《七哀诗》和《登楼赋》等著名作品，奠定了他作为汉魏时期最优秀的文学家之一的历史地位，他被《文心雕龙》称为"七子之冠冕"。对一个作家来说，通常最不得志、最苦闷的时候才是他诗情文情最勃发、创作力最旺盛的时候，王粲就是这样。《七哀诗》里的悲怨之情、人伦之忧，《登楼赋》里的困顿苦厄、抑郁绝望，都是他人生追求和政治抱负得不到施展的反映。

二、来到曹操身边

汉献帝建安十三年（208年），曹操挟北征乌桓大胜的余威南下荆州，开始了他统一江南的漫漫征程。此次南征尽管结局已被历史定格于赤壁的那场大火，但其初期进展却颇为顺利，曹军挥师南下，刘表病死。据《三国志》和《文士传》记载，在刘琮思考是否投降的问题上，王粲立了功，曹操平定荆州后大封15名荆州人士为侯，其中就有王粲。这样王粲不仅是"建安七子"中年龄最小的一个，也成为政治地位最高的一个。

加入曹魏阵营成为王粲一生的重要分野，此前王粲就对曹操充满好感。他曾说："曹公故人杰也。雄略冠时，智谋出世，摧袁氏于官渡，驱孙权于江外，逐刘备于陇右，破乌桓于白登，其余枭夷荡定者，往往如神，不可胜计。"在王粲的眼里，曹操是当代首屈一指的英雄，自然也是自己敬重景仰的明主。所以，当曹操得到荆州后，"置酒汉滨"时，王粲主动捧着酒杯上前恭贺。

曹操对王粲也颇为看重，一则缘于他力劝刘琮投降，保证了荆州的"和平接收"；二则他是山阳郡王氏后人，曹操自己虽出身于通常所说的庶族，但他在政治上一向与世族大家结盟；三则王粲与蔡邕有特殊情谊，而曹操与蔡邕也是忘年之交，曹操后来把蔡邕流落到南匈奴人那里的女儿蔡文姬用重金赎回。因为这些原因，曹操对王粲这个比自己小了22岁的年轻人很有好感，让他一直在自己身边任职。

王粲在曹魏阵营担任过的职务有三个，分别是丞相掾、军谋祭酒和侍中。汉代丞相府内设了十几个办事部门，类似于处或局，其部门长官称"掾"，副长官称"掾属"，丞相掾是很有实权的职务。"祭酒"是用酒祭祀，后来也指飨宴时酹酒祭神的长者，并引申为类似"首席"的意思。东汉太学的教授称博士，博士祭酒就是首席教授，也就是校长。曹操担任丞相时，军谋是丞相府里的军事参谋人员，军谋祭酒就是首席参谋、参谋处长或参谋长。王粲担任如此重要的职务，说明曹操对王粲的个人才能是认可的，在政治上对他也是绝对信任的。"侍中"是"部长级"的高级顾问，政治地位很高，曹操建立魏国时共选了3位侍中，其中就有王粲。

王粲比曹操早死了3年，他31岁加入曹魏阵营，41岁因病去世。10年间，王粲所担任的3个职务都直接服务于曹操本人，因而得以与曹操以及曹魏阵营里的其他著名人物朝夕相处，这为他后来撰写《汉末英雄记》提供了一般史学家所不具备的特殊条件。据史料记载，10年间，王粲曾随曹操出征6次之多，不仅与曹操"游观出入""多得骖乘"，而且亲身经历了合肥之战、潼关之战等重大战役，亲身体验了战争的残酷和艰辛，领略了曹操的军事指挥艺术和个人风采。这些都反映在他所写的大量诗文中，也记录在《汉末英雄记》一书里。

王粲还与曹丕、曹植等人关系融洽，他长曹丕10岁，长曹植15岁。如果说在曹操面前他是晚辈和下级因而更严肃拘谨的话，他与曹丕、曹植兄弟的关系就如同兄弟朋友了。在邺下文人的唱和饮宴活动中，王粲是比较活跃的一员，他现存的诗文里有大量应和、应制之作。王粲死后，曹丕和曹植都专门写诗文进行悼念，对他给予高度评价。王粲和曹氏兄弟深厚的友情从《世说新语》里的一则记载就能看出来：王粲有听驴叫的癖好，在王粲下葬时，已经身为太子的曹丕亲自出席了葬礼；为了悼念王粲，曹丕要求前来参加葬礼的人都学一声驴叫，这虽然很荒诞，但由于是曹丕的命令，大家都只好照做了。

三、演绎"英雄"主题

王粲不仅家学渊源、阅历丰富，据《三国志》记载，他还有另外两项特长：一是王粲记忆力惊人，他曾经与人外出，见路边有一通石碑，大家都看了一遍，有人知道他记性好，就想考考他，问他有没有把刚看的碑文记下来,王粲说可以,于是默背了一遍,"不失一字";还有一次王粲看人下围棋,中途棋局乱了,王粲帮他们恢复,下棋的人不相信,把棋局盖上,让他另外摆一遍,王粲就在边上就又摆了一遍,跟盖起来的棋局比较,发现"不误一道"。二是王粲"善属文",写东西"举笔便成,无所改定",大家都认为这么好的文章一定是提前打了腹稿的,而其实不是。王粲留下不少作品,《三国志》共有诗、赋、论、议等60篇,《隋书·经籍志》著录有《王粲集》11卷、《去伐论集》3卷、《汉末英雄记》10卷,这些著作大概到宋朝时已经佚失,到明朝时张溥再辑《王侍中集》,只得到了1卷,收入《汉魏六朝百三家集》中。

王粲的著作现存有诗歌23首、赋27篇、文46篇,在这些作品里,《汉末英雄记》是很特别的一部。隋唐时人们还可以看到这部书的全貌,其规模大约10卷。《三国志》共65卷、36万多字,《汉书》120卷、80多万字,若按照这种篇幅容量推算,《汉末英雄记》的总字数应该在5万到7万字之间。但是,到宋代这部书就看不到了。《四库全书提要》称明朝王世贞杂抄诸书辑佚一册,记有44个人的事迹,以后在《说郛》《广汉魏丛书》以及《黄氏逸书考》等丛书中有辑本。今人俞绍初校点的《王粲集》,在前代辑佚的基础上又广搜博征,加以补充,是目前能见到的最全的版本。根据这个版本,《汉末英雄记》尚有佚文1.2万字,约相当于原书的五分之一,涉及人物50余人。

这些人物包罗广泛,既有曹操、刘备、孙坚、袁绍、袁术、吕布、公孙瓒、刘表、刘璋、张杨这样的割据群雄，也有董卓、李傕、郭汜、杨奉、胡轸这样恶名颇多的军阀；既有刘虞、张俭、王匡、凉茂这样的名士，也有周㫬、伍琼、臧洪这样的侠客；既有天下知名的风云人物，也有像李叔节、关靖、刘子惠、赵浮、朱汉、尚子平、韩珩这样的小人物；既有成功的典范，也有像丁原、韩馥这样的悲剧英雄；既有武将，也有像孔融、逢纪、审配、郭图、向栩这样的文士。其所记录的事迹重点在董卓之乱后到赤壁之战前，也就是王粲生活的主要年代。对王粲来说，《汉末英雄记》就是他对汉末三国历史的"口述实录"。

这部书冠以"英雄记"的名字，显然是把上述这些人都当成英雄来写，这涉及对"英雄"概念的理解。"英雄"一词据说最早出于东汉班彪所作的《王命论》中，班彪在总结汉代立国经验时认为，"英雄陈力，群策毕举"是刘邦成功的关键。与王粲同时代的刘劭认为，"草之精秀者为之英，兽之特群者为之雄，故人之文武茂异，取名于此"。到了近代，"英雄"一词又有了新的内涵，梁启超眼里的英雄除了"贵乎豪杰"之外，还必须能"谋团体之幸福，以一群之公益为目的"。通常人们心目中的英雄要么是安邦定国、建立功业的领袖人物，要么是扬名疆场、保家卫国的勇士，要么是除暴安良、行侠仗义的侠客。他们是一群在普通人中有超出常人能力的人，他们能够带领人们做出巨大的、对人们有意义的事情，他们通常拥有藐视一切的能力，有傲视群雄的气势，普通人对他们不但敬畏，而且难以捉摸。除此之外，他们还必须为善、行善，必须有义和勇的品行。只有具备这些素质，才能被称为英雄。

如果按照这样的标准来衡量，《汉末英雄记》里所载的这些人中有相当一部分不能称为英雄。他们有的身上有善也有恶，甚至恶比善多；有的知名度一般，也没有特别突出的"英雄事迹"；还有的只是一名文士、文官，没有上过沙场也没有行侠仗义。但王粲把他们统统写进《汉末英雄记》里，因为在王粲的英雄观里，不以贵贱论人，也不以成败论英雄；他既看中大英雄、大豪杰，也关注小人物、小细节。他所谓的"英雄"，其实就是汉末各类精英的总和，是各种人才的统称。只要他们能因时而动，无论凭体力还是智力，也无论是成功还是失败，只要在历史上留下过自己的一页，王粲都用笔把他们的事迹记录下来。这与司马迁发愤著《史记》的精神一脉相承，是汉末时代精神向务实、通脱演变的一种体现。

四、一部独特的史书

王粲有博学强记的天赋和家学渊源的优势，他善于属文，又亲身经历过许多历史事件，长期在曹操身边任职，与曹丕、曹植等人关系融洽。这些得天独厚的条件聚合在一起，成就了《汉末英雄记》的与众不同。这部史书以第一手资料为基础，不仅有较强的可信度，而且经过王粲的精心加工，其艺术水平和可读性也较一般史书更强。

《汉末英雄记》最晚写于建安二十二年（217年），那时曹操还在世。这部书写成60多年后，陈寿才开始撰写《三国志》；又过了160多年，范晔才开始撰写《后汉书》。《汉末英雄记》如今只剩五分之一，仅用这些散篇与上述两部史书进行对照，就会发现《三国志》《后汉书》直接引用、移植，有时甚至照抄《汉末英雄记》的地方就有很多。如果《汉末英雄记》全部保存下来，我们将会发现《三国志》《后汉书》等史书还有更多事件出于《汉末英雄记》，这是王粲对史学的巨大贡献。

王粲写史，可能一半出于自身爱好，一半出于对老师蔡邕遗志的继承。蔡邕临死前立志写一部本朝的史书，但未能如愿，想必他已经做了许多准备，收集了一些资料，后来这些东西又到了王粲手中。为了完成老师的遗愿，王粲要写一部史书。但他不是一个纯粹的文人，更不是一个单纯的历史学家，他是一个才华横溢的文学家、一个激情如火的诗人，也是曹魏事业的支持者和讴歌者，他不愿意按照《史记》和《汉书》已经形成的书写模式写历史，他写得比较随意，在对历史的书写中尽情挥洒自己的性情，因而呈现出一部别具一格的历史著作来。

《汉末英雄记》得以在后世流传，说明曹操、曹丕这些当事人极可能看过这部书稿。这部书没有因为妄言、诽谤而被禁，说明曹操、曹丕对其中的事件、情节以及评论有过首肯，是经过当事人审查的"口述实录"。这一点就更难能可贵了，这也是更值得我们细细推敲、慢慢品读的地方，从中我们会有许多新的发现。

可惜的是，这部书的大部分文字已经看不到了，剩下约五分之一的文字也支离破碎，就像一件被打碎的精美瓷器，被历史的风尘湮没，其碎片被流沙吹散，我们能看到的只是一些很难关联的瓷片。但是，从这些碎片里我们仍然能够领略她的神采、她的美妙，为了更好地欣赏她、还原她，有必要进行一番大的修复，从同时代其他作品里撷取素材，进行对接、拼装和修补，让她重新焕发风采。这是我解读《汉末英雄记》的初衷。

本书参考了《说郛三种》辑本、《广汉魏丛书》辑本、《续修四库全书》中《黄氏逸书考》辑本以及中华书局《王粲集》辑本，为便于解读，对条目按时间顺序进行了重新调整，特此说明。

南门太守
2020 年 5 月

1
由"带头大哥"到"漂亮的草包"

袁绍父成，字文开，名壮健。贵戚权豪自大将军梁冀以下，皆与交结恩好，言无不从，故京师谚曰："事不谐，诣文开。"

绍生而父死，二公爱之。幼使为郎，弱冠除濮阳长，有清名。遭母丧，服竟，又追行父服，凡在冢庐六年。礼毕，隐居洛阳，不妄通宾客，非海内知名，不得相见。又好游侠，与张孟卓、何伯求、吴子卿、许子远、伍德瑜等皆为奔走之友。不应辟命。中常侍赵忠谓诸黄门曰："袁本初坐作声价，不应呼召而养死士，不知其儿欲何所为乎？"绍叔父隗闻之，责数绍曰："汝且破我家！"绍于是乃起应大将军之命。

袁绍生而孤，幼为郎，容貌端正，威仪进止，动见仿效。弱冠除服长，有清能名。

袁绍有姿貌、威容，爱士养名。既累世台司，宾客所归，加以倾心折节，莫不争赴其庭，士无贵贱，与之抗礼。

袁绍辟大将军府，不得已起从命，举高第，迁侍御史。弟术为尚书，绍不欲为台下，告疾求退。

——（三国）王粲《汉末英雄记》

袁绍一来到这个世界上就有了让人羡慕不已的天生优势，袁家政治资源丰厚，可以保证他仕途一帆风顺。而袁绍又生得仪表不凡，走到哪里都受到追捧，成为"带头大哥"。然而，袁绍不愿意再走父辈们走过的路。尽管这条路风光无限，可他清醒地看到天下正在发生变化，为此他开始精心准备。但是，过早成名和过于顺利的政治道路也造就了袁绍性格上的缺陷，并最终使他走向失败。

传说是丫鬟所生终身成话柄

袁绍出生于汝南郡袁氏家族，这个家族兴起于一个叫袁安的人，这是个厚道的基层公务员。有一年冬天发生雪灾，好多人饿得没有饭吃，手里有点小权的都想办法收取贿赂来活命。一天，县令出来视察，到袁安家看到门口没有一点脚印，县令想八成这个老实人给饿死了吧？于是让人去收尸，结果发现袁安还有一口气，就把他救活了。宁可饿死也不收取贿赂，这是什么精神？这是典型的廉政自律精神，于是袁安被树成廉政典型在全国进行宣传，宣传材料也写得好，标题是"袁安困雪"。这成为当朝一个经典，写进了学生的教科书和官员操行手册里。

袁安名声大振，后来在汉章帝时做到了司空。袁家号称"四世三公"，也就是连续四辈人都位至三公。如果再算上以后的袁绍，那就有五世。而袁安是第一位，是袁氏这庞大家业的奠基人。袁安的后人袁京、袁敞、袁平、袁成、袁汤、袁逢、袁隗等人都曾位至三公。东汉的三公是指司空、司徒和太尉，地位都比部长级的九卿高，跟后世的宰相差不多，是位极人臣的显赫职务。东汉的三公有一项特权叫"开府"，就是组建自己的办事机构，所属官吏由三公自行聘用。三公拥有了这项人事权，就可以大量培植自己的势力。这些被招揽来的人就叫"门生故吏"，在他们眼里，聘用自己的人不仅是长官还是恩师。三公和门生从而结成一种特殊的政治关系。袁家连续四代人位至三公，在位时间加在一起长达数十年，聘用过的人不计其数，这些人日后转任政府及地方高官，织成了一个庞大的关系网。

袁绍就出生于这样的家庭。根据王粲的说法，袁绍的父亲叫袁成，字文开，很有能力。当时跋扈将军梁冀把持朝政，对袁成都礼让三分，对他言无不从。袁成在梁冀面前说话好使，没有什么事办不成，袁成的名声很大。王粲在《汉末英雄记》里说社会上当时流传一句顺口溜："事不谐，诣文开"，意思就是"事情摆不平，就去找袁成"。

但是，根据《后汉书》和《三国志》的记载，袁成并不是袁绍的生父，袁绍的父亲叫袁逢，跟袁成是亲兄弟；袁成死得早，袁逢就把袁绍过继给了袁成以继承家业。袁逢、袁成还有一个兄弟叫袁隗，袁逢、袁隗都位至三公。当然，王粲的说法也没错，古人更注重亲属之间的法律关系，袁绍一旦过继给叔父，袁成就成为袁绍法律上的父亲，而袁逢是袁绍血缘上的父亲。袁逢还有一个儿子就是袁术，他是袁绍的亲弟弟，但是袁绍过继给袁成后，袁绍就成为袁术的堂哥。

这兄弟俩关系一直不好，原因是袁绍的生母不是袁逢的正妻而是妾，袁术的母亲则是正妻。一个是庶出，一个是嫡出，二者差别很大。这件事记录在《魏书》里。如果按照嫡长子世袭制的观点，袁绍虽然比袁术年长但却没有袁逢的继承权，这样的话，二人日后迟早会爆发一场冲突。但这个冲突却没有爆发出来，原因是袁绍过继给了他的叔父，有了另外的继承权。

还有一种说法，说袁绍的生母连妾都不是，其实是一名丫鬟，因为跟主人有了孩子才被收为妾，想必袁术的母亲对她很不友好，直接影响到袁术对袁绍的态度。这种说法并非捕风捉影，它正式记载于公孙瓒讨伐袁绍的檄文中，这份文书中说："绍母亲为婢使，绍实微贱。"檄文是用来诋毁敌人用的，自然少不了抹黑、造谣，似乎可信度不高，但其实不然。檄文固然可以骂人，可以上纲上线，但它是公开发布的，基本事实不能太离谱，所以这件事的可信度相当高。

但是袁绍能力比袁术强，始终压着他，名气比他大，长得比他排场，交的朋友比他多，官做得也比他大，袁术对此一直不服气，兄弟二人关系不是很好。《汉末英雄记》记载，袁绍被提拔为侍御史的时候,袁术担任尚书,袁绍不愿意比袁术低,所以就以有病为由求退。此后,袁术经常拿袁绍的出身说事,甚至在给公孙瓒的信里宣称袁绍不是袁家的后代。二袁日后决裂形成两大集团,公孙瓒、刘表、陶谦、曹操、吕布都被裹进这两大集团的斗争中。

为避风头主动申请延长丧假

和当时大多数权贵子弟一样,袁绍参加工作是从"郎"做起。"郎"是天子身边的工作人员,皇宫里不仅有宦官,而且还有不少办事机构,如国家档案馆兰台、朝廷的秘书局尚书台、朝廷的机要收发局谒者台等,这些办事处机构聘用的办事员就是"郎"。担任郎官既是一种历练,借此熟悉宫里的办事程序以及公文处理规则;同时,在天子身边工作也是一种荣耀,表明与天子之间曾经有过亲密的关系。他们一般不会任职太久,一有机会便会被授以实职,这些从天子身边来的人大多仕途坦荡。袁绍当郎官不久就被任命为东郡濮阳县长,这里位于洛阳以东几百里外的黄河沿岸,那时候长江沿线并不发达,发达的是黄河沿线,濮阳的地位类似于现在的武汉、南京,袁绍这个高干子弟担任濮阳县长时也就二十来岁。

但是袁绍担任濮阳县长不久,他家里出了一件大事:他的母亲,也就是那个被袁术瞧不起的丫鬟去世了。汉朝以孝治天下,父母亲去世做儿女的要守三年丧,担任朝廷公职的必须离职守丧。

袁绍于是离开濮阳，回到汝南郡汝阳县为母亲守丧。袁绍虽然只是个县长，但作为袁家最被看好的下一代之一，他在这时候已经很有名气，结识的朋友很多。他家办丧事居然惊动了数万人来参加，许多人是从几百里、上千里之外赶来的，车子来了几千辆。这些人里就有大约正在洛阳太学当学生的曹操，以及曹操的好友王俊。不过，曹操和王俊也只能在外围看看热闹，暂时上不了袁家贵客的名单。

守孝是很苦的差事，不仅时间很长，而且规矩很多，不能住在家里，只能在父母坟前搭个简易棚居住，期间不能东跑西窜，不能吃肉，不能有娱乐活动。过惯了荣华富贵日子的人根本受不了，表面上悲悲戚戚，心里肯定如煎似熬地掰着手指头数日子算什么时候结束。可是，当袁绍在母亲坟前守完三年孝可以回去重新工作的时候，他却突然向朝廷请求把丧假再延长三年，他还要再为已故的父亲守三年孝。

袁绍的生父并没有死，他最后死于董卓的屠刀之下。袁绍要为之守孝的是他的继父袁成。袁成死得很早，袁绍当时太小或者还没有过继给叔父，总之当年没有正式为继父守过孝，想要补孝。袁绍的举动被理解为更大的孝行，因为这个孝现在并不需要追补。袁绍的孝行受到大家的敬重，他又在继父坟前搭起个简易棚，开始又一轮为期三年的清心寡欲的生活。纵观袁绍的一生，他是有真本事的人，他也很会作秀。不过暂时放弃正在高歌猛进的仕途，只为博得一个行孝的名声代价似乎太大。守三年孝这个制度在以后朝代里还经常实行，有些正在走官运的人一到父母病情加重立刻提心吊胆，生怕关键时刻不得不离开官场。在明清时代，对于那些实在不能请长假的重要人物，天子可以下诏书要求他不用守孝，这就是"夺情"。像袁绍这样三年还嫌不够要求追加三年的人，在官场上不知道是不是独一份，但肯定是极个别的案例。

其实袁绍这一回还真不是作秀，倒不是他对继父感情有多深，而是有难言之隐。桓帝、灵帝在位期间，先后发生了两次"党锢之祸"，所谓"党锢"就是党人被禁锢，遭到迫害并剥夺政治权力。所谓"党人"，就是像袁家这样的士大夫阶层，是区别于宦官、外戚的另一股政治势力。汉朝末年，这三股政治势力恶斗不止，今天你占上风，明天他占上风。袁绍刚入仕的这一段时间恰恰是宦官和外戚占上风，像他们家这样的党人成为被打击的对象。袁逢、袁隗官场经验很丰富，虽然没有受到宦官们的直接打击，但他们家社会关系太复杂，跟很多党人都有姻亲关系，尤其是他们的亲戚李膺，更是宦官恨得咬牙切齿的人。宦官是政治伦理极差的一族，迫害党人的手段也极其残忍，动不动就诛连九族。在这种情况下，袁绍要求延长丧假就好理解了，他是利用人们对丧者家属的同情心来避祸。

世受国恩却广交异端分子

袁绍结束了"在冢庐六年"的守孝生活后回到洛阳，按照有关制度，他应该到有关部门销假，再回原岗位工作或者由朝廷重新安排工作。袁绍担任的是县长，级别虽不是太高，品秩只有六百石，但责任和地位重要。县长由天子直接任命，是朝廷直管的干部。也就是说，袁绍此时应该到尚书台报到。

但是，据《汉末英雄记》记载，袁绍一回到洛阳就隐居起来，不随便见客，所见的都是"海内知名"，或者是"游侠"。袁绍见名士没有问题，因为他的生父袁逢和叔父袁隗等人不是九卿就是三公，门口净是排队等待接见的人。不过，袁绍经常见"侠士"却很有问题，因为"侠士"在当时可是一群敏感人物。《史记》有《游侠列传》，司马迁曾满腔热情地歌颂侠士们急人危难、守信重义、最后建立功业的品质，汉初的张良无疑是这类侠士的代表。但是，为了维护社会稳定，从汉武帝起，就对各类游侠持抑制和打击的态度；到东汉，社会上对侠士的评价也越来越差。东汉班固写《汉书》已经不说他们守信重义了，而说他们是"作威作惠"的奸雄。自《汉书》以后，再修官史也就不再给游侠单独列传了。

所以《汉末英雄记》说袁绍结交侠士有负面评价的意思。这个高干子弟整天接触社会不安定分子，这是一种危险行为。袁绍接触的侠士，王粲一共点了五个人的名字，分别是张邈（字孟卓）、何颙（字伯求）、吴子卿（应该是字子卿，但不知道他的名是什么）、许攸（字子远）、伍孚（字德瑜），王粲给他们起了个名字叫"奔走之友"。"奔走"是游侠的特征之一，他们这几个人不是地主家聘请来看家护院的，也不像孟尝君养的门客是关键时刻才拿出来用的。"奔走之友"们跟他们都不同。后来发生的事说明，张邈等人的主要工作是四处"奔走"，并且是有预谋、有组织、有计划的"奔走"，他们的核心人物就是袁绍。

虽然做事隐秘，但也会引起有关人员的关注，尤其会引起情报系统很发达的宦官的警觉。《汉末英雄记》称，宦官头目张让对手下人说："袁绍这小子故意抬高自己的身价，不出来替朝廷工作反倒养死士，不知道这家伙准备做什么？"党人是宦官的死敌，侠士与党人结合，谁都能看出来他们的矛头一定指向了遭受全社会唾弃的宦官们，所以张让紧张了。张让说这些话不是给袁绍或袁绍的父亲、叔父听的，而是说给自己心腹的。但这些话让袁隗知道了，这说明袁家的情报网也不容小视。袁隗知道了这么重要的绝密消息，如何不紧张？袁隗说了重话，袁绍才不得不收敛。为了打消宦官们的疑心，袁绍主动应大将军何进的征辟出来工作。

袁绍的失败缘于性格悲剧

东汉的大将军是非等寻常的职务，他的地位甚至高过了三公，是真正的"一人之下、万人之上"。这个职务通常是专为外戚而设的，可以理解为"全国武装部队总司令"。目前担任这个职务的是何进——何皇后的哥哥。何进为了发展自己的势力正在四处挖人，袁绍自然是他求之不得的对象。据《三国志》记载，何进任命袁绍为大将军府里的处长（大将军掾），后又改任侍御史。后一个职务挺重要，因为它可以接受公卿奏事，并且"举劾非法"，可以直接去办案。袁绍以前县长的身份直接进入中央，而且担任了要职，随即手里又有了兵权，可谓一帆风顺。

但紧接着有了何进被杀和董卓之乱，袁绍的仕途出现了变数，他无法再像父祖辈那样凭借出身高第而步步高升，最终承载起家族的荣耀。董卓进入洛阳后，袁绍开始流亡，随后起兵，之后迅速有了自己的地盘，事业蒸蒸日上。在创业过程中，袁绍的执着和个人才干起到了一定的作用；但相比之下，他的出身以及早年结交的一帮"侠士"的辅佐，无疑是他成功的更重要因素。

但是，袁绍的事业在官渡却戛然止步，因为他遇到了另一个更厉害的人——曹操。与袁绍相比，曹操处处占下风：袁绍大高个、仪表堂堂；曹操没有袁绍长得帅，容貌平常，很是自卑。袁绍出身清流名门，从小被捧惯了，走到哪里都是鲜花掌声；曹操则出身宦官家庭，当时被称为浊流，家族被社会主流所诟病，不仅从小有人在背后指指点点，到手握重兵的时候还有人出来骂。曹操年轻时特别注重交朋友，虽然也交了不少朋友，但大多是自己主动交往的，曹操经常自己推销自己，像一个勤奋的营销员，但还时不时遭人白眼——许劭不愿意给他下评语、宗世林发誓一辈子不跟他做朋友，这些都是受家族之累；而袁绍完全占有这方面的有利条件，谁想见他还得排队。曹操起兵后名份很低，属于袁绍手下张邈的手下；而袁绍尽管没有为酸枣会盟做过任何贡献，但参加会盟的人仍然一致推举他为盟主。

袁绍实在是太顺了，但他最后却败给了曹操，这说明天时、地利、人和之外，还有一种因素在起作用，那就是品质、毅力和努力，或者说是性格。正因为一路太顺，所以袁绍有了"色厉胆薄"的一面，他外表宽容，但内心充满猜忌、器量狭小，喜好谋略而不能决断。身边人才不少，但放任他们搞内斗，使自身实力严重被消耗。对一个组织而言，领导人的性格就是这个组织的特点，所以领导人的性格不仅决定了自己的命运，也决定了整个组织的命运。韩馥窝囊而死，害的不仅是自己还有身边那些追随他的人。袁绍比韩馥有能力，但却也算不上是个完全称职的领导人。所以，后世有人把曹操比为"可爱的奸雄"，而把刘表、袁绍这些人比为"漂亮的草包"。

2
独夫是怎样炼成的

卓父君雅,由微官为颍川纶氏尉。有三子:长子擢,字孟高,早卒;次即卓;卓弟旻,字叔颖。

董卓少尝游羌中,与豪帅相结。后更归耕于野,诸豪帅有来从之者,卓乃为杀耕牛,与之共宴乐。

卓数讨羌、胡,前后百余战。

——(三国)王粲《汉末英雄记》

在汉末三国人物中，董卓是被骂得最狠的一个。

范晔在《后汉书》中骂他罪恶滔天，"干逆三才"，也就是冒犯了天地人的常道。陈寿在《三国志》中骂他"狼戾贼忍，暴虐不仁，自书契以来，殆未之有也"，也就是凶狠残忍，暴虐而不讲仁义。自打有文字记载以来，还从来没有出过这样的大坏蛋。客观地说，这些话不像是历史学家应该用的语言，因为它不符合辩证法，一个再坏的人身上多少也有可取之处。但在历史学家眼里，董卓干的坏事实在太多了，士人们无法原谅他。所以只要说起董卓，历史学家都会毫不客气地把他贬得一无是处，粗俗、无知、残虐、霸道，所有能用在恶人身上的贬意词都尽情地往他身上使。

但是，纵观董卓的一生，他固然是个大恶人，但也是个有本事的人，某种程度上也是为东汉王朝做过贡献的人。虽然他因为笃信乱世生存术而在有些问题上不择手段、急功近利，但他并非一味耍横，也是具备了一定政治智慧的。同时，他也是《汉末英雄记》的作者王粲最熟悉的政治人物之一。王粲十六七岁时到了长安，当时这里正处在董卓的统治之下。王粲目睹了长安之乱，也亲身经历了董卓被杀后全城百姓的欣喜若狂。现存《汉末英雄记》里涉及董卓的有十二条，一千一百多字，约占总量的十分之一。这些记录虽然已经支离破碎,其中记录董卓早期历史的也只剩下上面这两条,但综合王粲笔下的董卓可以看出,相较范晔和陈寿,王粲对董卓的评价更为客观。他没有用漫画式的笔法写董卓,至少有一条,王粲告诉人们董卓在作乱之前曾为朝廷"前后百余战"。

为招待客人杀了正在耕地的牛

董卓,字仲颖,陇西郡临洮县人。陇西郡隶属于东汉的凉州刺史部,是东汉的"大西北"。这里是少数民族聚居区,也是东汉的主要战场。当时,在这一带居住的羌族势力强大,屡屡起兵反抗朝廷,朝廷则一次次派大军进行镇压,战事绵延百余年。正是在这种情况下,凉州成为武人和冒险家的乐园。陇西郡位于今甘肃省南部的临夏、陇南、甘南之间,董卓的老家临洮县却不是现在的临洮县,而是临洮县以南几百里外的岷县。这两个地方都在洮河岸边,是川渝方向去往兰州的必由之路。在东汉时,这里相当偏僻和落后。

董卓出身于下级官吏之家,他的父亲董君雅在颍川郡的纶氏县当过县尉。纶氏县即今河南省登封市,是少林寺的所在地,不过这个著名的寺院开始建设还要到三百多年后的南北朝时期。县尉是县令或县长的下属,负责治安缉盗等工作,相当于副县级的公安局长。董卓的父亲一生最大的官职才是个县尉,说明他们不是名门望族。不过出身于遥远的边地，却能在当时经济文化最发达的汝南、颍川一带做官，说明董君雅也有一定的本事。

当时，年轻人最好的前途就是研习经学，之后进入太学学习，毕业后踏入仕途，袁绍、曹操等人都是这样的经历。但是董卓不是，《后汉书》说他"粗猛有谋"，也就是智育不好体育好，这或许与他出身凉州有关，或许与他父亲任职县尉有关，总之青少年时期的董卓没有日后当一名文人的基因。董卓小的时候在老家生活，"尝游羌中，尽与豪帅相结"。"羌中"指的是羌族聚居区，大体上在陇西郡与武都郡一带，核心地区在今天甘南、川北地区，甘肃的宕昌、武都等地以及著名的九寨沟风景区都在其内。这里与董卓的老家岷县相邻，董卓青少年时期就表现出一身的江湖侠气，他与羌人部落首领交上了朋友。

对青年时期的董卓，《汉末英雄记》有一段记载："后归耕于野，诸豪帅有来从之者，卓为杀耕牛，与共宴乐"。《后汉书》引用了上面的话，又加了几句："豪帅感其意，归相敛得杂畜千余头以遗之，由是以健侠知名"。由台湾地区十一位教授合译的《白话三国志》将这一段翻译为：以后董卓回到中土，在田野里耕作维持生计。羌族中的一些豪杰有大老远跑来看望他的，董卓便带他们回家，高兴起来，甚至把自己正在干活的耕牛都杀了款待客人。家中来了客人有人会杀鸡，再盛情一点的会杀头猪，而直接到田里把正在耕地的牛牵回来杀了，这不是一般人能做到的。董卓的豪爽感动了这些羌族朋友，回到老家后，他们竟然收集了千余头牲畜来赠送给董卓,董卓因此以健侠而闻名。

据此,有人认为,董卓后来跟他父亲到颍川郡纶氏县生活过。《后汉书》还说董卓善于骑射,能在马上用两张弓左右开射,而且膂力过人。一身侠气,武力过人,放在首都洛阳恐怕很难派上用场,但在战事不断的陇西,这就有了用武之地。据《吴书》记载,董卓回到老家后被陇西郡太守召为吏,让他"监领盗贼",就是管管治安。当时这一带除了羌人外,胡人也经常出来劫掠百姓,干治安工作必须是一把强手。董卓看来干得不错,不久之后受到凉州刺史成就的赏识,把他调到州政府工作,让其"领兵骑讨捕"。

《后汉书》说这个职务叫"兵马掾",查东汉州郡政府属官里没有这个职务,可能是为边境地区州郡特设的,"掾"的意思是官属里的佐吏或办事员。东汉的正规军不归州郡管,内地的州郡都没有兵,只有都尉管理的治安警察部队。边境地区情况特殊,设有一定数目的地方部队,负责守土卫家、配合正规军作战,类似于民团,董卓干的就是这个差事。据《吴书》记载,董卓干得挺不错,他领兵讨伐胡人,"大破之",俘虏了上千人。

得到多位名将的赏识提携

当时朝廷的中央军主力几乎常年在凉州一带与羌人打仗,由此造就了不少名将。东汉末期最著名的是"凉州三明",即张奂（字然明）、皇甫规（字威明）和段颎（字纪明）。他们都是凉州本地人，其中张奂是敦煌郡渊泉县(今甘肃安西)人，皇甫规是安定郡朝那县(今甘肃灵台)人，段颎是武威郡姑臧县（今甘肃民勤）人。他们先后在凉州领兵作战，主要对手是羌人。这几个人对董卓都很熟悉，对他也相当赏识，董卓在他们的提携下在军中逐渐成长起来。

桓帝末年，董卓正式加入朝廷正规军，来到张奂手下担任军司马，这个军职的品秩是千石。当时县令的品秩是四百石或六百石，所以董卓担任的这个职务虽然算不上高级将领，但起点不错。他随同张奂参加了与羌人在汉阳郡的作战，打了胜仗，董卓得到了九千匹缣的赏赐。当时物价起伏很大，工资和奖金常发实物，实物比现金更有用。董卓得到的是一大笔奖金，此时他身上"健侠"的一面又表现了出来，他说："为者则己，有者则士。"也就是说，功劳虽然是自己的，但也是大家的，于是把所有赏赐都分给了手下，自己什么都没有留。

董卓后来被提拔为西域戊己校尉，这是一个不常设的官职，负责屯卫、监护西域诸国。在军中，校尉级别较高，应该到了师长、旅长这一级，可以正式进入高级将领的行列了。但是董卓在这个位置上没干多久，就被免了官。

当时段颎兼任凉州刺史，也很赏识董卓。据《吴书》记载，段颎见董卓被免官后无事可做，就把他推荐到洛阳，在司徒袁隗那里任职。董卓担任的是"司徒掾"。司徒是三公之一，比部长还高,因而可以组建自己的办事机构(开府)。"司徒掾"是司徒府里内设部门的负责人,相当于处长。董卓从此成了"袁氏故吏"。出身于汝南郡的袁氏一门"四世五公",也就是先后四代人里有五人位至三公,所以他们的门生故吏遍天下。能成为"袁氏故吏"中的一员,当时在官场上是最值得炫耀的资本。董卓从此官运亨通,先后担任了并州刺史、河东郡太守,成为省部级的地方大员。

中平元年(184年)黄巾起义爆发,朝廷在仓促之间组织军队进行讨伐,负责与冀州黄巾军作战的是刘备和公孙瓒的老师——名将卢植。在卢植指挥下,战事进展得很顺利,但卢植得罪了天子派来战地巡查的宦官,宦官回去告了他一状,结果卢植被临阵撤职、治罪。本朝重文治,朝廷里文官一大堆,能打的武将却相当有限,挑来选去,最后觉得董卓能打,就命他由河东郡太守改任东中郎将,代替卢植与黄巾军作战。然而,董卓习惯了与羌人作战,擅长的是山地战和大兵团骑兵突击,对于平原和河网地带的攻城战不太拿手,结果一筹莫展。

情急之下,董卓向朝廷推荐了皇甫规的侄子皇甫嵩接替自己。皇甫规也担任过凉州刺史,他的资历比张奂还老,皇甫规也提携过董卓,他的侄子皇甫嵩也很有军事才能。董卓请出老领导的侄子,皇甫嵩不久就把冀州黄巾军扑灭了,被升为左将军。而董卓因为作战不力又被撤职。

曾借助流星雨反败为胜

到了中平二年（185年），凉州羌人发动了规模很大的叛乱。他们共立北宫伯玉、李文侯为将军，杀了朝廷设置的护羌校尉泠征和金城郡太守陈懿，攻烧州郡，叛乱武装，后来逐渐归到金城人边章、韩遂手中。他们聚集了数万骑兵向东发起攻击，已经打到了关中一带。这里是西汉各位皇帝陵寝所在地，朝廷一下子紧张起来。边章、韩遂等人以诛杀宦官为名，鼓动大家跟着造反。

这样，董卓又有了用武之地。朝廷派皇甫嵩领兵与边章、韩遂作战，任命董卓为中郎将，担任皇甫嵩的副手。凶悍的凉州骑兵跟黄巾军完全不同，这一次轮到皇甫嵩找不到感觉了，他因为作战无功被撤职。朝廷拜老将张温为车骑将军统一指挥作战，任命执金吾（中尉）袁滂为张温的副手，董卓被提拔为破虏将军，与荡寇将军周慎等归张温指挥，加上附近州郡的地方部队，共有十多万人，总指挥部设在美阳（今陕西武功）。

但是叛军势头很猛，战斗力强于朝廷的军队，张温等又面临作战不利的局面。但是，到了这一年的十一月，突然发生了奇异的自然现象，帮助朝廷军队反败为胜。据《后汉书》记载，在美阳一带，夜里突然"有流星如火，光长十余丈"。这可能就是流星雨，其中有较大的陨石，发出的光也超乎寻常。更神奇的是，有颗巨大的陨石正好落在叛军的营区里，把营寨都照亮了，营中的驴马等动物受到惊吓都乱叫起来。

古人不了解地震、日食、流星这些自然现象的原理，往往认为是大凶之兆，是上天的某种警示，很不吉利。边章、韩遂也这样认为，于是决定撤军。董卓看到处于优势的一方竟然自动撤退，他大喜过望，联合右扶风郡太守鲍鸿共同出击，斩首数千级。边章、韩遂退到榆中，也就是董卓的老家陇西郡一带。张温指挥大队人马乘胜追击；命荡寇将军周慎率三万人担任对榆中的主攻，命董卓也率三万人进讨先零部落的羌人。张温派手下的参谋（参军事）孙坚协助周慎。

孙坚即孙策和孙权的父亲，此前担任过多年的基层工作，又参与过讨伐农民起义军的战斗，战场经验丰富。他建议周慎说："敌人困在城里没有粮食，肯定会到外面运粮。我请求率一万人马断其粮道，将军率大军随后跟进，敌人缺少粮食必然不敢出战，最后只能撤入羌中，到那时我们并力讨伐，则凉州可定。"可是周慎错误判断了战场形势，又不愿意分功给孙坚，执意从榆中城正面发起强攻，结果反被边章、韩遂派兵截断了葵园峡谷，把周慎的粮道给断了。周慎这才慌了，下令放弃辎重突围。

周慎突然撤军，让担任辅攻的董卓措手不及。被边章、韩遂所部羌胡兵围困在望垣以北，粮食很快吃完了，敌人围攻又急，情况十分危急。董卓从小在这里长大，对周围环境特别熟悉。这里有一条大河，也就是洮水，董卓站在河边突然来了主意。他命人在河上筑坝把水截住，形成了长达数十里的堰塞湖（使水渟满数十里），对外说是要捕鱼充饥，实际是把水断流后人马从坝下过河，之后突然放水，形成溃坝，冲淹下游的敌人，董卓因而解围。此战，朝廷共有六支军队参战，其他五支都溃不成军，损失惨重，只有董卓率领的这一支全师而还（时六军上陇西，五军败绩，卓独全众而还）。他因此被朝廷封为邰乡侯，食邑一千户，所部人马屯扎于关中地区的扶风郡。

由功臣变成朝廷的心腹大患

董卓为朝廷身历百战，立下赫赫战功，他自己的地位也不断擢升。不久朝廷拜他为前将军，这是前、后、左、右"四方将军"之一，仅次于大将军、车骑将军、骠骑将军，董卓进入帝国顶级将领的行列。但是，与同样出身于凉州的张奂、段颎、皇甫规、张温等前辈相比，董卓却走了完全不同的道路。

张奂、皇甫规，包括以后投靠了宦官的段颎在内，他们虽然有很强的军事才能，但本质上还具有士人的气质。比如张奂，他还是个大学者，是《尚书》的研究专家，同时还培养了两个书法家儿子张芝和张昶，张芝更是被后世称为"草圣"。他们这些人对朝廷都心怀敬畏，正统观念很强，朝廷让干就好好干，不让干也没有怨言。但是董卓心中朝廷的观念就淡得多，他从小没受过那么多礼教和经学的教育，经常跟少数民族部落首领打交道，把眼前利益看得重，把名节看得很轻。同时，经过多年与朝廷打交道，也逐渐把朝廷看透了，他明白只要你有实力朝廷就离不开你，就得买你的账，所以他想尽办法培植自己的势力。他手下的将校也大都跟他一样，讲义气、轻名节，只对董卓个人效忠，把朝廷的命令不太当回事。

所以张奂、张温、段颎以及皇甫氏叔侄虽然论军事才干都不输于董卓，论功绩更不比董卓差，但他们都不是军阀，而董卓是。据《三国志·孙坚传》记载，张温担任西部作战总指挥期间，董卓在他的手下，但董卓根本不买张温的账。一次，张温拿着天子的诏书召唤董卓，董卓过了很久才慢悠悠来了，张温批评董卓，董卓根本不服气，两个人闹得很不愉快。在张温手下当参谋的孙坚看不过眼，走到张温面前对他耳语道："董卓不知错反而态度不恭，应该治他奉诏不到罪，按军法把他斩了"。

张温是个好脾气，以前陶谦在他手下也当过参谋，陶谦可不是谦谦君子，年轻时以臭脾气著称，他敢在酒桌上跟张温公开叫板，严重藐视领导，但张温最后也没能把陶谦怎么样。张温小声对孙坚说："董卓向来在凉州一带有威名，现在杀了他，再在西边用兵就少了依托。"孙坚见张温不敢，但他仍不放弃，又历数董卓三大罪状，让张温下决心。张温仍然不敢，对孙坚说："你赶快下去吧，时间长了董卓会起疑心。"

韩遂后来杀了边章和北宫伯玉、李文侯，吞并了他们的人马，拥兵十多万，成为凉州最大的反朝廷势力。此时，东汉名将马援的后人马腾也迅速崛起，加上汉阳郡人王国等叛军，几路人马卷土重来，又寇掠三辅，把关中西部重镇陈仓（今陕西宝鸡）围了起来。朝廷派前将军董卓与左将军皇甫嵩共同出兵征讨，这一次朝廷军队把韩遂、马腾等部打败。

随着战功的累积，董卓的个人势力也快速膨胀，董卓不服管的问题也引起了朝廷的担忧。为了解除董卓的兵权，朝廷于中平六年（189年）下诏征董卓为少府卿（九卿之一，正部长级，相当于皇家事务部部长）。董卓哪有心思去洛阳伺候皇帝，于是上书请朝廷收回成命，理由是其所部湟中义从以及秦胡兵等听说他要走，都哭着喊着不让，"牵挽臣车，使不得行"。对于董卓的抗旨，朝廷居然没办法。后来有人又想了个主意，改任他为并州牧，让他把所领的兵交给皇甫嵩后立即赴任。州牧位高权重，是绝对的封疆大吏，可董卓仍然没兴趣，他再次抗旨。

如果没有以后何进诛宦官、袁绍召外兵入京、洛阳大乱等事件，董卓跟朝廷迟早会摊牌。最有可能出现的局面是，由他整合凉州正、反两方面的各路人马，自己割据称王，当上土皇帝。但是，后来发生的事谁也无法预料，董卓在其中极尽推波助澜之能事，最后又被掀起的大浪所吞没，并且到他死后，由他激起的这股浪，余波仍然久久未定。

3
汉末最危险的职业是做外戚

苗,太后之同母兄,先嫁朱氏之子。进步曲将吴匡,素怨苗不与进同心,又疑其与宦官同谋,乃令军中曰:"杀大将军者,车骑也。"遂引兵与卓弟旻共攻杀苗于朱爵阙下。

卓欲震威,侍御史扰龙宗诣卓白事不解剑,立挝杀之,京师震动。发何苗棺,出其尸,枝解节弃于道边。又收苗母舞阳君杀之,弃尸于苑枳落中,不复收敛。

——(三国)王粲《汉末英雄记》

东汉第一任皇帝刘秀还算是个明白人,他知道外戚专权的危害,为防止大权旁落而对外戚的防范极严。但到他的孙子和帝时,由于小皇帝只有十一岁,他的母亲窦太后开始临朝,从而造就了东汉第一个强势外戚窦宪。从那时起,一直到东汉灭亡,起起伏伏,绵延不断,先后出现了窦氏、邓氏、阎氏、梁氏、何氏等强势外戚把持朝政。

外戚专权是东汉政治的一大特色。在大多数情况下,外戚、宦官、士人构成政治结构中的三个方面,就像一个不规则三角形。当他们势均力敌时,政治相对还算稳定;如果相互平衡被一方或某两方的联盟所打破,就会造成动荡。和帝以后的历任皇帝无论在位时间长短,都无力完全掌控天下,经常任由各种政治势力摆布。桓帝、灵帝上台,更加清醒地看到已积重难返的政治生态,他们不再把汉室中兴作为自己的使命,而希求通过权力平衡术保住自己的帝位不失。外戚又成为天子可依赖和利用的一张牌,他们多次掌握大权,但又常常功亏一篑,就像《汉末英雄记》里记载的最后一任强势外戚何家一样,落下了悲惨的结局。

东汉产生过史上最牛的外戚

汉顺帝刘保的皇后姓梁,她的父亲叫梁商,哥哥叫梁冀,即有名的"跋扈将军"。梁家的祖上是河东郡的商人,专做外贸生意,于是举家迁到通向西域的要道附近,也就是敦煌、武威、酒泉一带;由于生意做得好,发了财,于是迁回关中地区的茂陵。王莽当皇帝的时候,梁家不仅财大,而且也有了势。梁冀的先辈中有一个叫梁延的做到了酒泉郡太守,还有一个叫梁统的,做到武威郡太守。梁统是东汉开国功臣之一的窦融手下的得力干将,窦融归顺光武帝刘秀后,梁统跟随。他们二人都被封了侯,梁统被封的是高山侯。梁家、窦家长年杂居西域,有优生学方面的优势,家族中容易出美女。正好刘秀喜欢与功臣之家联姻,所以梁家、窦家都成了外戚集团中的一员。他们和邓家、阎家一起,基本上把皇后、皇太后给垄断了。

外戚为了争权,互相之间也展开过残酷斗争。梁家曾遭到窦家、邓家、阎家等外戚的压制和打击,在宦海中几度浮沉,到顺帝刘保时才时来运转。到桓帝刘志继位,梁家已经完成了从宫内到宫外、从朝廷到地方的权力布局。梁家先后有七个人被封侯,三个人当上了皇后,六个人为贵人,出了两个大将军,担任过正副部级文职和武职高级官员(卿、将、尹、校等)的多达五十七人。至少有三任皇帝是梁家人立的,这一家堪称史上最牛的外戚了。

只要是梁家的人,无论是白痴还是大字不识一个,想当官就能当,想当多大就能当多大。梁冀有个儿子叫梁胤,小名胡狗儿,长得丑陋无比,到十六岁时仍然是个无才、无德、无知识、无理想的"四无青年"。就是这样一个白痴,突然想弄个官当当,而且就要当河南尹,这是太守一级的副省级高干。对别人来说是做梦,对梁家人来说不过是小事一桩。梁冀暗示手下的人推荐梁胤,小狗子还真当上了河南尹。这家伙老留级,估计顶多够个小学生水平,身体发育也差,官服官帽一穿,歪七扭八,走在路上见的人莫不暗自作笑。这小子不以为耻,经常跑到洛阳大街上转悠,因为在这块地盘上,他是最高行政长官。

梁冀虽然黑白通吃、水火不进、百毒不侵,但这个世界上也有尅他的人,而且是个女人。此女名叫孙寿,是梁冀的老婆,她是一个颇为另类的女人,堪称古代时尚界的先驱,一个典型的"野蛮女友"。

梁冀奇丑无比,但老婆孙寿却美丽异常。不仅美,而且妖艳,会打扮,能引领潮流。她发明了一些新奇的穿戴和化妆方法,比如"愁眉",就是把眉毛画得细而曲折,显出一副愁容;"啼妆",在眼睛下面化妆,显出一副哭过的样子;"堕马髻",把发髻偏在一边,以示懒散、放荡,好像刚从马上掉下来的样子;"折腰步",走路时如风摆柳,腰肢细得好像要折断的样子;"龋齿笑",笑起来好像牙痛,只能浅笑,不能放声大笑。这些被学者应劭当成那个时代的逸闻趣事,记载到他撰写的《风俗通》一书里。范晔写《后汉书》,为了活跃气氛,把这条社会新闻也引进了正史:"寿色美而善为妖态,作愁眉、啼妆、堕马髻、折腰步、龋齿笑,以为媚惑"。范晔顺手给孙寿女士多弄出一个头衔——媚惑教教主。

孙寿还天性善妒,对梁冀管束得很严。梁冀的老爹梁商去世的时候，按礼制梁冀得服丧三年，这三年里不能吃荤、不能喝酒、不能娱乐、不能过夫妻生活，梁冀哪里熬得住？服丧期间，他常去城西偷着与一个叫友通期的美女幽会。孙寿侦察到这一情报，等到梁冀外出，她带着一群奴仆，把友通期抢了过来，剃光头发，严刑拷打，最后还残忍地剥去友通期的面皮。这样闹还不够，孙寿还打算向社会爆料梁冀的这些绯闻。梁冀虽然又怒又心疼，但居然没有办法，只能跑到老丈母娘那里，磕头作揖陪不是，这样孙寿才放他一马。

史书记载，梁冀大起第舍，孙寿也不甘落后，在他对面街上也盖了一所，殚极土木，搞起了建房比赛。这两座府邸修建得相当华丽、奢侈，堂寝都有阴阳奥室，连房洞户，柱壁雕镂，装饰非铜即漆，窗户和门都绮疏青琐，画上云气仙灵。

梁冀夫妇还在城西修建了兔苑和超级别墅群（别第），规模"经亘数十里"，动用囚犯和士卒，修了几年才建成。在城西的别第里，梁冀专门"收纳奸亡"，养了一批死士，据说多达数千人。这些人是地地道道的黑社会，谁不听话灭谁，谁敢造反就让谁消失。

梁冀夫妇在洛阳城西的兔苑里养了好多兔子，都是各地官员迎合大将军的爱好而捉来进献的，好多是稀有品种。他们把这些兔子都剃掉一撮毛，作为梁氏兔子的LOGO，谁要是不长眼，不小心打死一只，就要判处死刑。有一个西域来的商人，初来乍到，不清楚规定，结果不小心误杀了梁家的兔子。案件开始调查，周边的老百姓陷入极大的恐惧之中，为了自保，他们互相指控，一只兔子竟然搭上了几十条人命。

梁冀夫妻不仅向穷人开刀，也向富人们下手。他们派出自己的黑社会成员，调查各地富人的情况，掌握这些人的隐私以及财产状况，然后找个借口逮捕收押，狱中秘密严刑拷打，直到愿意出钱赎人为止。扶风有一个叫士孙奋的，说起来还跟梁家有点关系，他的母亲曾经是梁府上的一名婢女。后来，这家人发了财，成为亿万富翁，就被梁冀盯上了。梁冀倒没有抓他，换了一招比较客气的。梁冀让人送过去一匹马，说这可是一匹神马，抵押给你，在你这儿贷五千万钱吧。当年的全国税收约六十亿钱，这样就容易理解五千万钱是个什么数字了。士孙奋明白这是明摆着欺诈，换个聪明人也就认了，偏偏士孙奋比较吝啬，自己做主给梁大将军打了个六折，只送过去三千万钱。其实这笔钱也不少了，组建一个骑兵师都够了，但梁冀大怒，立即让人向扶风郡太守报案，说士孙奋的母亲、梁府曾经的婢女，在梁府当差期间偷拿过白珍珠十斛、紫金一千斤逃亡。案子很快审完了，士孙奋兄弟几个在狱中全部被诛杀，没收全部家产，共计约一亿七千万钱。

梁家把持朝政二十多年，直到汉桓帝刘志上台。汉桓帝实在忍无可忍，于延熹二年（159年）在单超、徐璜、具瑗、左悺、唐衡等五个宦官的协助下冒死发动政变，将梁氏一门无分老少长幼全部斩尽杀绝。此案诛连到朝廷高官达三百多人，史书形容朝廷"为之一空"。

外戚最接近成功的一次努力

桓帝刘志也没有当几年舒心皇帝,他于永康元年(167年)驾崩。以太尉陈蕃为首的内外朝一致尊皇后窦妙为皇太后,让其临朝。外戚在遭受梁氏一案沉入谷底后又东山再起。当时士人的代表陈蕃支持窦氏,他们立志铲除宦官,以曹节、王甫等人为首的宦官阵营空前紧张起来。当时的形势非常紧张,谁都能预感到随时发生新的流血政变,很多人称病不敢进宫,尚书台等在宫内办公的许多机构竟然没有多少人来上班。

陈太尉与窦武商量,必须尽快确定新的天子,侍御史、河间国人刘鲦不失时机地推荐了他家乡的河间王刘开的曾孙、十二岁的解渎亭侯刘宏,这就是东汉倒数第二位皇帝汉灵帝。窦武照例担任了大将军,他是一个外戚,但本质上也是一个士人,是本朝开国元老之一窦融的玄孙。他少年时代就开始专心学术,并成为地方名人。他本不想参与政事,但因为女儿被陈太尉等推选到宫中,并成为皇后,才不得已站到了目前这个位置上。陈太尉和窦大将军不用太多的试探就结成了志同道合的同志,他们眼前的目标只有一个:铲除宦官。

窦武利用太后称制的便利,把陈太尉推荐的一些人安插到重要岗位上。永康元年(168年)五月一日发生了日食,陈蕃与窦武商量,借着这次天变诛除宦官。宦官几乎已经成了砧板上的肉,可以随时动刀,但窦武还想把事情做得再周全些,于是进宫向女儿窦太后请示。曹节、王甫等人也在做最后抗争，他们反复向窦太后求情。窦妙这个年轻女子在政治斗争方面基本上是个白丁，禁不住宦官们的陈说，心里开始动摇。对于她父亲提出来诛杀全部宦官的请求，她表示不能接受。

如果上面坐的是他的女儿，窦武可以用家法来管束。但上面坐的是太后，理论上说就是君，自己是臣。窦武满脑子君臣思想，竟然拿女儿没有办法。可见，窦家人读书都给读傻了，女儿如此，老父也如此，政治伦理一流，政治智商很低。结果，宦官们推出两个倒霉鬼，一个叫管霸，一个叫苏康，把他们交出来杀了，希望以此消除外界的敌意。但在陈太尉等人看来，这显然不够。八月的一天，一贯只在东边天空出现的太白星竟然出现在西边的天空，这是罕见的天文现象，比上次日食还严重。精通天文学和神秘预言学的侍中刘瑜上书，称这是"大凶之兆"，宜速决断。窦武也再次坚定了决心，他安排宦官里的自己人山冰担任黄门令，负责宦官队伍的纪律监察事务。山冰上任后开始对宦官进行清查，侦察犯罪线索，拿到证据后对宦官进行抓捕。

但是窦武的想法仍然是一切都要按照程序来，但他却犯下了致命的错误，因为对手未必像他一样懂法讲法。山冰通过严刑拷打等手段，取得了曹节、王甫等人犯罪的证据，窦武立即上书太后，要求惩办宦官。这个案子涉及的人很广，包括大部分宦官。曹节、王甫一派的宦官朱瑀那天正好在太后的寝宫长乐宫值班，他偷偷看到这封奏书，见上面提出将现任的宦官一网打尽，其中包括他自己，顿时感到既恐惧又愤怒。朱瑀立刻召集太后宫中的十七名宦官秘密商议，同时向曹节他们通报情况。这时已经是半夜，曹节把十二岁的灵帝刘宏叫醒，递给灵帝和周围的人每人一把剑或刀，让他们到德阳殿躲一躲，那里比较宽敞，动起手来不容易造成误伤。

曹节告诉灵帝，如果遇着乱兵，只要他上下挥舞刀剑，就没有人能靠近他。事发在夜间，地点还是在宫里，尤其是禁省之中主要以宦官为主，曹节、王甫一派占据优势。曹节立即动手，诛杀了山冰，任命王甫接替山冰担任黄门令。他们迅速占领了在宫内办公的尚书台，杀掉了企图反抗的尚书令尹勋，把重要印信、符节都收了起来，用刀架在值班的尚书们脖子上，逼着他们写出一道道诏书。在这几个尚书里，或许会有一个人，即前面提到的谯县人丁宫。曹节他们立即组织能够调动的力量，直扑窦武的大将军府。对于这次突变，窦武完全没有预料，仓促间逃往北军，进到步兵营。

城里的太尉陈蕃也得到了消息，此时的陈蕃已年逾八旬，他仍然把身边的人，包括一些学生组织起来，总共有八十多人，他们拿着临时找来的武器向皇宫进发。神奇的是，他们居然闯入了承明门，接近了尚书台。但毕竟力量有限，王甫率人及时赶到，将老太尉抓了起来，关进北寺狱。城外的北军解决起来比较麻烦，好在窦氏叔侄直接控制的只有步兵和屯骑两个营，王甫通过尚书台立即任命自己人、少府卿周靖为代理车骑将军，统筹指挥京师地区的所有武装。在这次政变中，虎贲、羽林以及卫尉、城门校尉有何作为，史书没有太多记载。这些分属各部门统辖的部队，也许仓促之间不明就里，无法做出明确判断，所以只好观望。也有可能是，陈太尉和窦大将军其实根本没有完全掌握这些力量，有人未必乐意看到一个新梁冀的诞生，于是故意坐山观虎斗。不管怎么样，结局是王甫、周靖指挥的力量很快瓦解了窦武叔侄的两个营，窦氏叔侄双双自杀。

随后，陈太尉也被杀于北寺狱，凡是与窦武、陈蕃有关系的人全部受到调查，轻的也要免去官职，永不录用。窦氏家族全体人员被发配到帝国最南端交州刺史部的日南郡，这里在现今的越南境内。当时这一块设有两个郡，北部是九真郡，日南郡还要靠南，已经接近现今的胡志明市。就这样，外戚与士人们联手铲除宦官最接近成功的一次行动失败了。

最后一任外戚死于袁氏兄弟的黑手

召袁绍到大将军府任职的何进是东汉最后一位强势外戚。与窦氏、梁氏、邓氏等外戚的高贵出身不同，何家出身低微，只是南阳郡的一个屠户。大概宦官们对于强势外戚频频出现已经心存畏惧，所以特意选中出身较差、在士人们那里也没有什么势力的何家做新一任外戚。

但是宦官们显然又失算了，何家虽然不是名门大族，但何皇后特别会来事，何皇后的哥哥何进又擅长收买人心，何家的势力迅速膨胀。后来，何皇后为一直没有子嗣的灵帝刘宏生下了一个儿子，何家的地位进一步巩固。得势后的何家人对宦官仍然毕恭毕敬，他们与宦官头子张让还结成了儿女亲家。何进担任大将军后，又竭力拉拢培植自己的势力。对何家来说，与士人无冤无仇，与宦官关系密切，形势似乎对他们很有利。

但是，袁绍、袁术，以及他们身边一些人对何氏兄妹却打起了主意，他们利用何进求才若渴的心理，大量推荐自己人，在何进的势力范围内建立起自己的势力网，同时竭力鼓动何进诛杀宦官，让何家与宦官集团彻底决裂。何家作为外戚，实际上也离不开宦官集团的支持，离开宦官集团，他们也没有了跟士人们讨价还价的本钱。就在这种矛盾中，何进开始对宦官下手，但袁绍等人认为还不够，必须对宦官赶尽杀绝。何进没有了主意，但他的妹妹何皇后还算比他聪明一点，看出了袁绍这些人一石双鸟的计谋，主张对宦官进行和解。但这时候局势已经逐渐偏离了何进的掌控，何进在进宫向妹妹请示时被宦官杀害。

有人怀疑何进被杀正是袁绍等人密谋的，一方面不断鼓动何进与宦官决裂，并不惜用调外兵入京的办法吓唬宦官、逼迫何进；另一方面把何进入宫的信息通过自己人泄露给宫内已噤若寒蝉的宦官们。宦官们走投无路，把何进杀了，袁绍又打着给何进复仇的名义把宦官杀了。这一出戏导演得非常精彩。也许袁绍没有如此大的智慧，但他身边一流谋士那时候已经相当多了，策划出这个既灭了外戚、又除掉宦官的行动方案来也不是什么难事。

根据《汉末英雄记》的记载，何进被杀后，他的家族立即遭殃。袁绍虽然打着给他们复仇的旗号，但内心里还是想彻底消灭他们，于是鼓动何进的部将吴匡与何进的同母兄何苗内讧。何苗被杀，在这场内讧里袁绍又拉了董卓的弟弟董旻，等于让何家彻底失去了翻身的机会。董卓掌权后，何苗被定性为恶人，死后被开棺戮尸，尸体被支解后弃于道旁；何苗和何进的母亲舞阳君被杀，弃尸于林苑中；何皇后虽然没有立即被杀，但董卓另立了刘协为帝后，她没有了任何作用，被幽闭于暴室而死。

除了以上梁氏、窦氏和何氏几家强势外戚外，汉末还有过三家重要的外戚：一是灵帝的宋皇后一家。他们还没有来得及发展自己的势力就被宦官陷害，遭到灭族；曹操作为宋家的亲戚，当时也被免了官。二是献帝的伏皇后一家。虽然当时曹操已经"挟天子以令诸侯"，天子及伏家已没有什么权力可言，但伏皇后因为对曹操诛杀献帝的董贵人一家极度不满，给自己父亲写信要谋杀曹操，事发后伏皇后一家也被灭族，就连伏皇后与献帝所生的两个刘姓皇子也未能幸免。三是献帝的曹皇后一家，也就是曹操一家。伏皇后被废黜后曹操把自己的三个女儿送到宫中，其中第二个女儿曹节被立为献帝的新皇后。如果这样算起来曹家也是东汉的外戚，但曹魏很快完成了对刘汉的禅代，献帝被除降为山阳公，曹节被改封为山阳公夫人，不算东汉的外戚也可以。

4
遇到文人就跟他比谁更流氓

河南中部掾闵贡扶帝及陈留王上至雒舍止。帝独乘一马，陈留王与贡共乘一马，从雒舍南行。公卿百官奉迎于北芒阪下，故太尉崔烈在前导。卓将步骑数千来迎，烈呵使避，卓骂烈曰："昼夜三百里来，何云避，我不能断卿头邪？"前见帝曰："陛下令常侍小黄门作乱乃尔，以取祸败，为负不小邪？"又趋陈留王曰："我，董卓也，从我抱来。"乃于贡抱中取王。

　　一本云王不就卓抱，卓与王并马而行也。

　　董卓攻得李昊、张安毕圭苑中，生烹之。二人临入鼎，相谓曰："不同日生，乃同日烹。"

　　　　　　　　　　——（三国）王粲《汉末英雄记》

大军阀兼野心家董卓不去并州上任,眼睛一直盯着洛阳政局的发展。他的弟弟董旻在朝廷任职,随时向他提供情报,董卓对朝廷的一举一动了如指掌,所以他带着绝对效忠于自己的一支人马慢慢悠悠往前走,等待最后的机会。不久机会果然来了,而且是有人主动送上门的,袁绍为了谋除宦官,同时把何进逼上死路,不惜破坏东汉一直以来不许外兵进入洛阳周边八关以内的制度,密令董卓引凉州兵"鸣钟鼓如洛阳",讨伐张让等人。董卓兴奋异常,这正是他想要的,他并不打算到并州当个地方官,他看中的还是朝廷大位。董卓于是命令随自己行动的三千凉州铁骑疾驰洛阳,他担心慢了被其他人抢了先机。

但是董卓还是慢了,根据《汉末英雄记》等史料的记载,董卓赶到洛阳时何进已经被杀,袁绍、袁术指挥自己掌握的军队攻入皇宫,大部分宦官在混乱中被诛杀,年仅十四岁的天子刘辩以及他九岁的弟弟陈留王刘协被少数几个宦官挟持着向北逃跑,袁绍等指挥人马在后面搜寻。当地一名叫闵贡的地方官追上了天子,张让等最后几个走投无路的宦官头目给天子叩完头后跳入黄河自杀,闵贡等人护送天子回洛阳。

与《汉末英雄记》记载的稍有不同,张璠的《汉纪》说宦官们自杀后,天子和陈留王兄弟俩想摸黑步行回宫,当晚天太黑,没有月光，他们只能"逐萤火而行"，走了好几里路到了一户农家，总算找到一辆露车坐着往回赶，走到北邙山南麓的草阪时遇上了朝中公卿以及董卓等人。

《汉末英雄记》又说，闵贡找到两匹马，让天子骑一匹，自己和陈留王共骑一匹，走到北邙阪时与前来迎驾的人相遇，前太尉崔烈走在最前面。这时董卓率凉州军也赶到了，崔烈见到杀气腾腾的凉州军有些厌恶，他喝斥董卓让道，哪知董卓根本不把他放在眼里，回骂道："我们一昼夜疾驰三百里来救驾，还要怎么让道，你以为我不能把你脑袋砍下来吗？"《后汉书》说崔烈"有重名于北州"，是个有脾气有个性的人，他的儿子崔钧已经是天子近卫军的高级军官，平时一句话说不对崔烈对儿子举棍就打，他什么时候受过这样的侮辱？不过，当崔烈正要发作的时候，他一定抬头看见了对面那张肥硕的面庞上不屑的眼神，以及这个人身后数千名凉州军人铠甲上泛出的凛凛寒光。崔烈不再吱声，听凭董卓与天子对话。

《汉末英雄记》把这一段写得很详细，说董卓上前先教训了天子刘辩几句："陛下让中常侍、小黄门这些宦官作乱，现在自取祸败，你的责任不小呀！"宦官作乱是之前多少任天子留下来的问题，十四岁的刘辩究竟要负多少责任呢？刘辩吓得够呛，不敢说话。董卓不理他，转而对一边的陈留王刘协说："我叫董卓，来让我抱抱！"于是径直从闵贡马上把陈留王抱过来。

董卓从此把持了朝政，他的弟弟董旻给他出了大力，董旻与何进的旧部素来关系不错,在他的策动下吴匡等人杀了何苗,现在何进、何苗的旧部全归了董卓。当时洛阳一带除董卓外实力最大的是执金吾丁原,这个原并州刺史从家乡一带招募了不少人马,手下有吕布、张辽、张杨等一流名将,且政治上倾向于士人,他曾派张辽率一部分人马到洛阳来听从何进、袁绍的指挥。可是,董卓不费一兵一卒就把丁原解决了,董卓策反了吕布,让吕布杀了丁原,兼并了并州军。

董卓以生性残忍著称,他没有受过多少儒学教育,整天跟西部少数民族首领混在一起,一身的野性。这样的人一旦掌握政权,危害相当大。开始,士人们对这个另类分子还不太适应,东汉的士人以好斗著称,他们的辩才个个都很好,而且大都是硬骨头,如此一来董卓跟他们就不可避免地发生了冲突。董卓发现,他无论提出什么政策都会有人反对,而且口才好得不行,玩文斗不光自己不行,把凉州军将士都搬过来一起上恐怕都不是对手。但董卓不是外戚,也不是宦官,更不是只会和稀泥的皇帝;董卓是军阀,是杀人魔王,是政治流氓,对付道义高地上的士人们自有他的办法。

一天,董卓主持大会朝臣,董卓专门让多请了一些人参加,因为他将有特别的节目上演。董卓看人到得差不多了,眼睛开始四处搜寻,看看谁将要倒霉。这个时候,侍御史扰龙宗走了过来,董卓心想就是你了。扰龙是个复姓。侍御史这个职务袁绍前不久也担任过,主要职责除了办案子外,每当重要集会时还由他们负责纪律。扰龙宗走到董卓跟前可能想向他汇报一下人员到会情况，但还没等他开口，董卓突然抄起一柄铁锤朝扰龙宗头上打去，扰龙御史毫无防备，立刻被打了个脑浆迸裂。群臣们看傻了，他们经常玩背后捅刀子的游戏，但不是每个人都亲眼目睹过杀人的事。扰龙御史栽倒下去，董卓跟没事人一样，用靴子蹭了蹭铁锤上的脑浆，对大家说："这小子到我跟前不解剑，一定是图谋不轨"。参加朝会的时候大家不能佩带武器，但其他场合就没有这样的规定了。董卓要么是以天子自居，要么就是随便找茬，反正扰龙宗被董卓当众打死了。董卓通过这件事给士人们立了威，胆小一点的都不敢抬头看他。

记得以前看过一篇小说，其中写一群知识分子很难管，单位组织合唱比赛，在饭厅训练时大家都不听指挥，有的叽叽喳喳，非要按照自己的主意来，任凭领导说好话或发脾气都不好使。此时惹恼了站在边上看热闹的一个女人，她是在食堂打杂工的，膀大腰圆、声音洪亮，面对这群没素质的知识分子，这个女工一下子站到指挥台上，大声呵斥要大家安静，居然把场面镇住了，顿时安静了不少。有人不服气，刚问了句"你算干吗的"，被女工用眼睛死死盯住，用手指着破口大骂，骂得极为难听，一口气下来不容你还嘴。场面彻底被控制，大家鸦雀无声地老老实实训练。董卓没有看过这篇小说，但他跟那个女工的想法是一致的：对付流氓跟他比谁更有文化，对付文人跟他比谁更流氓，这一招保证百试不爽。

董卓于是开始唯我独尊，他想一出是一出，今天换皇帝，明天想迁都，至于任命官员、给以前犯罪的人平反更不在话下，很少有人再反对他。董卓还放纵凉州军到处抢掠，不仅抢老百姓，富人和权贵之家也照抢。洛阳是首富之区，贵戚之家一家连着一家，金银布帛家家充积，董卓放纵士兵"突其庐舍，剽虏资物，淫略妇女，不避贵贱"，史称"法令苛酷，爱憎淫刑，更相被诬，冤死者千数。百姓嗷嗷，道路以目"。据《献帝纪》记载，董卓抓到俘虏，就用十几匹布涂上猪油缠到俘虏身上，然后点上火，还专门从脚底下开始点，把人活活烧死。董卓宠信的一个胡人因为犯事被司隶校尉赵谦的手下抓起来杀了，董卓大怒："我要是喜欢一条狗都不愿意有人呵斥它，何况是人呢？"于是逼着赵谦交出凶手，之后将其活活打死。

还有一次，董卓支起帐幔邀请大家来喝酒，席间突然带上来数百名俘虏，还在大家纳闷的时候，董卓下令当场将这些人诛杀。手段极为残忍，有的割去舌头，有的先砍断手足，或者挖眼，或者扔到大锅里活活煮死，简直不是人类能干出来的事。席间吃饭的公卿们"皆战栗亡失匕箸"，但董卓"饮食自若"。对于朝廷的高级官员，董卓也一样不手软。张温曾经是董卓的上级，后来担任过三公之一的太尉，现在担任的是卫尉。董卓看他不顺眼，恰在这时太史令报告说根据天象显示最近有大臣将会暴死，董卓害怕应验到自己身上，就找人诬告张温与关东联军有瓜葛，把张温抓了起来。一代名将竟然被活活打死。

张温临死前一定极其后悔当初没听孙坚的话。孙坚劝他早早除掉董卓,但他没有那个魄力和胆量,现在让这个小人得了势。董卓毫无政治伦理,也不讲人性,简直就是恶魔。

董卓看来比较喜欢把人扔到锅里煮。后来袁绍为盟主起兵反董卓,战斗中董卓抓到了袁绍手下一个叫李延的人,董卓命人把他煮了。根据《汉末英雄记》记载,董卓在另一次作战时抓到李昊、张安毕二人,他们也许是关东联军的人,董卓下令把他们"生烹之"。这二位都是汉子,临进锅前还不忘调侃一下,他们相约:"不同日生,乃同日烹。"

5

丁原事件背后的内幕交易

原字建阳，本出自寒家，为人粗略，有武勇，善骑射。为南县吏，受使不辞难，有警急，追寇虏，辄在其前。裁知书，少有吏用。

——（三国）王粲《汉末英雄记》

在何进被杀、董卓入洛阳前后，丁原是一个关键性人物。董卓最终彻底把持朝政，把袁绍、袁术、曹操等人赶出洛阳，依靠的是实力。而在此过程中，董卓策反吕布杀了丁原，是关键的一步。

董卓建立权威靠的也不完全是流氓手段，没有强大实力做后盾，一味耍横只能自取灭亡。在董卓刚进入洛阳时他的实力还不占上风，除凉州军和何进的旧部外，洛阳还有其他几支不容忽视的力量。他们大都是何进、袁绍等人此前安排到各地募兵的，实力稍大的有鲍信、张邈、丁原等部。鲍信日后成为曹操的战友和主要支持者，张邈是关东联军的主力，他们都支持何进和袁绍。当时的洛阳，云集了由各地赶来的队伍，有些是有组织的，也有些是三五成群跑来找机会的。据《三国志·刘备传》记载，刘备和张飞、关羽等人在此前后也到了洛阳，被何进编入一个叫毌丘毅的都尉手下。

如果袁绍能抓住机会迅速整合起各路力量，趁董卓的凉州军主力还未抵达洛阳之际首先发难，董卓未必是对手。日后曹操、袁术、孙坚等人都是借助讨伐董卓渐成气候的，没有董卓专政，以后的政治格局如何变化非常难料。鲍信就清楚地看到了这一点，所以他劝袁绍先下手为强，解决董卓和凉州军，但是袁绍不敢。袁绍的胆量不够是一个方面，另一方面他或许对董卓还抱有侥幸，心中仍然对"袁氏故吏"有所期待，于是袁绍失去了这个稍纵即逝的机会。

作为军阀,董卓最清楚拥有什么自己才有发言权,在弟弟董旻的协助下他成功策反了何进的旧部吴匡等人,使自己的实力有所增强。紧接着,他把目标放在了实力较强的并州军身上,通过对并州军的内部瓦解,又兼并了这支劲旅。

并州的大体范围相当于今山西省的大部、陕北以及内蒙古的河套地区,现今的太原、包头、榆林、延安等地均在其内,其北部与匈奴、鲜卑、乌桓等少数民族聚居区相邻。匈奴经过南北分化后,南匈奴不断内迁,与并州地区的汉族融合得很紧密,由此也带动了当地的畜牧业发展,使并州军也像凉州军、幽州铁骑一样成为一支活跃的劲旅。当时并州军的实力派是前并州刺史丁原。

据《汉末英雄记》记载,丁原,字建阳,出身于寒门,"为人粗略,有武勇,善骑射"。早年当过县吏,在"追寇虏"也就是平息民变过程中不怕死,能冲在前面,所以不断立功。《后汉书》对丁原的介绍还要多一些,说丁原最后升到了并州刺史,后又改任骑都尉,相当于骑兵师师长。何进招募外兵的时候,丁原派部下张辽率一千多人前来助战,丁原被何进委任为执金吾,相当于首都洛阳的警备区司令。

综合《三国志》的记载,丁原的并州军有三大主力构成,分别是张杨、张辽和吕布。张杨,字稚叔,并州云中郡(今山西原平)人;张辽,字文远,并州雁门郡马邑(今山西朔州)人;吕布,字奉先,并州五原郡九原县(今内蒙古包头)人。他们的出身都很一般，但有一个共同特点，就是有武力。张杨以"武勇"而被丁原任命为武猛从事，张辽因为武力过人被丁原招为从事，吕布也因为"骁武"而被丁原赏识。一句话，他们都是丁原的并州老乡，又都是猛将，与丁原本人"武勇"的特点很相近。

这几个人如果驾驭得好就能成为好帮手。如果丁原有曹操那样的治人拢心之道，并州军在丁原手中就会有另一番天地。但问题是丁原"为人粗略"，他本身也是一个武人，在带队伍方面缺少足够的经验。从以后张杨、吕布、张辽等人的事业发展情况看，当初他们在丁原手下都具有较大的独立性。高顺、成廉、成绩、侯览等人始终追随吕布，吕布到哪里他们跟到哪里，说明吕布名义上属丁原领导，但却拥有自己的势力。丁原被杀后，吕布率自己这部分人马投靠了董卓；张辽虽然也投靠了董卓，但不归吕布指挥，还归董卓直接领导；张杨则率部远走河内郡，过上了打游击的生活。他们都能把自己的人马顺利带走，说明丁原手下的这三支主力存在各自为战的局面，这为丁原被杀埋下了祸根。

《后汉书》和《三国志》对吕布早年生活均记录不详。陈宫后来对张邈谈论吕布时称他为"壮士"，并州当地世家出身的王允视吕布为"剑客"，说明吕布的身份不是名门大族。加上他的祖籍是偏僻的九原郡，说明吕布出道前的身份类似于游侠。而这在东汉时期往往带着贬意。这也造就了吕布一生"轻狡反覆，唯利是视"的个性，因为剑客、游侠最容易急功近利，也最容易被别人利用。

丁原对吕布很不错,《三国志》称"大见亲待"。但正是因为丁原的"粗略",因为吕布具备游侠、剑客的特质,所以董卓看到了机会,他对吕布进行了策反。是谁来执行的联络工作、如何接上头、吕布如何杀掉丁原,这些问题史书均未作详细记载,只说董卓"诱布令杀原"。对吕布而言,尽管自己身上有剑客的特性,但杀掉上级投靠敌人毕竟是一件极损仁义道德的事,他怎么会轻易下手呢?这是一个往往被人忽略的问题,也是不容易找到答案的问题。但如果细究起来,原因其实并不难发现,那就是董卓对吕布开出了天价的诱降条件,让吕布想不动心都难。

董卓开出的条件不是金银财宝,也不是高官厚禄,而是一句话,它记录在《三国志·吕布传》里,叫作"誓为父子"。董卓不仅收吕布为义子,而且为此立了誓。在史书里从来没有记录过关于董卓儿子的事,只说他有一个女婿叫牛辅,推测起来董卓应该没有儿子,如此一来当他死后继承权就成为问题。董卓可以把女婿牛辅立为继承人,也可以在手下将领里指定一个,但当董卓收吕布为义子时,这些可能就不存在了,因为董卓要把继承权交给吕布。

汉代很注重法律上的继承关系,像袁绍那样过继给叔父家,叔父的爵位、家产等就由他来继承,这种法律关系是谁都不能剥夺的。董卓为了保证瓦解并州军成功,不惜指定吕布为继承人;为了取得吕布的信任,还举行了盟誓。这不是走过场,而是很郑重的,董卓至死都未曾反悔过,而吕布也对这种关系深信不疑。后来当王允再次策反他杀董卓时,吕布曾为难地表示"奈如父子何"。

6
当两个野心家相遇

董卓谓袁绍曰："皇帝冲暗，非万机之主。陈留王犹胜，今欲立之。"绍勃然曰："天下健者岂惟董公？"横刀长揖径出，悬节于东门而奔冀州。

　　是时年号初平，绍字本初，自以为年与字合，必能克平祸乱。

　　董卓在显阳苑，请官僚共议，欲有废立，谓袁绍曰："刘氏之种，不足复遗。"袁绍曰："汉家君天下四百许年，恩泽深渥，兆民戴之，恐众不从公议。"卓曰："天下之事，岂不在我，我令为之，谁敢不从。"绍曰："天下健者不唯董公，绍请立观之。"横刀长揖而去。坐中皆惊愕。时卓新至，见绍大家，故不敢害之。卓于是遂策废皇太后，迁之永安宫，其夜崩。废皇帝史侯为弘农王，立陈留王为皇帝。卓闻东方州郡谋欲举兵，恐其以弘农王为主，乃置王阁上，荐之以棘。召王太傅责问之曰："弘农王病困，何故不白。"遂遣兵迫守太医致药。即日，弘农王及妃唐氏皆薨。

——（三国）王粲《汉末英雄记》

掌握朝政大权的董卓与在社会上呼声很高的袁绍之间的矛盾终于爆发了,导火索是废立天子事件。根据《汉末英雄记》的记载,董卓一直有废掉当今天子刘辩,而改立灵帝刘宏的另一个儿子刘协为帝的想法。董卓认为这件事迫在眉睫,已经不能再等,为此他跟袁绍商量。但是,单就《汉末英雄记》现存的几条记载来看,这件事的来龙去脉似乎还有一些出入。

其中一条记载说,董卓告诉袁绍,当今天子刘辩为人"冲暗",不是一个"万机之主",而陈留王刘协比他强,应该废黜刘辩,另立陈留王。"冲"的意思是幼小,"暗"的意思是不明、蒙昧。董卓说刘辩蒙昧可以,但说他"幼小"则刚好说反了,因为刘辩十四岁,刘协只有九岁。根据这条记载,可以看出董卓明确要以刘协代替刘辩。

但按照后一条记载,似乎又不是这样的。董卓当着袁绍和众"官僚"的面说:"刘氏之种,不足复遗。"这个"遗"在此应该读"位",是给予的意思,好像是说不能再把皇位交给刘氏宗族了。那应该交给谁呢?《汉末英雄记》没说,《三国志》《献帝春秋》也没说。有一种可能是董卓想自己当皇帝,因为如果刘氏不当了,董卓是不会让给别人当的,《汉末英雄记》在这里暗示董卓想僭越。

但是,后一种说法得不到其他史料的支持,包括《后汉书》

《三国志》在内的各种史书均明确记载董卓的想法是以刘协取代刘辩。他的这个想法遭到了袁绍的强烈反对，二人由此彻底闹崩。董卓没想到袁绍会干脆利索地不给他面子，于是放出了狠话："天下的事都取决于我，我想做什么，谁敢不从？"董卓再次耍起了流氓，但袁绍也不是被吓大的，他说："天下有势力的也不光你董卓，咱们走着瞧！"袁绍"横刀长揖而去"。袁绍明摆着跟董卓公开叫板了，他勇则勇矣，但是晚了。

如果是在鲍信劝他除掉董卓的时候发威，结果会是另一个样子。但现在局面完全不同了，董卓收降了何氏旧部，瓦解了并州军，新得了吕布、张辽这样的猛将，加上凉州军源源不断地开来，实力的天平早已把袁绍一党甩到了地上。袁绍这才想起来跟董卓摊牌，无异于自取灭亡。换成别人，袁绍及其整个家族恐怕活不到明天，但是董卓还是忍住了。原因是袁家是"大家"，他没有立即下手。这为袁绍逃出洛阳留下了机会。

董卓为什么执着地行废立之事呢？要知道这可是惊天动地的大事，纵观两汉三四百年的历史，能做成这种事的没有几个。尽管刘氏已形同傀儡，尽管董卓已经"天下之事，岂不在我"，但要打破人们心中牢不可破的正统观念，也不是那么容易的。即使袁绍这些人不敢反对，也不能保证天下人都会响应。从事后结果看，董卓要做的这件事终于是做成了，但他也为此付出了极大的代价。这些董卓没有考虑过吗？

而对袁绍来说，尽管不满意董卓，尽管可能也不满意刘协，但此时此刻执着地反对废立，他也应该考虑一下后果。袁绍可能觉得袁家的影响力还在，董卓不会把自己怎么样。但董卓进入洛阳以来的所作所为已经清楚地表明，此人绝不会按常理出牌。他的道德水准极低，他的手段极残忍，对付这样的人光靠斗勇根本无济于事，即便不为自己着想，也要为父亲、叔父等家族几十口人着想。董卓彻底掌握局面后，下一个打击的对象一定是袁家，现在不设法脱身，反而激怒董卓，是不是有点不够明智呢？从事后结果看，袁绍带着少数人勉强逃出了洛阳，生父袁逢、叔父袁隗等几十口人留在洛阳成为董卓的人质，最后全部被董卓杀害。

在废立这件事上，董卓和袁绍都异常执着，根本不计后果，来了一场硬对硬，给政局乱上添乱，使脆弱不堪的朝廷旧伤未疗、新伤又添。董卓和袁绍对决的结果是两败俱伤。由此也产生了一系列疑问：董卓和袁绍为什么都那么执着呢？对董卓来说，为什么一定要行废立之事？对袁绍来说，既然拼不过董卓，为什么还要坚决反对呢？他们都不能退一步吗？围绕这些问题仔细探究一番，发现不是他们不够明智，而是他们在这个问题上并没有其他的选择。董卓要想彻底巩固权力必须行废立之事，袁绍要想自保必须坚决反对废立，在这个问题上其实他们都没有退路。

董卓虽然是肇事者，但他有充分的理由换皇帝。刘辩是灵帝刘宏的儿子，但也是何进、何苗的外甥，何进被杀凶手是宦官，何苗被杀凶手则是吴匡，而吴匡背后是董旻，董旻的背后是董卓，董卓已经跟何家成为仇人，这是董卓急于换皇帝的一个原因。另外还有一个原因，是董卓跟刘协之间的特殊关系。这个刘协跟刘辩不是一个生母，刘辩的母亲是何皇后，刘协的母亲是王美人。何皇后当时得势，又给灵帝刘宏生下了儿子刘辩，她对其他嫔妃格外防范，有谁怀上刘宏的儿子，她就会想办法让那个生命胎死腹中。王美人怀孕后惊恐难安，想了很多办法要把孩子流产，但这个日后被称为汉献帝刘协的孩子生命力过于顽强，还是降生到人间，结果很快王美人就被何皇后毒死了。灵帝大怒，但又无可奈何。何皇后外有当大将军的哥哥，内有张让等宦官头目力挺，灵帝无法追究，但为防止再出意外，就把刘协交给自己的母亲抚养。

  灵帝刘宏的母亲姓董，跟董卓是一个姓，但他们的祖籍一个在西北一个在华北，八竿子打不着。不过董卓很会来事，当时他的弟弟董旻在朝廷任职，在董卓授意下，董旻主动跟董太后一家攀上亲戚关系。不管是西边的董还是东边的董，反正五百年前都是一家，由于这层关系，董卓对刘协更另眼相待了。为了断绝忠于何氏的势力将来聚拢到刘辩身边反对自己，董卓当机立断，他要废掉刘辩，另立与自己有一定渊源并且有好感的刘协为帝。

  对于袁绍来说，这又恰恰是不能接受的。因为天下人都知道袁绍是何进的属下，张邈、鲍信、丁原这样的实力派与其说支持袁绍，不如说他们是因为何进而支持袁绍。何进虽然算不上一代枭雄，但他很早便开始权力布局，像王粲的父亲王谦以及大笔杆子陈琳等都是何进的属下，何进在政治上有相当深的根基。袁绍等人加盟何进集团后，通过背后使坏把何进推上了断头台，借宦官之手除掉了何进，但这些是隐形的，是一般人看不出来的。袁绍平时嘴上挂的还是对何进的忠诚，何进是袁绍利用的工具，也是袁绍扛在肩头的一面大旗。

何进虽然死了，但他的外甥、当今天子刘辩就成为一个象征。刘辩当天子对袁绍是有利的，反之，看着刘辩被废，如果他不旗帜鲜明地反对，将会使自己的政治声誉严重受损。袁绍没有接受鲍信等人武力解决董卓的建议，鲍信、张邈等人失望之下已离开了洛阳。袁绍失去了跟董卓刀兵相见的本钱，如果再失去士人以及舆论对自己的拥护，他将变得一钱不值。

所以，董卓必须换皇帝，袁绍也必须坚决反对。最终的结果当然是以袁绍的失败而告终，袁绍逃出了洛阳，董卓废刘辩为弘农王，另立陈留王刘协为帝，即以后的汉献帝。这场斗争董卓表面上是胜利了，但这个胜利是"惨胜"，由于他的方法过于粗暴简单，让他在政治上彻底失败，士人们不会再与他真心合作，一般百姓也都视他为头号奸臣。对于袁绍来说，此次对抗他是彻底"惨败"，他被排挤出洛阳政坛，袁家留在洛阳的数十口人成为董卓的人质；后来袁绍被推为关东联军的盟主，打出反对董卓的大旗，董卓一怒之下，把袁家几十口人全部杀了。

可这些不幸远没有结束，以袁绍为盟主的关东联军讨伐董卓，列出的一条重要理由是董卓随意行废立之事，言下之意并不承认刘协的合法地位。董卓担心被废的刘辩被关东联军利用，命人用毒药害死了刘辩，其过程记录在《汉末英雄记》等史籍中。刘辩死后，关于刘协合法性的问题不再成为焦点，绝大多数人认为刘协既然也是灵帝刘宏的亲生骨肉，继承皇位也不存在问题。但是袁绍还绕不过来这个弯，在董卓面前他坚决反对立刘协为帝，这个观点他一直坚持了很久。他曾想立刘虞为帝与刘协抗衡，虽然事情没有结果，但让袁绍成了最大的"反皇派"，一直影响到他与献帝刘协的关系。这也间接地促成了曹操得以抢先一步"挟天子以令诸侯"，从而让袁绍不断地在政治上失分。

7
武人终究没斗过文人

董卓谓王允曰:"欲得一快司隶校尉,谁可作者。"允曰:"唯有盖勋元、周京兆耳。"卓曰:"此明智有余,不可假以雄职。"勋字仲远,武威人。琼字德瑜,汝南人。

——(三国)王粲《汉末英雄记》

董卓赶跑了袁绍，消除了心腹之患，虽然身边还有黄琬、杨彪、朱俊、卢植这样的老臣时不时给自己作作对，但董卓不担心他们。因为这帮人手里没有兵权，顶多动动嘴，把董卓惹急了，抽刀瞪眼一吓唬，这些人也就老实了。董卓感到很惬意，他想做什么就做什么，不仅完成了废立之事，而且不断提高自己的职务，先是当了司空，又改任太尉，最后又当上了相国、太师，几乎把这些最重要的职务全干了一遍，同时还增加了不少特权。董卓还可以随心所欲地封官封爵，只要他看着顺眼，想当什么官只需一句话。

经过多年的经营，凉州军已经发展成体系庞大的军事组织，总兵力在十万人左右。董卓手下主要将领有十多人，其中不乏日后的风云人物，主要有李傕、郭汜、张济、樊稠以及李蒙、王方、胡轸、杨定、段煨、徐荣等人，加上董卓新收降的吕布、张辽，可以说人才济济。但是这些人才有一个严重问题：太偏科，都是武将，在战场上玩命可以，玩不了文的，玩政治更不在行。

董卓明白打江山跟治理天下是两回事，董卓急需要文人的辅佐。董卓是个武人，却也是个聪明人，他动不动耍横，但没有一味地耍横，对于反对他的人，他一点都不手软；但对于他想借用的人，他又能放低姿态。董卓控制朝政后，四处延揽名士到朝廷任职。一代文豪蔡邕就是此时结束流放生活回来重新任职的。还有荀彧的叔父荀爽，原本在颍川郡家里务农，突然接到诏命任命自己为平原国相，成为副省级高官；还没等他赶到平原国，路上又接到通知改任他为光禄勋卿，成为部长；等他到了洛阳，才知道他的任命书又改了，他担任司空，成为三公之一。荀爽从布衣百姓一跃成为三公，前后只用了九十三天。

董卓为了收买人心，还自己领衔，率领三公上书朝廷为陈蕃、窦武平反。为了表达诚意，董卓带头"俱带鈇锧诣阙上书"（鈇锧是古代行腰斩刑用的工具）。董卓带头光着膀子，背上这些刑具，跑到宫门口跪地请愿。陈蕃、窦武在与宦官斗争中失败而被杀，不仅影响到他们的子孙，也影响到与他们平时关系密切的人。在董卓主持下，陈蕃、窦武一案彻底平反，当初受牵连被免官罢爵的人都"悉复其爵位"，董卓对陈窦二人"遣使吊祠，擢用其子孙"。

董卓做这些事只有一个目的：收买人心。但是，人心已失，不是做几场秀就能换回来的。董卓和凉州军的残暴无情让洛阳的官民无法跟他们亲近，轻易废掉天子又让他彻底丧失人心。董卓一系列挽回声誉的行动或许收到了一点点成效，但士人们不肯真正合作的立场没有什么改变，这让董卓很苦恼。灵帝中平六年（189年），也是献帝初平元年，这一年的十一月董卓自己由太尉改任为相国，这是本朝没有的职务，专为董卓而设。他空出来的太尉一职给了司徒黄琬，黄琬空出来的司徒一职由司空杨彪接任，杨彪空出来的司空一职由刚被提拔为光禄勋卿的荀爽接任。这几位既是世家大族出身，又是大名士，算是给董卓撑足了面子。但说到具体做事，这些人显然不行。董卓不仅需要装点门面的人，也需要干事的人。正在这时，有几个人主动跑到董卓这里表示效忠，让董卓大喜过望。

这几个人包括尚书周毖、郑泰，城门校尉伍琼、长史何颙等，其中周毖是凉州武威郡人，跟董卓还算是老乡。他们跑到董卓那里说，"董卓矫桓、灵之政"，把董卓说得很高兴，于是放手让他们"沙汰秽恶，显拔幽滞"，大力推行改革，试图复兴朝政。

但董卓显然不了解这帮人的底细，这不怪他。因为他长期生活在边疆地区，才来洛阳不久，他不知道何颙就是那个"奔走之友"小团体里的骨干分子，郑泰是一个知名的党人，周毖和伍琼具体情况虽然不详，但都跟何颙差不多。总之，这些人本来跟袁绍都是一伙的，袁绍跑得急，走的时候身边只有许攸、逢纪几个人，也许没顾得上把他们都带走，也许是专门把他们留下来，目的是潜伏到董卓身边，专门给董卓捣乱。

这几个人特别能忽悠，利用董卓急于革新朝政、收揽人才的心理，他们先是建议广征天下名士，包括荀爽、陈纪、韩融、申屠蟠、蔡邕等在内的知名人士就是在他们的建议下被征辟的。他们这样做不是为了给董卓帮场子，而是为了取得董卓的信任。等时机差不多了，他们又推荐尚书韩馥担任冀州牧、侍中刘岱担任兖州刺史、陈留郡人孔伷担任豫州刺史、东平国人张邈担任陈留郡太守、颍川郡人张咨担任南阳郡太守。这些人董卓更不熟悉，全凭周毖等人的介绍。董卓出于对周毖等人的信任，全部批准了这些人事安排。董卓内心里还是想得到士人们的支持。史书上说"卓所亲爱,并不处显职,但将校而已",他没有马上提拔手下那些将领,而不断重用士人,不仅给他们地位崇高的虚职,也广授他们州牧、刺史、太守这样举足轻重的实职,说明董卓是有诚意的。

但是,韩馥等人也是袁绍的死党。韩馥是"袁氏故吏",跟董卓这个"袁氏故吏"不一样,韩馥跟袁家人走得很近,刘岱是袁绍妻子刘氏的亲戚,张邈跟袁绍、曹操都是好朋友,孔伷、张咨也都是党人。要么董卓一天到晚太忙无力过问很多事,要么手下的心腹只会打打杀杀不会做情报工作,对高级干部任命的把关如此之差,让反对自己的人成批地走向重要岗位。

周毖等人甚至还给袁绍解套,袁绍、袁术、曹操先后逃出洛阳,随后朝廷便下达了通缉令。曹操在逃亡路上因此被人抓住,幸亏两个基层地方官网开一面,否则日后历史上就少了一个大"奸雄"。袁绍逃到冀州,这里有韩馥接应他,但袁绍的身份仍然是朝廷的通缉犯。周毖考虑到袁绍这个身份不便于号令天下,于是跑到董卓面前又一顿忽悠,董卓居然把通缉令撤销,反而任命袁绍为渤海郡太守。

但是袁绍还是造反了,韩馥、刘岱、孔伷、张邈、张咨这些人一个不剩全部跟着反了,董卓盛怒之下杀了周毖和伍琼,但随后郑泰就替补了上来,他接着忽悠董卓。郑泰在士人中的名望更高,在两次"党锢之祸"中他都是风云人物,是老一辈的党人。

像袁绍、何颙一样,他也喜欢广交侠士,史书记载他家有四百顷地,居然还不够吃,因为朋友实在太多了。当时董卓已经跟关东联军开打,双方自北向南在多个战场形成对峙,郑泰跑去对董卓一通吹捧,目的是麻痹董卓,迟滞凉州军在前线的行动,为关东联军尽可能创造条件。董卓虽然没有采纳郑泰的意见,但发现郑泰是个难得的人才,他已经把周毖、伍琼杀了,此时正缺帮手,董卓打算任命郑泰为将军,让他统筹前线指挥。幸亏有人及时向董卓报告,说郑泰此人"政治上"不可靠,董卓才收回成命,否则让郑泰到前线指挥,凉州军都得稀里糊涂地被"报销"了。

郑泰之后,董卓最信任的人是王允,即《汉末英雄记》里董卓询问司隶校尉人选的那个人。王允是并州人,世家大族出身,十九岁就开始做官,当过豫州刺史。在刺史任上遇到黄巾起义,在协助中央军与黄巾军作战时缴获宦官头目张让通敌的重要信件,王允密报朝廷,结果灵帝只对张让斥责一顿并未深究。张让由此对王允恨之入骨,必致他于死地。王允下狱后性命不保,幸亏大将军何进出手相救,王允才没死。王允对何进很感激,他又是党人出身,这样的人对董卓来说应该是比较危险的,但董卓偏偏信任他。

董卓后来把首都从洛阳迁到了长安,刚开始董卓还在洛阳一带主持军务,长安的大事小事都交给王允处理,王允很有行政才干,各种事情处理得很周全,董卓很满意,更加信任他。但王允跟周毖、伍琼、郑泰、何颙都是一路人,都是潜伏在董卓身边的敌人。董卓到了长安后,何颙、荀攸、华歆等一批士人先后两次发起对董卓的刺杀行动,但均以失败告终,何颙在狱中自杀,华歆等人逃亡,荀攸下狱。可是王允一直没暴露,仍然坚持下来,在最后一刻他成功策反了吕布,杀掉了董卓。

从周㻫到王允,士人们前赴后继地与董卓战斗。论起来董卓对他们每一个人都不薄,但他们的斗争精神却异常坚定,这是因为董卓进入洛阳后的一系列行为与传统儒家思想和经学文化格格不入,士人们根本无法接受这个残暴的另类,他们誓死也要跟董卓斗。这是一种可怕的力量,即使手无寸铁也可以让千军万马胆寒,因为它的背后有强大的道德、舆论做支撑。董卓遇上这样的对手,失败是迟早的事。

8

曹操与刘备的早年友谊

灵帝末年，备尝在京师，复与曹公俱还沛国，募召合众。会灵帝崩，天下大乱，备亦起军，从讨董卓。

曹操与刘备密言，备泄之于袁绍，绍知操有图己之意。操自咋其舌流血，以失言戒后世。

——（三国）王粲《汉末英雄记》

以上这两则关于刘备与曹操早年交往的佚事仅见于《汉末英雄记》一书，因而显得很珍贵。尽管有人怀疑其真实性，主要针对的是刘备在董卓之乱前后是否已经与曹操相识。但作为曹操手下的近臣，王粲不大可能无中生有。王粲写曹操有一般史家不具备的优势，他与曹操朝夕相处，很多材料来自于曹操本人，因而这两则记录应该是真实的。

从刘备、曹操早年行迹来看，说他们很早便认识是有可能的。曹操二十岁以前在家乡沛国谯县生活，后入洛阳太学学习；二十岁参加工作，先后担任洛阳北部尉、顿丘令、议郎、骑都尉、济南国相、典军校尉等职，行迹是很清楚的。刘备早年的事迹不如曹操那么清晰，但基本情况也是可查的。

刘备生于汉桓帝延熹四年（161年），小曹操五岁。他的祖籍在幽州刺史部涿郡涿县（今河北涿州市）。根据《三国志》《华阳国志》等书的记载，刘备是西汉景帝的儿子中山靖王刘胜的后代，他的祖父亲叫刘雄，当过兖州刺史部东郡辖下范县的县令；他的父亲叫刘弘，"仕州郡"，大概在本地当基层公务员。刘备很小的时候父亲刘弘就死了，家道衰落，他的母亲以"贩履织席为业"，成为手工业者兼小商贩。在那个轻商的时代，他们一家的社会地位相对较低。

但是刘备有个好母亲,她对儿子的教育抓得很紧。十五岁那年,母亲让刘备外出求学,与同宗的刘德然、辽西的公孙瓒共同拜涿州本地人卢植为师。卢植是汉末名将,担任过九江郡太守,也是大学者。刘备师出名门,不仅增添了身价,而且结识了公孙瓒等同学,有了这些社会资源,刘备日后才有了更大的发展空间。从卢植那里结业后,刘备开始"交结豪侠"。他很有个人魅力,也很讲义气,又是卢大师的学生,因而"年少争附之",这其中就包括河东郡解县人关羽和涿郡本地人张飞。

转眼到了汉灵帝中平元年(184年),这一年刘备二十三岁,他的人生出现了重要转折。这一年爆发了黄巾起义。刘备的家乡涿郡是重点地区之一,朝廷缺乏必要准备,仓促之间组织几支军队镇压黄巾军,这些军队分别由皇甫嵩、朱俊等人率领。刘备的老师卢植在担任九江郡太守期间曾经有过镇压民变的经验,被朝廷任命为左中郎将,负责冀州、幽州方面的军务。刘备率关羽、张飞等人跑去找卢老师效力,被卢植编入一个叫邹靖的校尉手下。校尉是高级军官,大约相当于现在的师长。刘备等人军职不详,可能不是太高。在镇压黄巾军的过程中,刘备立了功,被朝廷任命为中山国安喜县尉。这个职务低于县长或县令,大约相当于副县级的公安局长,别看它品秩不高,但很能锻炼人,曹操、孙坚、孙权都干过。

按照《三国志》的说法,刘备在这个职务上干得不顺利,后来发生了"鞭打督邮"事件,他把上级派来的检查组组长给打了,只得弃官而逃。这个时候正赶上何进、袁绍四处募兵，一些投机分子都往洛阳跑，刘备带着关羽、张飞等人也来到了洛阳。《汉末英雄记》里关于刘备与曹操在洛阳相识的经历，大约就发生在这个时候。

但是，《三国志》和《汉末英雄记》的记载有些出入。根据《三国志》记载，何进派毌丘毅到扬州刺史部的丹阳郡募兵，刘备等人一同前往，走到下邳国时，遇上黄巾军，在作战中刘备又立了功，被任命为下密县丞（相当于副县长），又改任高唐县尉，后来升任高唐县长。下密县和高唐县都在山东境内，刘备既没有再去丹阳郡，也没有回到洛阳，而是直接去山东任职了。但据王粲的说法，刘备是跟曹操一块离开洛阳的，到沛国"募召合众"。曹操离开洛阳发生在袁绍弃官远走冀州的同时。如果曹操逃出洛阳的时候带着刘备、关羽、张飞等人，就与《三国志》的说法相矛盾了。

考察曹操的行踪，他逃出洛阳比袁绍还狼狈。根据《三国志》卞皇后的传记记载，他甚至来不及通知家里人一声，夫人卞氏及在洛阳的家人都惊恐不已；据《魏书》《世语》《杂记》三本书记载，曹操逃亡路过成皋县的时候到过老朋友吕伯奢的家，杀了吕家的人；据《世语》记载，曹操逃到中牟县时被人认出来是通缉犯，结果被抓了起来，幸亏县里的功曹深明大义，认为"世方乱，不宜拘天下雄俊"，劝县令把曹操放了。以上种种记载表明，曹操是只身逃亡的。尤其是关于吕家血案的不同版本也说明，曹操当时身边没有其他人，否则也不会给后世留下那么多争议了。

刘备没有再回洛阳，曹操逃亡时他不在。同时，各种史料都记载曹操逃亡没带其他人，似乎《汉末英雄记》里的那条记载不真实。《汉末英雄记》虽然不是正史，但也不是传奇小说，它里面记载的大多数史实都是有根据的，因为王粲是那段历史的亲身经历者，《汉末英雄记》可以视为"口述历史"。尤其是记录曹操的内容，王粲更不会胡编乱造，关于刘备跟随曹操一块去沛国募兵这条记载如何理解呢？

其实，详细考察一下曹操出逃前后的历史可以看出，这一记载应该也是真实的，只是它的时间不在曹操出逃时，而是更早一些，在何进被杀之前。何进被杀前曹操的职务是典军校尉，这是著名的"西园八校尉"之一。这是一支新军，正在建设之中，曹操担任这个职务首要问题就是募兵，有了兵源后进行编练。同时，袁绍给何进出主意引外兵入京，何进除召董卓等人来洛阳外，还派不少人出去募兵，像张辽、鲍信、张邈、王匡、毌丘毅就是这时候被派到各地的。过去一直没有注意被派下去募兵的人里还有曹操，如果分析《汉末英雄记》里的这条记载，可以确定其实曹操也参加了募兵，募兵的地点是他的老家沛国。在这次募兵中，刘备、关羽、张飞等人也参加了。

这是刘备与曹操最早的合作，这时候曹操三十四五岁，刘备三十岁左右。但是这次合作时间不长，曹操的募兵可能进行得不顺利，也有可能洛阳局势很快发生了变化，曹操又回到了洛阳，总之这次没有募到太多的人马，刘备等人转而被何进派到毌丘毅那里去丹阳郡募兵了。

《汉末英雄记》里的后一条记载，看着像是发生在官渡之战前，因为那时候刘备正周旋在曹操与袁绍之间；但仔细分析又不像。如果曹操对刘备的"密言"发生在"青梅煮酒论英雄"的许昌，他泄露给袁绍就应该是与曹操决裂改投袁绍之后。但这个时候已经不存在"绍知操有图已之意"了，因为这时袁、曹对决已经开始，这件事天下人都已经知道了，不用刘备再去告密。如果不是这时，刘备能周旋于曹操、袁绍之间，也唯有董卓之乱前在洛阳时，也就是刘备随曹操到沛国募兵前后。这个时候袁绍权势很大，曹操等人事实上都在听从袁绍的调遣，但曹操又极看不上袁绍的为人，不止一次表达过对袁绍的轻视，也许跟刘备聊起过什么，而刘备转眼报告给了袁绍，曹操很后悔，不惜咬烂舌头作为"失言之戒"。如果是这样的话，说明刘备在洛阳那段时间虽然地位并不太高，却比较活跃，能跟袁绍、曹操这样的重量级人物经常来往，并且与曹操的关系挺密切，曹操可以把一些知心话说给他听。

以后，曹操在陈留郡的己吾起兵，参加了酸枣会盟，一步步壮大实力，当上了兖州牧，成为一路诸侯。刘备等人在高唐县也没有干太长时间，老同学公孙瓒在幽州事业越来越发达，刘备转投公孙瓒，被公孙瓒任命为平原国相，相当于郡太守。兖州牧曹操跟徐州牧陶谦爆发了战争，曹操三征徐州，而陶谦是公孙瓒的盟友，公孙瓒派刘备等人援助陶谦。在郯城保卫战中，刘备与曹操直接在战场上相见，昔日战友成为敌人。

陶谦死后刘备接掌了徐州,还没等曹操与他刀兵相见,刘备自己这边出了事。四处游荡的吕布被曹操打得无路可走,到徐州来投刘备,刘备缺乏警惕性收留了吕布,结果吕布与袁术串通,趁刘备与袁术交战之机背后下手,把刘备赶出了徐州。尽管后来双方达成了谅解,但刘备与吕布的矛盾依然很深。官渡之战前,曹操下决心解决吕布,刘备投靠了曹操,被曹操任命为豫州牧、左将军,这是他们第二次合作。

尽管曹操手下不少人劝他杀掉刘备,以免后患,但曹操始终没有动手。刘备在曹操那里一直心存不安,加上他暗中参与了董承谋反事件,干脆一走了之,不久与曹操翻脸,之后转投袁绍。官渡之战后,刘备又转投了刘表。后来发生了赤壁之战,刘备联合孙权打败了曹操,扳回了关键的一局。

纵观赤壁之战前,刘备与曹操有过合作也有过斗争,他们之间多次发生正面冲突,总是以刘备的失败而告终。刘备还没有实力与曹操过招,甚至一听说曹操亲自来讨伐就不战而逃。但是曹操对刘备评价颇高,认为他是一个英雄。曹操这样的评价来自于他对刘备身上锲而不舍顽强精神的赞赏。刘备出身低下,靠着自己的奋斗一步步走来,真正应着那句话:"不放弃,不抛弃。"刘备多次陷入险境和低谷,但最后都挺了过来,这种品质是曹操最欣赏的。曹操自己的经历也跟刘备差不多,完全靠自己的努力和拼搏,但又不断遇到挫折和失败。由于双方类似的经历和性格中某些方面的共同之处,曹操对刘备有"惺惺相惜"之感。

赤壁之战给了刘备以自信，原来无比强大的曹操也是可以战胜的。赤壁之战后，曹操的事业有点走下坡路，而刘备则迅速崛起，两股势头不同的力量终于爆发了一次对决，这就是汉中之战。此战由刘备和曹操亲自指挥。曹操这时已经六十多岁了，进入了"烈士暮年"，而刘备还不到六十岁。刘备倾其所有务求打赢这场战争，整个益州都被动员起来了。结果刘备胜出，曹操的势力退出了汉中，刘备自称汉中王。

曹操六十六岁时死了，刘备比曹操多活了三年。他们一生的经历有许多不同，他们的性格也有很大差异，但他们活跃在同一段历史舞台上，有时互为朋友，有时互为敌手，彼此相当熟悉和了解，都对汉末历史的发展产生过重要影响。

9
酸枣会盟必然失败的原因

匡字公节,泰山人。轻财好施,以任侠闻。辟大将军何进府进符使,匡于徐州发强弩五百,西诣京师。会进败,匡还州里,起家,拜河内太守。

伷字公绪,陈留人。岱孝悌仁恕,以虚己受人。瑁字元伟,玄族子,先为兖州刺史,甚有恩惠。

纯字子和,年十四而丧父,与同产兄仁别居。承父业,富于财,僮仆人客以百数。纯纲纪督御,不失其理,乡里咸以为能。好学问,敬爱学士,学士多归焉,由是为远近所称。年十八,为黄门侍郎。二十,从太祖到襄邑募兵,遂常从征战。

京师谣歌咸言"河腊丛进",献帝腊日生也。风俗通曰:"乌腊乌腊。"案逆臣董卓,滔天虐民,穷凶极恶,关东举兵,欲共诛之,转相顾望,莫肯先进,处处停兵数十万,若乌腊虫相随,横取之矣。

——(三国)王粲《汉末英雄记》

《汉末英雄记》把王匡、孔伷、刘岱、桥瑁这些人集中到一块写,因为他们有一个共同的身份——关东联军。董卓专权后,袁绍等人逃出了洛阳,很快便在洛阳以东的冀州、兖州、豫州等地起兵,公开反对董卓,这就是通常所说的"十八路诸侯讨董卓"。但是根据正史记载,并没有十八路之多,算起来大概有十一路,他们分别是:后将军袁术、冀州牧韩馥、豫州刺史孔伷、兖州刺史刘岱、河内太守王匡、渤海郡太守袁绍、陈留郡太守张邈、东郡太守桥瑁、山阳郡太守袁遗、济北相鲍信、代理奋武将军曹操。

酸枣是东汉兖州刺史部陈留郡的一个县,在今河南省延津县附近。当时这里临近黄河,处在南北要冲,东距洛阳二百里左右,战略位置十分重要。汉献帝初平元年(190年)正月,也就在袁绍、袁术、曹操等人逃出洛阳几个月后,刘岱、张邈、张超、鲍信、袁遗、桥瑁等人率领各自的人马聚集到这里,设坛盟誓,首先打出讨伐董卓的大旗。袁绍虽然不在酸枣,仍然被大家公推为盟主。

曹操当时没有合法职务,他在张邈的支持下到己吾募兵,得到了五千多人,其核心力量是本族的曹仁、曹洪等,与曹家关系密切的夏侯惇、夏侯渊兄弟,典韦、乐进等人也是这时候加入曹操阵营的。曹操在己吾打造出一支曹家军,日后这支军队不断得到锤炼,成为百炼成钢的一支铁军。《汉末英雄记》里提到的曹纯,也是曹氏宗族成员。他是曹仁的兄弟,是曹操的表弟,日后成为曹军主力"虎豹骑"的指挥官,多次在重大战役中立功。不过,就目前而言,曹操的总体实力还稍逊一筹,加上没有合法职务,在酸枣会盟中的分量还不够,袁绍委任他为代理奋武将军,编在张邈之下,所以在会盟誓词里只提到张邈而没有提到他。

随后,韩馥在邺县,袁绍、王匡在河内郡,孔伷在颍川郡,袁术在南阳郡鲁阳对酸枣会盟给予响应。这几个方面的人马加在一起有十几万,控制地盘自北向南跨越了小半个中国,势头很猛,被称为"关东联军"。董卓当时以洛阳为基地,主力部队多在洛阳与长安之间布防。为对付关东联军,他急忙调集主力迎敌,从河内郡到南阳郡分成三个主战场,分别由牛辅、徐荣、胡珍、吕布等人率领,与关东联军作战。

从势力对比上看,关东联军与董卓军齐鼓相当,但关东联军在舆论上受到支持,他们打出讨伐董卓的大旗后,各地官民都给予支持,对他们寄予厚望。可是,势头很猛的联军却很快失败了,大家不久便转入各自为战的状态,而且互相之间展开了厮杀,反倒把共同的敌人董卓放到了一边没人理了。董卓虽然后来无力保住洛阳而退到了长安,但他退却的原因是复杂的,后方基地不稳、黑山军不断袭扰是主要原因,与关东联军的正面进攻关系不大。

当时京师一带流传的歌谣里有一句叫"河腊丛进"。关于这句话的意思,《汉末英雄记》解释说献帝是腊日生的。董卓滔天虐民,穷凶极恶,关东联军举兵共诛之,但大家你看我、我看你,

"莫肯先进",在各地停兵数十万,就像乌腊虫一样,只有声势,却没有力量。

酸枣会盟的失败让曹操十分伤心。就在酸枣会盟期间,曹操看到大家每天只知道喝酒,不思进取,他十分生气。有一次他当着大家的面说:"今兵以义动,持疑而不进,失天下之望,窃为诸君耻之!"话都说到这个份上了,但张邈等人仍然不以为然。后来,曹操写了一首题为《蒿里行》的诗,诗中写道:"关东有义士,兴兵讨群凶。初期会盟津,乃心在咸阳。军合力不齐,踌躇而雁行。势利使人争,嗣还自相戕。淮南弟称号,刻玺于北方。铠甲生虮虱,万姓以死亡。白骨露于野,千里无鸡鸣。生民百遗一,念之断人肠。"在这首诗里,曹操分析了关东联军失败的原因,他认为人心不齐造成了最后的失败,从"军合力不齐"发展到"势力使人争",共同的敌人没有消灭,自己内部先发生了火并。曹操站在天下百姓的角度发出了感叹,称"念之断人肠"。

曹操一生都对此事耿耿于怀,多年后他在《让县自明本志令》里又提到了酸枣会盟,对于失败进行了反思。之所以让曹操念念不忘,是因为这次会盟的失败给他留下了惨痛的教训,也格外让他惋惜。在酸枣期间,曹操多次提出正确建议,号召大家齐心协力一举打败董卓,但得不到积极响应,大家只知道每天"置酒高会",只有鲍信跟着曹操单独行动了一次,但却在汴水河畔被凉州军悍将徐荣击败。曹操事后很生气,他率先离开了酸枣,先是到扬州募兵,之后到了黄河以北的河内郡,暂时依附于袁绍。曹操认为"军合力不齐"是关东联军失败的原因。这当然是最重要的一个方面，但关东联军的失败还有其他原因。

首先，一些重量级的地方实力派人物没有一同参与会盟，削弱了联军应有的影响力。当时洛阳以外还有不少实力派，如徐州的陶谦、幽州的刘虞和公孙瓒、辽西的公孙度、荆州的刘表、益州的刘焉，他们手握重兵，占据的地盘都很大，他们如果一块参加会盟，董卓恐怕连放手一拼的信心都没有了，没准会乖乖退回凉州去。但陶谦等人并没有参加会盟，他们虽然没有公开反对关东联军，但他们仍然尊崇洛阳的天子，表明他们也不反对董卓。他们的态度之所以与袁绍等人不同，是因为他们已经拥有了一定实力，是既得利益者，对他们来说，保住已得到的利益比冒险更明智。这些地方实力派抱着中立的态度，对关东联军缺乏实质上的支持。

其次，参加会盟的这些人大都是新赴任的地方官，没有什么根基，实力有限。韩馥等人上任普遍不到一年，虽然有朝廷正式颁发的委任状，但在世家大族左右地方政局的汉末时期，他们在地方上的影响力还十分有限。他们会盟时也都带来了不少人马，但大多数是冲着浩大的反董声势刚刚加入的新兵，缺乏必要的组织训练，战斗力不强。曹操虽然勇气可嘉，但因为没有看到这一点，贸然出击，结果一战而溃。这说明联军还不具备与强悍的凉州军正面交锋的实力，应该抓紧训练，提高队伍的战斗力，之后再寻找时机与凉州军决战。另外，关东联军的后勤保障也是问题。

这么多人聚集在一块,需要源源不断地提供军粮,但袁绍、王匡、张邈等人在地方上实力有限,没有积累,加上转眼到了青黄不接的春季,军粮供应不上,粮食吃完便一哄而散了。

再次,董卓挑起了关东联军的内讧。董卓对付关东联军除了用凉州军猛打之外,还动用了少有的政治智慧,派使团到关东劝降就是一招妙棋,袁绍不明就里,加上自己父亲、叔父几十口人刚刚被杀,有点冲动,他下令把董卓派来的使臣都杀了,结果犯下了大错。董卓派出来的这几位使者分别是大鸿胪卿韩融、少府卿阴修、执金吾胡母班、将作大匠吴修、越骑校尉王环。这些人不仅是朝廷部长级的重臣,而且都是名士,像泰山郡人胡母班,年轻时就很有名,跟度尚、张邈等八人"轻财赴义,振济人士",被称为"八厨"。袁绍不分青红皂白,下令把他们全杀了,最后除韩融因知名度太大免去一死外,其他人都死于袁绍之手。其实这正是董卓的阴谋,他派使臣到关东劝降,成功了可以不战而解关东的威胁,不成功就把韩融这些人交给袁绍等人处理,至少可以解除他们在朝中对自己的潜在威胁。哪想到袁绍把他们杀了,这更中董卓下怀。此举无疑挑起了关东联军与士人们的内斗。王匡接到要他杀胡母班的命令,据谢承的《后汉书》记载,胡母班在狱中给王匡写信陈情,说"仆与董卓有何亲戚,义岂同恶?"但王匡还是执行了袁绍的命令杀了胡母班。王匡的行为激起胡母班族人以及同情者的愤怒,他们后来联合起来把王匡杀了。关东联军由此内讧不断,刘岱与桥瑁相恶,刘岱杀了桥瑁,袁术那边的主将孙坚更是连杀荆州刺史王叡和南阳郡太守张咨，这就是曹操所说的"势利使人争"。

最后，关东联军缺少强有力的统一指挥。联军在酸枣会盟时袁绍还在渤海郡，虽然大家公推他为盟主，但象征意义大于实际意义。袁绍当时的处境较为艰难，由于冀州牧韩馥对他心存猜忌，所以他的行动受到限制，更不要说统筹规划讨董大业了。后来袁绍处境虽有所改善，但实力仍然不强，他到河内郡与王匡联合，其实是来寻求依靠的。袁绍紧接着自任车骑将军，对关东联军统一发号施令，但除了他下令诛杀胡母班等董卓派来的使者外，没有见到他下达的军事方面的部署，联军实际上处于各自为战的状态。这种情况在酸枣更为明显，当时云集于此的联军有六七路，但缺少绝对权威的人，就连设坛时要选一个人上去领着大家盟誓也都"更相让，莫敢当"，最后推举张超手下的功曹臧洪登坛念誓词。没有统一的指挥，联军就像一盘散沙，加上各怀心事，自身战斗力又不强，最后的失败应在情理之中了。

10
被忽略的急性子将军

初，坚讨董卓，到梁县之阳人也。卓亦遣兵步骑五千迎之，陈郡太守胡轸为大督护，吕布为骑督，其余步骑将校都督者甚众。轸字文才，性急，预宣言曰："今此行也，要当斩一青绶，乃整齐耳。"诸将闻而恶之。军到广成，去阳人城数十里。日暮，士马疲极当止宿，又本受卓节度宿广成，秣马饮食，以夜进兵，投晓攻城。诸将恶悼轸，欲贼败其事，布等宣言"阳人城中贼已走，当追寻之，不然失之矣"，便夜进军。城中守备甚设，不可掩袭。于是吏士饥渴，人马甚疲，且夜至，又无堑垒。释甲休息，而布又宣言相惊，云"城中贼出来"。军众扰乱奔走，皆弃甲，失鞍马。行十余里，定无贼，会天明，便还，拾取兵器，欲进攻城。城守已固，穿堑已深，轸等不能攻而还。

——（三国）王粲《汉末英雄记》

董卓分兵与关东联军对抗。关东联军有三个主攻方向，分别是河内郡、酸枣和南阳郡，董卓也把主力分成三个部分，对付河内郡的一部由他的女婿牛辅指挥；对付酸枣这一路由名将徐荣指挥；南面这一路，主要对手是袁术、孔伷，这两个人董卓都不怕，但有一个人让董卓很紧张，他就是孙坚。这个长沙郡太守一听说讨伐董卓，兴奋得不得了，率领人马一路过了长江到达南阳郡，当时归袁术指挥。董卓对孙坚并不陌生，他们在凉州和羌人作战时是老同事，孙坚对董卓一向没有好印象，认为他日后必为朝廷大患，曾建议张温在军前找借口除掉董卓。董卓知道孙坚的战斗力，不敢怠慢，对南阳郡方向做了重点布置：由胡轸任大督护，即总指挥，华雄和吕布为骑督。

胡轸在日后的名气远没有吕布和华雄大，但当时却是吕布和华雄的上级，名气和地位要比他们大得多。史书中没有胡轸的传记，他的事迹散见于《汉末英雄记》《九州春秋》以及《三国志》董卓和孙坚的传记中，而以《汉末英雄记》的这一段记述最详尽。根据以上这些史书的记载，胡轸，字文才，他和董卓手下另一个将领杨定都是"凉州大人"。据《后汉书·岑彭传》的解释，所谓"大人"是指"大家豪右"；；《后汉书·马援传》也说"大人，谓豪杰也"，也就是地方豪强；《后汉书·董卓传》说胡轸是"卓故将"，说明他很早便跟随董卓了。从史料分析来看，胡轸的地位在李傕、郭汜等人之上，更是吕布、徐荣等人无法比的。

《汉末英雄记》对南线战况做了详细记载。袁术派孙坚自南向北攻击，到梁县境内的阳人这个地方双方相遇。梁县归司隶校尉部的河南尹管辖，即今河南省临汝县。阳人也称阳人聚，是个大壁坞，这里位于洛阳的正南方，霍阳山和汝水以北，距离洛阳的直线距离只有几十里，相当于洛阳的远郊区。身在洛阳的董卓急了，命令胡轸、吕布、华雄等人立即迎敌。

《汉末英雄记》说胡轸性子很急，对属下一向很严厉，有时还吓唬吓唬大家，领导方法简单粗暴。或许近来凉州军抢抢杀杀的军纪太涣散，让胡总指挥很恼火，他临出发前警告大家："这次要斩杀一名青绶级官员，才能整顿好纪律！"汉代无论文官还是武将，品秩的大小可以通过官印的材质和绶带的颜色来判断，"青绶"即青色的绶带，汉代的绶带分为黄赤、赤、绿、紫、青、黑等颜色，皇帝、太后、皇后用级别最高的黄赤色，诸侯王、天子的贵人等用赤色，诸国贵人、相国用绿色，公、侯、将军用紫色，九卿、二千石的官员用青色。胡轸所说的"青绶"级官员，指的就是九卿以及二千石的官员，也就是太守、校尉这一层级的"省军级"大员。

胡轸本人是陈郡太守，也是"青绶"级官员，他有没有权力斩杀这个级别的高级官员不太清楚。如果有的话，恐怕指的就是他手下的吕布、华雄这几个人了，看来他们之间关系处得不好。

胡轸把狠话放了出去,"诸将闻而恶之",这个"诸将"里显然包括了吕布和华雄。胡轸率军开到广成,这个地方也叫广成聚,是梁县境内另一个壁坞,距离阳人聚只有几里路。这时候天黑了,士兵远道而来,人困马乏,根据董卓之前下达的战斗指令,他们应该在广成聚就地宿营,秣马饮食,拂晓时分发动攻击。但是包括吕布在内,"诸将恶惮轸",都想"贼败其事",吕布等人宣称"阳人城中贼已走,当追寻之,不然失之矣",鼓动胡轸连夜进攻,而孙坚那边守城准备很充分,根本不可能偷袭成功。

胡轸稀里糊涂指挥人马攻城,没有任何战果,将士们又渴又饿,人马疲惫,又是三更半夜,来不及修筑堑垒,一个个都解开盔甲就地休息。吕布这时候又跑出来使坏,宣称"城中贼出来",军士们扰乱奔走,盔甲也丢了,马也跑了,一口气溃退了十多里,确定后面没有敌人追击才稍稍安定下来。这时天已亮了,胡轸命人拾取兵器,想再次攻击阳人聚,但孙坚那边已经进一步加强了防备,外面的城堑也进行了加深,胡轸等无法取胜,只好撤兵。

以上是《汉末英雄记》关于阳人聚之战的记载。根据《三国志》等史书补充,孙坚在阳人聚取得胜利,但在此之前他打过败仗,地点在梁县以东,对手是猛将徐荣,也就是在汴水河畔把曹操杀得丢盔卸甲的那个人。这一次徐荣又把孙坚打败,孙坚只带数十骑突围,凉州军穷追不舍。孙坚常戴一个红色的头巾,平时看着挺酷,但在战场上却很危险,成了一个标志。凉州军追着红头巾跑,孙坚赶紧把头巾取下,交给部下祖茂戴上,自己才得以脱身。祖茂则被凉州军追到一片坟地里,刚好有一个烧了半截的木桩,祖茂把头巾绑到木桩上,自己躲到草丛里才骗过追兵。孙坚之后去了颍川郡,在豫州刺史孔伷支持下又重振旗鼓杀了回来,与胡轸等相遇于阳人聚。

按说孙坚是败军之将,仓促之间聚集残兵败将杀过来实力不会强到哪里去,结果却反败为胜。胡轸、吕布、华雄三个猛人都不是他的对手,主要原因恐怕出在凉州军自己身上。胡轸带兵方法简单,与吕布等人处理不好关系,致使吕布暗中使坏是失败的直接原因。根据《三国志·孙坚传》记载,孙坚阳人聚一战大获全胜,斩杀了胡轸手下的骑都华雄。在《三国演义》里,这个华雄死于关羽之手是不确切的。史书中对华雄的记述更为简单,其他情况均不详,他日后的名气完全是"傍"上了项羽才得来的。

阳人聚一战直接导致洛阳被孙坚占领,孙坚成为联军中第一支攻入洛阳的军队。但洛阳此时已彻底残破,原因是董卓临撤退前下令一把火把城中宫室等重要建筑全部烧了,这座当时世界上数一数二的大都市顿时成为一片废墟。孙坚命人打扫宫室,修护邙山脚下那些被董卓破坏的帝陵。因为洛阳及其周边已经成为"无人区",占领洛阳毫无价值,孙坚率部从退了出来。

胡轸最后的下落是,董卓被杀后李傕、郭汜等人反攻长安,胡轸、杨定等人当时在长安城内。据《九州春秋》记载,不仅吕布不喜欢胡轸,当时临时掌握了最高权力的王允也不喜欢他。王允让胡轸和杨定等人到李傕那里捎话,王允对胡轸说:"关东鼠子欲何为邪？卿往呼之。"胡轸、杨定表面答应，结果一到李傕等人那里就招呼他们往长安杀来，接着王允被杀，吕布出逃，长安城及献帝刘协落入李傕、郭汜、樊稠等新一代凉州军阀手中。胡轸没有出现在掌握实权的凉州将领的行列里，他的事迹也没有再次出现在史书中。关于他之后的情况就不清楚了，想必在连续不断的乱战中被杀了吧。

11
改写历史的意外事件

咨字子仪,颍川人,亦知名。

刘表将吕公将兵缘山向坚,坚轻骑寻山讨公。公兵下石,中坚头,应时脑出物故。

坚以初平四年正月七日死。

——(三国)王粲《汉末英雄记》

孙坚率先攻入洛阳，关东联军在南线取得突破，袁绍却在河内郡徘徊不前，酸枣的各路人马一哄而散。在这种情形下，袁术挣足了面子，他的个人声望达到了顶峰，其实这不是他的功劳，如果没有孙坚他什么事都弄不成。孙坚的资历相当老，并不在袁术之下，论能力更是袁术的几倍，但他心甘情愿听从袁术指挥，这说来话长。

胆气过人，十七岁当上县"公安局长"

孙坚，字文台，是扬州刺史部吴郡富春县（今浙江杭州富阳）人，据《三国志》记载，他是孙武之后。关于孙坚的家世，《吴书》称他们"世仕吴，家于富春"。孙坚生得容貌不凡，他年轻时"性阔达，好奇节"，少年时期即为县吏，这个县应该是他的老家富春县。十七岁那年，孙坚跟父亲押着一船货物到钱唐县（今浙江杭州）去，路上遇到了海贼胡玉等人。这伙人从钱唐县附近的匏里上岸抢掠商人的财物，正在岸上分赃，过往的船只看到这种情形都不敢前进。

孙坚对父亲说："可以把这些贼人打败，让我对付他们。"孙坚的父亲劝他说："这不是你能干的。"但孙坚不听，他"操刀上岸",用手比比画画,嘴里嘟嘟囔囔,"若分部人兵以罗遮贼状"。胡玉等人看到,以为官兵来抓他们,赶紧丢掉财物逃走,孙坚不干,穷追不舍,杀了一个海贼。这件事让孙坚的父亲很吃惊,如此一来孙坚的名气就传开了。富春县令听说后"召署假尉","假"是代理的意思,就是把他招到县政府来代理县都尉,相当于副县级的公安局长,这时他十七岁。

富春县属吴郡,与其相邻有一个会稽郡。该郡闹民变,其中有一个叫许昌的人在句章起兵,这个地方在今浙江省宁波市附近。许昌自称阳明皇帝,封他的父亲为"越王"。许昌等人煽动周围诸县,手里有人马近万人。扬州刺史臧旻调集州郡人马前往镇压,孙坚被吴郡征为郡司马,相当于民团团长,临时招募精勇千余人,与各郡人马共同讨伐许昌,最终将许昌消灭。臧旻为孙坚请功,孙坚被任命为盐渎县丞,其地在今江苏省盐城市,县丞相当于副县长。又过了几年,孙坚改任盱眙县丞,之后又改任下邳县丞。盱眙县即今江苏省盱眙县,下邳县在今江苏省邳县附近。

孙坚的仕途看来不很顺利,干了那么长时间还只是在"副县长"这个岗位上打转,说到底还是他缺少后台。东汉后期官场的门阀化倾向相当明显,像袁氏那样出身世族的大家族常常垄断要职,一般人要想在仕途上一帆风顺,必须投靠这些大家,当个"袁氏故吏"什么的。孙坚世代在吴郡为官,估计都是基层官吏,像孙坚这样凭本事当上县丞已经算不错了。《江表传》说孙坚心理素质很好,虽然升不了官,但没有牢骚,平时工作勤恳认真,他先后当了三个县的"副县长","所在有称,吏民亲附"。看来他跟刘备一样,都很会笼络人,不少乡里少年愿意追随他,人数多达数百人。孙坚力所能及地接济他们,待他们像自己的子弟一般。

不要小看孙坚的这种行事风格,因为此时天下即将大乱,能笼络住人正是乱世成大事者所必须具备的素质。程普、黄盖、韩当等早年追随孙坚的人,对孙氏一直忠心耿耿,至死不变,看中的就是孙坚的为人。孙坚后来遭突然变故死了,他的儿子孙策之所以能很快东山再起,与程普等人坚定的支持分不开。后来孙策也遭突然变故而死,孙策的弟弟孙权也能迅速掌握局面,最终开创孙氏大业,靠的也是这些方面。说孙权一般说他继承了"父兄遗业",说明他继承的不仅是孙策的政治遗产,更有孙坚时代打下的坚定基础。

英勇善战所向无前,受到朝廷重用

中平元年(184年),全国范围内爆发了黄巾大起义,这给孙坚带来了机遇。当时朱俊被任命为中郎将,负责讨伐颍川郡的黄巾军,朱俊听说孙坚有勇有谋,是把好手,就上表朝廷任命他为佐军司马,相当于副团长。这个职务跟民团不同,是朝廷的正规军。孙坚前往军前效力,乡里少年很多人愿意追随。孙坚一路上又招募"诸商旅及淮、泗精兵",到朱俊那里报到时手下已经有了一千多人。其中就有程普、黄盖、韩当等人,这是"孙家军"

的基本班底。朱俊当然很高兴,不需要朝廷破费孙坚自己把队伍就拉起来了。孙坚在朱俊的指挥下"并力奋击,所向无前"。

孙坚打仗很拼命,据《吴书》记载,一次孙坚乘胜深入,但是友军没有及时跟上,在西华这个地方打了败仗,孙坚负伤后坠马,倒在草丛中昏迷过去。大家四处找他却找不到,眼看没有了希望,结果奇迹发生了,孙坚所骑的战马跑到营中,一边用蹄子刨着地一边嘶鸣,大家很惊讶,跟着这匹马找到了孙坚。孙坚回到营里只养了十几天,伤势刚刚好些就又出去作战了。在攻打宛城时,孙坚"身当一面",第一个登上城头。这在战场上有个名词叫"先登",是大功一件。朱俊为孙坚请功,提升他为别部司马,相当于独立团团长。

黄巾起义被扑灭后,孙坚没有像曹操、刘备等很多人那样脱去戎装到地方上任职,而是转战到了西部战场,加入朝廷的中央军与韩遂、马腾等人作战。孙坚在车骑将军张温属下"参军事",即当军事参谋。在他前后陶谦也在张温手下干过这项工作,后来因为跟张温处不到一块找门路到徐州担任刺史去了。也就是在此期间,孙坚劝张温杀了不听召唤的董卓,但张温没敢动手。韩遂、马腾被打败后,孙坚因为有军功被拜为议郎,在此前后曹操也当过四年左右的议郎,不知道他们是否有过同事的经历。孙坚当议郎时间很短,因为很快他就有了更适合的岗位,长沙郡人区星起兵造反,自称将军,聚众一万多人围城攻地。朝廷觉得孙坚很能打,就任命他为长沙郡太守。

孙坚到任后，仅用了半个多月就把区星等击败了。以后周朝、郭石等人在同属荆州刺史部的零陵郡、桂阳郡起兵，孙坚"越境寻讨"，使长江以南的这三个郡"肃然"。朝廷根据孙坚前后所立战功，封他为乌程侯。这是一个很高的爵位，因为它是一个县侯。汉代侯爵分为亭侯、乡侯、县侯三等，而侯爵又是刘姓之外的人臣所能达到的爵位，所以被封为县侯是臣子最大的奢望。孙坚与曹操同岁，小袁绍十岁。孙坚被封为县侯时才三十多岁，袁绍、曹操、袁术这些人都比不上他，从这个方面看他的资历相当老。

连杀长官同僚，只得委身袁术

灵帝驾崩后发生了董卓之乱，又给孙坚提供了一次机遇。这时候，各州郡纷纷举义兵讨伐董卓，孙坚一看机会来了，立刻率兵北上。孙坚的顶头上司是荆州刺史王叡，孙坚对他很有意见。据《吴录》说，王叡当初指挥孙坚等人讨伐零陵、桂阳等地的变民，王叡因为孙坚是武官，言辞之中颇有轻慢，引起孙坚的不满。这时，王叡属下武陵郡太守曹寅也对王叡有意见，曹寅便与孙坚联手，借朝廷案行使者、光禄大夫温毅的名义，把王叡逼得自杀。之后，孙坚率部继续北上，到达荆州刺史部最北边的南阳郡，这时候他手下已经聚集了数万人。

南阳郡的太守张咨也是一个名士，是十一路关东联军之一。《汉末英雄记》也有一条是记载张咨的，但很简单，说他字子议，是颍川郡人,"亦知名"。据《三国志》记载,孙坚到了南阳郡,就给张咨发了一个公函,要求给自己调运军粮。张咨跟手下人商量,大家都认为孙坚不过是邻郡的一个太守,大家平起平坐,没有权力征调军粮,于是不理。孙坚很生气,他带着牛、酒等礼物拜会张咨,按照礼节张咨次日回访。席间,孙坚手下的长沙郡主簿进来报告孙坚:"这次到南阳郡来,发现道路不修,军用物资也不提供,请把南阳郡主簿抓起来问问是什么意思。"主簿是州、郡一级长官的属下,相当于办公室主任的角色。长沙郡办公室主任当着南阳郡太守的面要抓南阳郡办公室主任,既不合规也极无理。张咨一看不妙,想离开但已经晚了,孙坚做了布置,他根本走不了。过了一会儿,孙坚的办公室主任又进来报告:"问题已经查清楚了,是南阳郡太守有意让义军不能行动,为贼人拖延时间,请抓起来军法处置。"就这样,长沙郡太守孙坚当场把南阳郡太守张咨抓了起来,随后处斩,"郡中震栗"。孙坚再有什么要求,就没有不满足的了。

《吴历》一书则称,孙坚到了南阳郡,张咨既不给军粮,也不肯见孙坚。孙坚想继续北上,但"恐有后患",于是才决定除掉张咨。孙坚诈称有急病,还装模作样让巫医祈祷,并派人到张咨处,说孙坚病得不行了,想把所部人马托付给张咨。没想到张咨极弱智,连这种话都信了,他亲自率步骑五六百人来见孙坚,孙坚躺着跟他相见,谈话之间"卒然而起,按剑骂咨",并当场把张咨杀了。《吴历》的这个说法可信度不如《三国志》。《吴历》

在政治立场上一向站在孙氏一边，它的这条记载只是给孙坚杀张咨找一个说得过去的理由，毕竟连杀朝廷任命的地方大员，同时又是关东联军成员，孙坚干得固然痛快，但负面效果也很大。

孙坚大概也想到了这个后果，于是做出一个重要决定：投靠袁术。袁术与袁绍、曹操同时逃出洛阳后来到了南阳郡境内的鲁阳，他想投奔南阳郡太守张咨，但张咨并不很愿意支持他，他的局面一直打不开。董卓在任命袁绍为渤海郡太守时也任命了袁术一个职务，是后将军。这个职务很高，是朝廷的高级将领。袁术目前手里能打的牌也就是这个后将军了。正在一筹莫展之时，听说孙坚主动来投靠，他简直不敢相信，在确认无误之后，立即上书朝廷"表奏"孙坚代理破虏将军，同时兼任豫州刺史。"表奏"这个词从此就被滥用开了。破虏将军和豫州刺史这样的高级官员任命应该由天子亲自颁布诏书，但现在天子掌握在董卓手中，其他人有人事任免提议已经不可能，于是袁术来了个自行任命，事后报朝廷"备案"，这就是"表奏"。袁术开了这个头，以后只要有点势力的都开始"表奏"起来，人事任免从此混乱不堪，经常出现一个州好几个刺史、州牧，一个郡好几个太守的情况。

孙坚从此归袁术指挥。袁术实际上是个眼高手低的人，一向自负，但实际能力很差。不过他的命好，遇上了孙坚，他指挥的南阳郡这一路反而节节推进，战绩抢到各路联军的前面。袁术用孙坚，但对孙坚也很猜忌。据《江表传》记载，就在孙坚取得阳人聚大捷、正要攻占洛阳的时候，有人对袁术说："孙坚如果占领洛阳,也就对他失去控制了,就好比是除狼而得虎。"袁术心中有了疑虑,于是不再给孙坚发运军粮。阳人聚与鲁阳之间相隔一百多里,孙坚"夜驰见术",跟袁术进行了长谈,认为如果袁术不发军粮,就好比"吴起所以叹泣于西河,乐毅所以遗恨于垂成",希望袁术三思。袁术无奈,最后恢复了孙坚的后勤供应。

拒绝董卓和亲却死于非命

董卓打不过孙坚,就派李傕等人前来求和,愿意与孙坚和亲,并且答应孙坚只管把子弟、朋友的名单报来,可以全部任命为刺史、太郡,被孙坚严词拒绝。董卓退往西边,孙坚攻占了洛阳,按孙坚的想法应该乘胜追击,但袁术却命他迅速回师,原因是关东联军内讧升级,袁绍任命会稽郡周氏家族出身的周昂为豫州刺史,来跟他们抢地盘。据《吴录》说,孙坚听到这个消息,慨然而叹,以至于落下了眼泪。孙坚回师,击退了周昂。

初平三年(192年),袁术决定向南发展,派孙坚进攻荆州的刘表,刘表派遣部将黄祖在樊县、邓县之间迎击孙坚,黄祖不是对手,被孙坚打败。孙坚渡过汉水,围住了刘表的基地襄阳。刘表眼看有被一举消灭的可能,但却发生了意外,孙坚突然被杀了。

按照《汉末英雄记》的记载,初平四年(193年)农历正月七日,刘表手下将领吕公依托山地向孙坚发起进攻,孙坚率领少数人沿山寻找吕公,吕公手下的士兵用石块攻击孙坚等人,孙坚头部被石块击中,受伤严重,脑浆都被打了出来,不治身亡。不过,这仅是其中一种说法。按《典略》记载,孙坚率部围攻襄阳,刘表闭门不战,趁夜派遣部将黄祖潜出偷袭,事后黄祖想撤回城里,被孙坚截击,黄祖败走逃入岘山之中。这座山在襄阳城西,诸葛亮隐居的隆中就在这座山里。孙坚乘夜追击黄祖,黄祖的手下在竹林间向孙坚射箭,孙坚中箭而亡。据《吴录》记载,孙坚死时三十七岁。

孙坚死于意外,改变了荆州的局势,刘表喘了口气,危机暂时解除。不仅如此,孙坚之死甚至改变了历史进程。可以试想一下,如果孙坚不死,群雄争霸的局面将是另外一番模样,刘表将过不了眼前这一关,荆州的主人将换人。而孙坚迟早会脱离袁术,甚至把袁术吞并,孙坚有可能在袁绍、曹操之前发展成最大的一路割据势力。曹操将面临的不仅有袁绍,还有孙坚这个久经战场的老辣对手,争雄的结局如何,很难预料。现在,孙坚死了,袁术损失惨重,他自己没有多大能耐,南阳郡的局面全靠孙坚东挡西杀。孙坚有四个儿子,分别是孙策、孙权、孙翊、孙匡。孙坚死时,他们都不在跟前,身边只有一个叫孙贲的侄子。孙贲率孙坚旧部退出战斗,回到鲁阳后,袁术任命他接替孙坚的豫州刺史一职。

12
朝廷"下派官员"带来的矛盾

公孙瓒，字伯圭，为上计吏。郡太守刘基为事被征，伯圭御车到洛阳，身执徒养。基将徙日南，伯珪具豚米于北邙，上祭先人。觞酹，祝曰："昔为人子，今为人臣，当诣日南，多瘴气，恐或不还，与先人辞于此。"再拜慷慨而起，观者莫不唏嘘。在道得赦俱还。

公孙瓒除辽东属国长史，连接边寇，每有警，辄厉色愤怒，如赴雠，敌望尘奔。继之夜战，虏识瓒声，惮其勇，莫敢犯之。

公孙伯圭追讨叛胡丘力居等于管子城。伯圭力战乏食，马尽，煮弩楯，啖食之。

公孙瓒与诸属郡县，每至节会，屠牛作脯，每酒一觞，致脯一豆。

公孙瓒与破虏校尉邹靖俱追胡，靖为所围，瓒回师奔救，胡即破散，解靖之围，乘势穷追，日入之后，把炬逐北。

瓒每与虏战，常乘白马，追不虚发，数获戎捷，虏相告云："当避白马。"因虏所忌，简其白马数千匹，选骑射之士，号为"白马义从"。一曰胡夷健者常乘白马，瓒有健骑数千匹乘白马，故以号焉。

公孙瓒每闻边惊，辄厉色作气，如赴仇。尝乘白马，又白马数十匹，选骑射之士，号为"白马义从"，以为左右翼，胡甚畏之，相告曰："当避白马长史。"

——（三国）王粲《汉末英雄记》

在汉末群雄争霸中，公孙瓒是一个重要人物。他师出名门，又久经战阵，在与北方少数民族长期接触过程中，他以幽州铁骑为基础组建的一支叫"白马义从"的精兵战无不胜，成为汉末劲旅。

师出名门又文武双全的太守女婿

公孙瓒，字伯圭，辽西郡令支县人，其地在今河北省的迁安县。辽西郡位于内地通往辽东半岛乃至整个东北地区的必经之路上，大致相当于今辽西走廊，处于今河北省唐山市和辽宁省锦州市之间，河北省秦皇岛市就在这个范围之内。

《汉末英雄记》说公孙瓒得到本郡太守刘基的赏识，担任了本郡的上计吏。所谓"上计"就是地方行政长官定期向上级呈报文书，报告地方治理状况，包括户口、垦田、钱谷、刑狱等，编制成集簿，县里呈送到郡国，郡国再根据属县呈报的情况再编制郡的"集簿"上报朝廷，朝廷据此评定地方长官的政绩。这其实是一种考评地方官的方式，也是一种原始的审计制度；在秦汉时已经较为完备，汉代还专门颁布了专门的法规《上计律》。负责呈报集簿的人就叫上计吏。这个人很关键，必然是地方长官特别信得过的人。如果他对长官有意见，到了京里乱说一气，那麻烦就大了。

公孙瓒被刘太守选为上计吏，一方面是因为公孙瓒有才干，据《三国志》记载，公孙瓒长得"有姿仪，大音声"，《典略》说他"性辩慧，每白事不肯稍入，常总说数曹事，无有忘误"，意思是他有很强的归纳能力，汇报事情从不细说，而是把几件事总结起来概括地说，从来没有遗漏、出错的。另一方面，据《三国志》记载，太守"器之，以女妻焉"，公孙瓒还是太守的女婿。太守为了进一步培养公孙瓒，就送他到卢植那里学习，因而结识了也在卢老师处学习的刘备。公孙瓒归来后继续在郡里为吏，这时发生了一件变故，改变了公孙瓒的人生轨迹。

据《汉末英雄记》记载，公孙瓒的岳父刘太守因为犯了事被廷尉抓了起来，要送到洛阳去。辽西郡远离洛阳几千里，弄不好就容易把命丢在路上。为了保护岳父的安全，公孙瓒亲自驾车，一路护送前往。后来，刘太守被判了个流放日南郡的刑罚，公孙瓒准备了米和肉，跑到洛阳北面的邙山上祷告祖先。他说："过去我是人子，如今我为人臣，我要一块到日南郡去了，那里瘴气严重，恐怕无法生还，先在这里祭告祖先吧。"公孙瓒的意思是要跟刘太守一同远赴日南郡，并且做好了不再生还的打算，他慷慨而起，周围的人莫不唏嘘感动。

日南郡属交州刺史部，大体范围是今越南的北部一带，当时被视为未开化之地，不仅路途遥远，而且气候殊异，很难适应。

公孙瓒主动要求跟刘太守一块去，不仅体现了义，还被视为是一种大孝。可是刘太守刚走到半道上就遇到朝廷大赦，他们回到了辽西郡。公孙瓒的名声就传播开了，郡里推举他为孝廉，从而具备了进入仕途的阶梯；不久之后，他被任命为辽东属国长史。这个辽东属国相当于一个郡，由辽西郡再往北，介于今锦州到营口之间，长史是州、郡一级政府的属官，类似于秘书长、办公室主任之类的角色。

组建"白马义从"令敌人闻风丧胆

辽东属国地处边疆，与鲜卑人相邻，当时鲜卑在东北地区不断崛起，跟乌桓人一样，他们不断袭扰内地。公孙瓒在辽东属国任职期间，经常领兵与鲜卑人周旋。据《三国志》记载，公孙瓒曾经带领数十骑出巡边关哨所，遇到了数百名鲜卑骑兵，公孙瓒等人退到一个空亭内，他对大家说："今天不冲过去，就必死无疑！"公孙瓒手持两头有刃的长矛"驰出刺胡"，连杀数十人，自己一方也伤亡近半，最后才得以脱身。

《汉末英雄记》说，公孙瓒担任辽东属国长史期间，每次遇到有敌情，他都"厉色愤怒，如赴雠"，那种气势让敌人看了就会觉得胆寒。公孙瓒打出了声威，就是在夜战时听到他的声音，敌人都怕得要命。辽东属国因为有了公孙瓒这个厉害的长史，鲜卑人就不敢随便进到关塞这边来。

《汉末英雄记》还说，公孙瓒手里握有一支劲旅，它的名字叫"白马义从"。开始是因为公孙瓒喜欢骑白马，他又英勇异常，敌人常常互相提醒："见到骑白马的要避让。"见敌人对白马有恐惧心理，公孙瓒干脆选了数千匹白马，挑选善骑射之士，组建了一支精兵，号称"白马义从"。这支精兵成了公孙瓒的撒手锏，在战场上横扫敌军，公孙瓒也落了个"白马长史"的名号。

公孙瓒后来被调到涿郡任职，升为涿县令，刘备就是这个县的人。这时候，凉州军情告急，朝廷决定抽调三千名幽州突骑前去参战，于是任命公孙瓒为都督行事，让他率领这三千人马前往。他们一行开到幽州刺史部的蓟县，也就是今北京市附近时，渔阳郡张纯诱使辽西郡乌桓部落首领丘力居等叛乱，劫掠蓟县一带，张纯自称弥天将军、安定王。朝廷命令公孙瓒率部就地平叛，公孙瓒击破张纯，张纯跑到乌桓人那里躲了起来。公孙瓒因为有功，升任骑都尉，大约相当于师长或旅长这一级，正式成为高级军官。后来，有其他乌桓首领率众投降公孙瓒，公孙瓒被升为中郎将，封都亭侯。公孙瓒就在这一带跟边境少数民族作战，现在的主要对手是乌桓人。

据《汉末英雄记》记载，公孙瓒与丘力居曾战于管子城，公孙瓒"力战乏食"，马都被吃完了，最后连弩楯上的干牛皮都煮煮吃了。还有一次，公孙瓒与破虏校尉邹靖追击敌人，邹靖被围，公孙瓒回师救援，敌人随即被攻散。但是，乌桓首领丘力居所部势力不断壮大,不仅袭扰幽州,还时不时抄掠青州、徐州、冀州。北方这四州深受其害,公孙瓒无法制止。这时朝廷派宗正卿刘虞前来幽州,担任州牧,负责处理北方事务。

公孙瓒与朝廷"下派干部"产生矛盾

刘虞是皇室宗亲,东海恭王之后,在刘氏宗族里他是一个有本事的人,早年担任过幽州刺史,对这一带的情况很熟悉。刘虞这个人讲德义,主张以恩信感化乌桓人。他到任后派人到乌桓人那里"告以利害",让他们把张纯杀了。丘力居早就知道刘虞的名望,也知道刘虞的政策,就派使者回访。

刘虞的做法跟公孙瓒刚好相反,公孙瓒主张以军事手段解决问题,但刘虞是自己的顶头上司,又有朝廷的支持,公孙瓒不敢公开反对,于是在背后使坏。他悄悄派人在半路上劫杀乌桓使者,但丘力居知道这里面的情况,再次派出使者前来拜见刘虞。张纯无奈,丢下妻子儿女逃到辽东的鲜卑人那里,被鲜卑首领所杀,把张纯的首级呈送给刘虞,刘虞因此被朝廷拜为太尉,封为襄贲侯。太尉是三公之一,都是在京城任命和任职,刘虞担任太尉更多是象征意义,他个人的声望由此也达到了顶峰。

公孙瓒看了很不爽,更让他气不过的是,刘虞上报朝廷请求精减边境地区的屯兵,公孙瓒认为这一刀是砍向自己的。公孙瓒手下当时有数万人马之多,这是他跟刘虞叫板的资本。但根据刘虞的方案,他手下只能保留一万人,屯驻于右北平郡,此地在公孙瓒的老家辽西郡南面,今河北省唐山市在其范围内。公孙瓒不愿意,但也没有更好的办法,自己抓不到的张纯,让刘虞不费一兵一卒就解决了,而且乌桓人答应不再内侵,拥有重兵也就失去了理由,他只得带着这一万人马到右北平郡担负守备工作。

董卓入洛阳后,为了拉拢刘虞,升他为大司马。东汉没有这个职务,因为董卓自己要当相国,同样也是现行官职序列里没有的职务,为了有人做个陪衬,于是也给刘虞弄出来了这个名号。同时,把公孙瓒由中郎将提升为奋武将军,改封蓟侯。奋武将军只是一个杂号将军,跟大司马相比差了好几级,公孙瓒想跟刘虞摊牌,想想还是算了。关东联军起兵反董卓,刘虞和公孙瓒都没有明确表示参加。董卓为稳住刘虞,在迁都长安前任命他为太傅,但由于道路阻塞,任命书无法下达。

然而,刘虞和公孙瓒还是不可避免地卷进了中原内战之中。先是袁绍、韩馥等人想拉刘虞过来,准备立他为帝,跟长安的献帝分廷抗礼,作为汉室宗室的刘虞断然拒绝了袁绍等人的提议。袁绍死磨烂缠,希望刘虞再考虑考虑,刘虞明确表示再逼自己就逃入深山,彻底断了大家的念想。刘虞虽然拒绝了袁绍的提议,但在政治立场上倾向于袁绍。刘虞的儿子刘和在献帝身边担任侍中,献帝在长安想东归,就派刘和逃出长安,回去找刘虞让他领兵来迎。结果刘和由武关道出了关中，先到了袁术那里，刘和把天子的意思告诉了袁术。袁术打起了小算盘，认为刘和是一张可以利用的牌，就让刘和给刘虞写信，让刘虞派兵来一块到长安迎接天子，刘虞得到儿子的信，没有多想居然答应了，准备派数千骑兵前往南阳郡。

这本来没有公孙瓒什么事，不过他看出了袁术背后有阴谋。对于野心家的阴谋，一般的正人君子通常不容易看出，而同是野心家的人一眼就能看出来，不知道是不是这个道理。公孙瓒劝刘虞不要遣兵，但刘虞不听。这一下公孙瓒倒着急了，因为他担心袁术将来知道这件事怨恨自己，干脆由反对遣兵改为主动遣兵。他派自己的堂弟公孙越率一千骑兵也前往袁术那里，并且先于刘虞的人马赶到。公孙越一到南阳郡就暗地里劝袁术扣下刘和，把刘虞派来的几千人马吞并。这件事情发生以后，刘虞和公孙瓒之间的矛盾便公开化了。

在孙坚与周昂之战中，袁术派公孙越前往助战，结果公孙越战死。公孙瓒大怒，他不去找袁术要人，而是把仇记到了袁绍的身上。公孙瓒发怒说："我兄弟之死，祸起于袁绍。"这是公孙瓒与袁绍结怨的开始。当然这只是一个导火索，从当时的大局来看，董卓退到长安后，内地两大阵营已经基本形成，这两个阵营的领头人分别是袁绍和袁术，公孙瓒站在袁术一方，刘虞站在袁绍一方，或者说刘虞为对付公孙瓒拉上了袁绍，公孙瓒为对付刘虞与袁术结盟。总之，这两大阵营展开了混战。公孙瓒先与袁绍作战,互有胜负,最后与刘虞摊牌,刘虞战败被杀,公孙瓒控制了幽州大部分地区,以及青州、冀州的一部,事业达到了最辉煌的阶段。

13
乱世中懦弱退缩者注定遭淘汰

馥字文节，颍川人。为御史中丞。董卓举为冀州牧。于时冀州民人殷盛，兵粮优足。袁绍之在渤海，馥恐其兴兵，遣数部从事守之，不得动摇。东郡太守桥瑁诈作京师三公移书与州郡，陈卓罪恶，云见逼迫，无以自救，企望义兵，解国患难。馥得移，请诸从事问曰："今当助袁氏邪？助董卓邪？"治中从事刘子惠曰："今兴兵为国，何谓袁、董！"馥自知言短而有惭色。子惠复言："兵者，凶事，不可为首。今宜往视他州，有发动者，然后和之。冀州于他州不为弱也，他人功未有在冀州之右者也。"馥然之，乃作书与绍，道卓之恶，听其举兵。

刘子惠，中山人。兖州刺史刘岱与其书，道："卓无道，天下所共攻，死在旦暮，不足为忧。但卓死之后，当复回师讨文节。拥强兵，何凶逆，宁可得置。"封书与馥，馥得此大惧，归咎子惠，欲斩之。别驾从事耿武等排合伏子惠上，愿并见斩，得不死，作徒，被赭衣，扫除宫门外。

冀州刺史韩馥问诸从事曰："馥有何长何短！"治中刘惠曰："前劳赐有余肉百筋，卖之，一州调度，奢俭不复在。是犹可劳赐勤劳吏士，卖之示狭。"

袁绍使张景明、郭公则、高元才等说韩馥，使让冀州。

绍在朝歌清水口，浮等从后来，船数百艘，众万余人，整兵骇鼓过绍营。绍甚恶之，浮等到，谓馥曰："袁本初军无斗粮，各欲离散，旬日之间，必土崩瓦解。将军但闭户高枕，何忧何惧？"

耿武字文成。闵纯字伯典。后袁绍至，馥从事十余人弃馥去，唯恐在后，独武、纯杖刀拒，兵不能禁。绍后令田丰杀此二人。

绍以河内朱汉为都官从事。汉先时为馥所不礼，内怀怨恨，且欲邀迎绍意，擅发城郭兵围守馥第，拔刃登屋，馥走上楼，收得馥大儿，捶折两脚。绍亦立收汉，杀之。馥犹有忧怖，故报绍索去。

——（三国）王粲《汉末英雄记》

如果评选三国最窝囊的人，想必有许多人会第一个想到韩馥。他曾经是袁绍的上司，手下云集了颜良、文丑、麹义、张郃等名将，还有沮授、田丰等一流的谋士，可以说人才济济。在汉末争雄竞赛中，韩馥起步最早，条件最好，但却很快失败了，不是被人打败的，是被自己吓破了胆，不仅丢了地盘，最后连命都让自己弄丢了。《汉末英雄记》里对韩馥的记载不算少，说明王粲很关心这个人，关心他由盛而衰的过程，从而总结其经验教训。这些记录大都被以后的《三国志》《后汉书》等史书所采用。

根据《汉末英雄记》的记载，韩馥，字文节，颍川郡人。他当过御史中丞，这个职务平时掌管图书文籍，但它还有一个重要职责：领导侍御史。前面说过侍御史是管官员纪律以及办案的，所以御史中丞也很重要。韩馥能爬到这个岗位上，与他"袁氏故吏"的出身有关。他与袁家人关系密切，也正是由于这个原因，在董卓进入洛阳后，暗中帮助袁绍的周毖、伍琼等人在董卓面前推举韩馥担任了冀州牧。

韩馥到冀州不久袁绍也逃到了冀州，袁绍和袁术、曹操是同时逃出洛阳的，他们去了不同的地方，这是一次有计划的潜逃。袁术到南阳郡找张咨，曹操到陈留郡找张邈，袁绍到冀州就是冲着韩馥来的。但是，袁绍到韩馥这里之前心里不完全有底，所以走到黄河边上的时候,让妻子刘氏带着三个儿子去找自家亲戚、兖州刺史刘岱,给自己留了条后路。果然让袁绍猜对了,韩馥到了冀州后势头发展不错,很快手下就聚拢了不少人才,兵马也有了好几万,因而不太愿意事事听从袁家人的召唤了。这时董卓任命袁绍为渤海郡太守,韩馥顺理成章地把袁绍打发到了渤海郡,这里远离中原,韩馥还是不放心,他"恐其兴兵,遣数部从事守之,不得动摇"。

袁绍在渤海郡一筹莫展,要不是接着发生了酸枣会盟,袁绍的事业大概也就在渤海郡到头了。鉴于袁绍的家庭出身和知名度,酸枣的各路盟军公推袁绍为盟主,当时同样是高干子弟出身的东郡太守桥瑁还拿出了一份所谓的"三公移书",即在长安的三公联名致天下的公开信,里面陈述了董卓的罪恶,号召天下人团结在袁绍、袁术大旗下举义兵救驾,以解国难。这件事让韩馥没了主意,不知道自己该不该参加会盟。论出身他是应该参加的,他跟张邈等人一样都是反对宦官的斗士,如今宦官没了,但董卓专权,应该坚定不移地继续反下去。但是,现在大家推举袁绍为盟主,韩馥又有点接受不了。袁绍作为渤海郡太守是自己的属下,如今又是自己要防范的人,参加了酸枣会盟,那就得听从袁绍的指挥,这让韩馥很闹心。

文人出身的地方官员真遇到事的时候往往显得软弱,考虑问题想得太多,在重大决策面前常犯晕,韩馥就是这样的人。韩馥心事很重,他跟手下心腹刘子惠商量:"现在我们应该助袁氏呢?

还是助董卓？"刘子惠担任的是治中从事，他毫不留情地批评领导："方今大家都兴兵为国，哪来的姓袁还是姓董？"韩馥听后感到很惭愧。刘子惠又说："兵者是凶事，轻易不要挑头。现在应该看看其他州郡，有人带头的话就响应，这样我们比别人也不差，将来成功了也有我们的功劳。"韩馥认为刘子惠说得有理，就给袁绍写信，"听其举兵"。

韩馥不知道这个刘子惠与关东联军有来往，所以暗中向着袁绍等人说话。《汉末英雄记》说刘子惠是中山国人，他与袁绍的亲戚、兖州刺史刘岱关系不错，刘岱见韩馥没有起兵的意思，就给刘子惠写了封信，让他转交韩馥。信中写道："董卓无道，天下所共攻，他活不了多久了。董卓死后，我们要回师讨伐韩馥，因为他拥有强兵却助凶逆。"刘子惠大概主动把这封信交给韩馥看了，韩馥很害怕，反而把这件事归罪于刘子惠，要杀他。韩馥的另一个亲信别驾从事耿武求情，耿武甚至爬到刘子惠身上，愿意并斩，这样刘子惠才得以不死，被罚作刑徒，穿着罪犯的衣服在官署外面扫地。

《汉末英雄记》的这条记载说明，韩馥即使给袁绍写信让他兴兵之后，心中仍然不甘。其实，韩馥现在还有另外的选项，那就是对袁绍不予理睬，不要把关东联军太当一回事，不久之后他们就会自相残杀起来。以韩馥现有的实力，袁绍奈何不了他，反过来袁绍如果得不到韩馥的支持将一事无成。但是，韩馥文官出身的弱点又暴露了出来，虽然不甘心，但胆量却不够，他不敢与袁绍公开决裂，这给袁绍制造了机会。

袁绍后来到了河内郡，依托河内郡太守王匡寻找发展空间。对袁绍来讲，这时找个地方打出一片自己的地盘是非常困难的，四周都是强敌，自己并没有什么本钱，唯一可行的就是谋取韩馥的冀州，而且强取不行，只能智取。好在袁绍身边有逢纪、许攸这样的谋士，很快就想出了好办法。袁绍抓住公孙瓒也有想侵夺冀州的想法，给公孙瓒写信，要跟他合击韩馥，相约事成之后瓜分冀州。此时袁绍还没有跟公孙瓒有什么过节，公孙瓒欣然领兵南下，韩馥听说"白马义从"来了，吓得要死。

袁绍觉得火候还不够，他暗中策反了麴义。麴义长期生活在凉州，手下人马具备凉州军凶猛的特点，是韩馥最能打的一支队伍。麴义反叛韩馥，韩馥试着跟他打了一仗，却被麴义打败，这彻底摧垮了韩馥的心理防线，他有点盯不住了。要说他手下还有不少将领，兵马也不算少，跟公孙瓒打一仗是有本钱的，但他没有信心打，因为他手下的人心不齐。

韩馥是颍川郡人，他上任后派人到颍川郡老家招了一批人过来帮忙，其中有郭图、审配、荀谌等人，荀谌的哥哥荀彧，还有日后成为曹操首席谋士的郭嘉，他们都是在此前后由颍川郡来到冀州的。韩馥重用"颍川帮"，惹恼了冀州本地派，颜良、张郃这些武将以及沮授、田丰等人并不真心支持韩馥，他们觉得换个袁绍或公孙瓒来领导冀州也没什么不好，至少可以把"颍川帮"挤走。在这种情况下，韩馥有了退让之心。

袁绍掌握了这些情况，为了防止夜长梦多，他还派人到韩馥那里进行游说。《汉末英雄记》说袁绍派去的人包括张景明、郭公则、高元才等，这帮人到了韩馥那里连哄带吓，逼着韩馥让位。郭公则即郭图，他也是颍川郡人，本来应该站在韩馥一边，这时也暗中投靠了袁绍。高元才即高干，他是袁绍的外甥，日后成为袁绍手下主要将领之一。至于张景明了解较少，只知道他的名字叫张导，他在此事中立下首功，后来却被袁绍因为什么事杀了，而且灭了族。

据《三国志》记载，在韩馥那里做工作让他放弃冀州的还有荀谌，他也是颍川郡人，也暗中投靠了袁绍。荀谌先吓唬韩馥："公孙瓒乘胜南下，一路上各地纷纷响应，袁绍也带兵东来，搞不清楚他是什么意图，我真为将军感到担心呀！"韩馥当然更担心，他问荀谌该怎么办。荀谌替韩馥分析说，公孙瓒这个人如何凶猛，如果公孙瓒和袁绍联合在一起冀州根本保不住，韩馥毕竟与袁绍有旧交；如果此时把冀州主动让给袁绍，袁绍必然领情，那样韩馥不仅可以得一个让贤的美名，而且可以自保。在郭图、荀谌等人车轮式的忽悠下，韩馥被彻底洗脑，他坚定地认为目前只有让位这一条出路了，于是决定把冀州让给袁绍。

韩馥的决定让许多人大吃一惊。根据《汉末英雄记》《九州春秋》等史书记载，韩馥派都督从事赵浮、程奂等人率精兵一万多人在黄河上的重要渡口孟津驻扎，其中有相当数量的水军，听到韩馥让位的消息他们吃惊坏了，赶紧回师。当时袁绍正在朝歌，赵浮等人率领的水军从这里路过，有数百艘战船，路过袁绍军营时赵浮故意让大家"整兵骇鼓"，让袁绍看了心惊胆颤。赵浮见了韩馥，劝他说："袁绍正缺军粮，快要散伙了，不用十天半个月必然土崩瓦解，将军只需闭户高枕，有什么可担忧的？"但是韩馥的脑子已经严重不好使，他打定了主意，不再考虑赵浮等人的建议。

这样，袁绍便以和平手段得到了冀州，韩馥搬出了官署，住进已故宦官头目赵忠在邺县的一所旧宅。袁绍进入邺县时，韩馥昔日的手下们纷纷前往迎接，其中也包括沮授、田丰以及颜良、文丑这些人。《汉末英雄记》记载，大家听说袁绍来了，都跑出去迎接，"唯恐在后"，只有耿武和闵纯二人拿着杖和刀拒之，袁绍后来命令田丰把他们都杀了。

韩馥让出冀州原想过几天太平日子，哪知根本不能。袁绍以车骑将军的身份兼任了冀州牧，给了韩馥一个奋武将军的虚职。韩馥只想过太平日子，当什么官已经不重要，但这个最基本的想法也难以实现。像韩馥这样的割据群雄，想急流勇退还真找不到范例，韩馥不知道，这其实是不可以的。因为作为一个军阀，无论自己多么德高望重，多么积德行善，仇人总是会有的。即使没有仇人，也有那些势力小人，你在位时给你当狗，可以舔你的脚指头；你一旦不在位、手里也没了权，这些人就会把昔日的屈辱加倍地找回来。这种小人在任何时候都有很多，让韩馥倒霉的是，现在他的面前就有一个。袁绍新任命的都官从事朱汉就是这样的小人，他一心想找韩馥的麻烦，这是因为韩馥以前不怎么看得上他，有所轻慢，他便怀恨在心。朱汉也揣摩了袁绍的心思，他以为袁绍也希望韩馥死，所以擅自调动军队把韩馥家围了起来，他亲自"拔刃登屋"，韩馥躲到楼上，朱汉把韩馥的大儿子抓了起来，砸断了他两只脚。袁绍闻讯认为朱汉做得太过火，让自己下不了台，把朱汉抓起来杀了，但韩馥"犹有忧怖"，心胆俱裂。

韩馥的胆子本就核桃大，现在只有芝麻大了。他感到待在袁绍身边每一天都不安全，于是向袁绍提出请求想去张邈那里居住，袁绍还算不错，答应了他的请求。韩馥到了张邈那里，但仍然时刻提心吊胆，有一次袁绍派使者来见张邈，韩馥也在座，席间袁绍的使者跟张邈有什么要紧的话要说，他们凑到一块轻声低语，韩馥看见以为他们在商量谋害自己，思来想去，觉得在劫难逃，于是跑到厕所里用一把小刀结束了自己的生命。

韩馥确实够窝囊的，他一再忍让，只求保全自己的性命，但这最基本的要求最终也无法满足。韩馥不明白在乱世中实际上只能前进不能后退，这一点曹操比他看得明白。曹操执掌大权后，献帝逐渐长大，当时有人认为曹操无论作为朝廷的司空还是丞相，都应该按朝廷法度行事，应该把掌握的兵权交出来。面对这种声音，曹操发布了一篇《让县自明本志令》给予了答复："然欲孤便尔委捐所典兵众，以还执事，归就武平侯国，实不可也。何者？诚恐己离兵为人所祸也。既为子孙计，又已败则国家倾危，是以不得慕虚名而处实祸，此所不得为也。"意思是：让我随随便便放弃统领的军队,把它交给别人,回到自己的封地武平国去,这实在是不行的。为什么?我担心自己放弃了兵权,就会被人谋害啊。既为子孙打算,又考虑自己失败,国家就要危亡,因此不能追慕虚名而处于实际的祸患之中,这是我所不能做的事情。

作为一方霸主,无论地盘大小,主权不能丢这是基本法则。这就是为什么日后面对曹操的大军孙权要拼全力抗争。沮授、田丰以及麴义、颜良这些人,跟着韩馥干和跟着袁绍干差别没有多大,但韩馥自己就不行了,想退是没有后路的。摆在韩馥面前的路只有一条,就是跟袁绍一决高下,要么成功,要么失败,总还会有成功的机会,而退让的结果只有彻头彻尾的失败,而且会一败涂地。韩馥勇则不勇,谋亦无谋,只能落个窝囊死的下场了。

14
精心打造的"大戟士"扬名界桥

公孙瓒击青州黄巾贼，大破之，还屯广宗，改易守令，冀州长吏无不望风响应，开门受之。绍自往征瓒，合战于界桥南二十里。瓒步兵二万余人为方阵，骑为两翼，左右各五千余匹，白马义从为中坚，亦分作两校，左射右，右射左，旌旗铠甲，光照天地。绍令麹义以八百兵为先登，强弩千张夹承之，绍自以步兵数万结阵于后。义久在凉州，晓习羌斗，兵皆骁锐。瓒见其兵少，便放骑欲陵陷之。义兵皆伏楯下不动，未至数十步，乃同时俱起，扬尘大叫，直前冲突，强弩雷发，所中必倒，临阵斩瓒所署冀州刺史严纲，甲首千余级，瓒军败绩，步骑奔走，不复还营。义追至界桥，瓒殿兵还战桥上，义复破之，遂到瓒营，拔其牙门，营中余众皆复散走。绍在后，未到桥十数里，下马发鞍，见瓒已破，不为设备，惟帐下强弩数十张，大戟士百余人自随。瓒部逆骑二千余匹卒至，便围绍数重，弓矢雨下，别驾从事田丰扶绍欲却入空垣，绍以兜鍪扑地曰："大丈夫当前斗死，而入墙间，岂可得活乎？"强弩乃乱发，多所杀伤。瓒骑不知是绍，亦稍引却，麹义来迎，乃散去。

袁绍讨公孙瓒，先令麹义领精兵八百、强弩千张，以为前登。瓒轻其兵少，纵骑腾之。义兵伏楯下，一时同发，瓒军大败。

——（三国）王粲《汉末英雄记》

《汉末英雄记》对界桥之战的描写相当精彩。这场战役发生在初平二年（191年）冬天，地点是冀州刺史部清河国广宗县境内的界桥，即今河北省威县境内，交战的双方是袁绍和公孙瓒。界桥之战是袁绍亲自指挥的战斗中打得最漂亮的一次，它对以后时局的发展影响深远。

战前双方力量对比，袁绍处于劣势

袁绍夺取冀州后立即向四面发展势力，他接手的是原冀州牧韩馥的地盘，大本营在魏郡的邺县。冀州是个大州，下辖九个郡国，约一百个县。日后曹操从袁绍手里夺取了冀州，让人把各郡县的户籍册拿来看了一夜，第二天兴奋得不行，因为他发现这个州的人口足可以征调出三十万军队。袁绍现在就拥有了冀州，他的势力突然增强了数倍不止。

但是，袁绍刚接手时冀州并没有全部掌握在他的手里。韩馥到冀州是在董卓之乱前夕，时间并不是很长，他虽然担任冀州牧，但实际控制范围却不是整个冀州。冀州东部的常山国、中山国和赵国在地理位置上属于太行山区，这里是黑山军和匈奴人的活动区。黑山军类似于黄巾军，他们活跃在并州、冀州一带，势力很大，其较大的分支就有三十几个，动不动就能轻易控制几万、十几万人口。无论是韩馥还是现在的袁绍，对这一地区的控制力都很弱。冀州北部的安平国、河间国甚至钜鹿郡，处于和公孙瓒势力的接壤部，像河间国境内的易县一带，长期是公孙瓒的根据地。袁绍担任过渤海郡太守，在那里多少会有一些势力，但是袁绍不久前刚把渤海郡太守的职务让给了公孙瓒的另一个堂弟公孙范。

袁绍之所以对公孙瓒服软，是因为他在刚刚结束的磐河之战中败给了公孙瓒。据《三国志·公孙瓒传》记载，公孙越死后，公孙瓒把怨气对准了袁绍。当时公孙瓒手握重兵，根本没把袁绍放在眼里，于是出兵磐河，报复袁绍。这时的袁绍还真打不过公孙瓒，他害怕了，把自己佩戴的渤海郡太守的印绶解下来授予公孙范。据《三国志》说，袁绍开始还挺天真，让公孙范"遣之郡，欲以结援"，但人家当然不会向着他。公孙范到了渤海郡立即发展势力，连破青州一带的黄巾军，但他帮的是公孙瓒。

所以，袁绍真正能控制的恐怕只有魏郡、清河国等两三个郡国。从人马数量来看，韩馥经营冀州期间成果不少，他手下的人马有数万人，其中包括上万人的水军。韩馥手下的主要将领有麹义、张郃、高览、沮授、赵浮、耿武、闵纯等，除赵浮、耿武和闵纯被杀外，其他人都效力于袁绍。但是属于袁绍自己的人马却少得可怜，他在渤海郡时身边只有许攸、逢纪、陈琳这样的文人，他自己并没有嫡系武装。所以，界桥之战前袁绍手里不会超过五万人，还要分出相当一部分守卫邺县这样的据点，而他手里的水军主要用兵方向在黄河一线，在北部战场局限性很大，现在还派不上太大的用场。

反观公孙瓒可谓兵强马壮，不仅人马多，而且战斗力强。公孙瓒早年即组建了一支包括"白马义从"在内的精兵，人数多达数万人。后来刘虞主持裁军，公孙瓒的人马一度被减到一万人左右。但紧接着黄巾军再起，朝廷和刘虞不得不重新启用公孙瓒，公孙瓒又来了机会。界桥之战前公孙瓒的总兵力应该在十万左右。做出这样判断的依据是，公孙瓒经历界桥惨败后仍然能控制北方广大区域，刘虞后来发动十万人马与他决战，反倒被他轻易打败。这说明他的势力不会太小，尤其是在界桥之战前。

对袁绍来说这还不是最要命的，要命的是公孙瓒还有强大的外援，那就是黑山军。袁绍在扩充势力的过程中与盘踞在冀州西部、并州一带的黑山军发生了冲突，袁绍派兵进剿，黑山军依托太行山区的有利地势与袁军展开游击战，袁军居然拿他们没办法。公孙瓒趁机拉拢黑山军，与黑山军首领张燕来往密切，他们结成了战略同盟，如此一来袁绍不仅要在北面用兵，还要考虑西面的敌人，要把有限的兵力分出一部分，这无异于雪上加霜。正是因为力量悬殊，公孙瓒要为堂弟报仇，袁绍立即服软。但这仅是暂时的，躲过初一躲不过十五，与公孙瓒迟早有一场恶战。现在这场恶战说来就来了。

"讨袁檄文"里列举的十大罪状

初平二年（191年）年底，公孙瓒集结大军南下寻求与袁绍决战，临行前他专门发布了一份檄文。檄文就是公开的宣战书，为自己造势同时攻击、抹黑敌人。写檄文需要功力，因为不光文采要好，而且要有力量，要句句如钢刀。写檄文的高手如今在袁绍手下，他就是大笔杆子陈琳。但公孙瓒也不差，人家好歹也是卢大师的学生。公孙瓒的这篇檄文写得也相当有水平，跟后来陈琳骂曹操的那篇著名檄文有一拼。这篇檄文完整地保留在《典略》一书中，全文如下：

"臣闻皇、羲以来，始有君臣上下之事，张化以导民，刑罚以禁暴。今行车骑将军袁绍，讬其先轨，寇窃人爵，既性暴乱，厥行淫秽。昔为司隶校尉，会值国家丧祸之际，太后承摄，何氏辅政，绍专为邪媚，不能举直，至令丁原焚烧孟津，招来董卓，造为乱根，绍罪一也。卓既入雒而主见质，绍不能权谲以济君父，而弃置节传，迸窜逃亡，忝辱爵命，背上不忠，绍罪二也。绍为勃海太守，默选戎马，当攻董卓，不告父兄，至使太傅门户，太仆母子，一旦而毙，不仁不孝，绍罪三也。绍既兴兵，涉历二年，不恤国难，广自封殖，乃多以资粮专为不急，割剥富室，收考责钱，百姓吁嗟，莫不痛怨，绍罪四也。韩馥之迫，窃其虚位，矫命诏恩，刻金印玉玺，每下文书，皁囊施检，文曰'诏书一封，邟乡侯印'。昔新室之乱，渐以即真，今绍所施，拟而方之，绍罪五也。

绍令崔巨业候视星日，财货赂遗，与共饮食，克期会合，攻钞郡县，此岂大臣所当宜为？绍罪六也。绍与故虎牙都尉刘勋首共造兵，勋仍有效，又降伏张杨，而以小忿枉害于勋，信用谗慝，杀害有功，绍罪七也。绍又上故上谷太守高焉、故甘陵相姚贡，横责其钱，钱不备毕，二人并命，绍罪八也。春秋之义，子以母贵。绍母亲为婢使，绍实微贱，不可以为人后，以义不宜，乃据丰隆之重任，忝污王爵，损辱袁宗，绍罪九也。又长沙太守孙坚，前领豫州刺史，驱走董卓，扫除陵庙，其功莫大；绍令周昂盗居其位，断绝坚粮，令不得入，使卓不被诛，绍罪十也。臣又每得后将军袁术书，云绍非术类也。绍之罪戾，虽南山之竹不能载。昔姬周政弱，王道陵迟，天子迁都，诸侯背叛，于是齐桓立柯亭之盟，晋文为践土之会，伐荆楚以致菁茅，诛曹、卫以彰无礼。臣虽阘茸，名非先贤，蒙被朝恩，当此重任，职在鈇钺，奉辞伐罪，辄与诸将州郡兵讨绍等。若事克捷，罪人斯得，庶续桓、文忠诚之效，攻战形状，前后续上。"

在这篇檄文里，公孙瓒为袁绍总结了十大罪状，其中有几条没有实质性意义。比如说袁绍招来董卓之乱就有点打击的扩大化，袁绍本质上也不想制造出来一个专权祸国的董卓，这个责任应该由董卓自己来负。再如不努力讨伐董卓，这种不忠不义的罪名袁绍背负也没问题，但大家其实都有份。这份檄文有意思的地方在于，它透露了许多有趣的信息。

比如，说袁绍是如何"矫制"封官的，檄文说他私刻金印玉玺，下达文书时要在封装文书的皂囊上印着"诏书一封，邟乡侯印"，据此公孙瓒认为袁绍是僭越，像王莽一样想当皇帝。这应该是真的，但袁绍自己不会认为这是"矫制"。这件事现在已经有了个新名词，叫"表奏"，不仅袁绍在用，包括公孙瓒在内的大小军阀们都在用。檄文中还大揭袁家的隐私，根据檄文爆料，袁绍的母亲是一名奴婢，一般的史书虽然说袁绍不是嫡出，但对他生母的身份都没有具体交代，只有这里说是一名奴婢。现在看来这没有什么，但在当时却杀伤力很大，直接诋毁了袁绍的形象，就好比陈琳后来揭批曹操是"赘阉遗丑"一样。

最有意思的是说袁绍重用星工一事，所谓星工可以称为星象学家，也可以叫作算命先生。袁绍看来特别迷信，他跟崔巨业等星工们"与共饮食"，也就是同吃同住，大事小情都要先看看天象才做决定，包括什么时间、抢什么地方都要先问星工。这应该不是完全没影的事，袁绍也确实重用过崔巨业这个人，对他的信任甚至超过麹义、张郃等将领，界桥之战后曾经让崔巨业担任总指挥讨伐公孙瓒。

"白马义从"在界桥全军覆没

《汉末英雄记》对界桥之战的全过程有精彩记述。据记载，公孙瓒携大破青州黄巾军的余威率大军南下，到达广宗县境内，袁绍属下的"冀州长吏"纷纷望风而降，"开门受之"。公孙瓒推进到界桥，这里还真有个桥，坐落于清河之上。这段清河正好是清河国和钜鹿郡的界河,所谓界桥可能由此得名。此地已深入冀州数百里,距袁绍的大本营邺县也只有二百多里,公孙瓒逼到家门口,袁绍不拼都不行了。袁绍亲率大军迎敌,在界桥以南二十里处双方相遇,展开一场阵地战。

公孙瓒投入的主力有三万多人,其中二万名步兵,列成方阵,步兵的两侧是骑兵,各有五千人。在整个队阵的中间,是公孙瓒的最精锐的"白马义从",这支部队一般有数千人。《汉末英雄记》说"白马义从"也分为两部,公孙瓒这边是"旌旗铠甲,光照天地"。而袁绍一方阵前仅有八百名步兵,步兵后面两侧是一千名弓箭手,再往后是"绍自以步兵数万结阵"。这个说法有点不确切,袁绍拿不出数万人来,应该是一到二万之间。

战场形势一目了然,公孙瓒并没有把袁绍放在眼里,他以为此战必胜,但他不知道袁绍为此战专门操练了秘密武器,就是那列于阵前的八百名步兵。这八百人由名将麹义亲自率领,《汉末英雄记》说麹义久在凉州,很熟悉羌人的作战风格,他手下的兵都是"骁锐"。这还不算,为了对付公孙瓒的"白马义从",他们还专门演练了阵法,打制了对付骑兵冲击的利器,这种武器他们人手一把,只是现在都隐藏在盾牌之下,没有拿出来。他们的盾牌也是特制的,用皮革蒙面,可以抵挡敌人的弓箭,而且很大,可以把整个身体都隐藏在下面。

公孙瓒下令攻击,数千名"白马义从"呼啸而出,而麹义这边的八百步兵都"伏楯下不动",双方距离只有数十步之遥时,他们"同时俱起,扬尘大叫"。原来这些家伙手里都准备着许多土,扬洒起来迷了人和马的眼睛,让"白马义从"措手不及。同时,他们手里的家伙也亮了出来,这是一种大戟,长且坚硬,前面还带倒钩,专门钩敌人的战马。"白马义从"纷纷倒地,侥幸冲过去的,突然发现后面有上千名弓箭手在伺候着,乱箭如雨,"白马义从"就这样在公孙瓒的眼前全军覆灭了。

此战袁军临阵斩公孙瓒所任命的冀州刺史严纲等以下一千余人,公孙瓒大败,率步骑奔走,来不及回到自己的大营。麹义等人追击到界桥,公孙瓒负责殿后的部队集中到界桥附近与麹义交战,又被麹义打败,袁军攻占了公孙瓒的大营,拔了营门口的牙旗,负责留守大营的人马全部散走。

袁绍率军跟着杀过来,快到界桥附近时,看见公孙瓒已破,放松了警惕,下马在此设帐,身边只有"强弩数十张,大戟士百余人"。这个"大戟士"是袁绍给起的名字,就是阵前力破"白马义从"的那八百勇士。正在这时,危险突然发生了,公孙瓒部有二千骑兵突然杀过来,把袁绍等人围了数重,"弓矢雨下",情况万分危急。袁绍手下的别驾从事田丰扶着他要到一处土墙下躲避,袁绍不干,他把自己的头盔摘下来扔到地上,袁绍说:"大丈夫应当战斗而死,躲到墙后面算怎么回事?"袁绍指挥身边的弓箭手还击,强弩乱发,杀死不少敌人。幸好这些敌人不知道袁绍就在其中,眼看攻不下来就撤退了,闻讯赶来的麹义前来增援,袁绍才脱险。

界桥之战为何被史书所忽视

界桥之战是以少胜多的精彩战例,它最精华之处在于以少量步兵战胜重装的骑兵,在此过程中弓弩发挥了强大的威力。弓箭的杀伤力很强,很早便投入战场,但弓箭的缺点是不能连发,射击密度有限,对于急突而至的骑兵往往无法阻挡。"白马义从"驰骋疆场的秘诀就在于速度。他们疾驰而来,距离太远弓箭够不着,进入射击范围时他们已经到了眼前,弓箭手往往来不及换箭就被骑兵斩杀。

公孙瓒的"白马义从"还有一招,他们能在马上射箭,所以即使防守的一方以弓箭还击,也属于对射;如果在阵前用步兵还击,则成为他们的活靶子。为了对付"白马义从"的速度和弓箭,袁绍和麹义反复演练,先以"大戟士"携皮盾列于阵前,敌人冲击射箭不去管它,用皮盾保护自己;待到了跟前时突然跃起,又是撒土,又是用大戟乱钩乱扎,先对"白马义从"造成杀伤,并破坏其阵形。随后袁军埋伏的弓弩发挥了作用,为解决弓箭不能连发的问题,后来出现了弩。这种武器经过不断改良,逐渐加强了力度。袁绍埋伏在"大戟士"身后的是"强弩千张",瞬间便有密集的箭雨射出,"白马义从"来不及冲到袁军步兵跟前便纷纷落马了。

"白马义从"是精锐中的精锐、王牌中的王牌,他们跟着公孙瓒四处征战，从来没有吃过败仗，他们的瞬间覆灭彻底动摇了公孙瓒的军心。其实凭实力而论，即使没有"白马义从"，公孙瓒仍然占优，袁绍要想取胜也很难。但公孙瓒此时军心已乱，转眼溃不成军。公孙瓒在界桥惨败完全在于自己轻敌，不了解敌人的招数，在初战失利的情况下又没能组织起有效反击，所以大败。

这场战役不仅精彩，而且改变了北方的势力格局，战前公孙瓒一支独大，刘虞和袁绍次之，袁绍在与公孙瓒对抗中常处于被动挨打的境地。界桥之战打击了公孙瓒的上升势头，为袁绍挽回了关键的一局。

但这场战役无疑被史书忽略了，《三国志》对这场战役的记载仅有十几个字："绍军广宗，令将麹义先登与瓒战，生禽纲。"《后汉书》对界桥之战记述相对较多，但几乎全文照录《汉末英雄记》。对界桥之战的忽视，除了《三国志》等史书在政治立场上更倾向曹操而贬低袁绍之外，还在于界桥之战后没有立即形成袁绍在北方独大的局面，袁绍与公孙瓒转入拉锯战，袁绍后来花了好几年时间才消灭公孙瓒。从这个角度看，界桥之战就不如官渡之战、赤壁之战以及夷陵之战那样具有转折性和戏剧性了。

而为袁绍立下首功的麹义，却没有落到一个好结局。根据《汉末英雄记》等史书记载，麹义后来被袁绍杀了，原因是他"恃功而骄恣"。袁绍杀麹义不知在何时，史书对其中的详情没有记述，成为一桩历史悬案。

15
仁者未能无敌

虞为博平令，治正推平，高尚纯朴，境内无盗贼，灾害不生。时郡县接壤，蝗虫为害，至博平界，飞过不入。

虞让太尉，因荐卫尉赵谟、益州牧刘焉、豫州牧黄琬、南阳太守羊续，并任为公。

幽州刺史刘虞，食不重肴，蓝缕绳履。

虞之见杀，故常山相孙瑾、掾张逸、张瓒等忠义奋发，相与就虞，骂瓒极口，然后同死。

——（三国）王粲《汉末英雄记》

界桥之战后公孙瓒收缩防线，重点改向北方发展，如此一来与他名义上的顶头上司刘虞之间的矛盾更加激化了。公孙瓒对刘虞恨得不行，但无可奈何，因为刘虞的名气太大，威望太高，公孙瓒不敢轻易下手。不过，随着二人关系一步步恶化，公孙瓒最后还是下了决心，向刘虞发起进攻，刘虞打不过公孙瓒，被公孙瓒抓了起来，后来公孙瓒把刘虞杀了。

刘虞，字伯安，是东海郡郯县（今山东郯城）人。他是汉室宗亲，他祖父刘嘉担任过光禄勋卿，他的父亲刘舒担任过丹阳郡太守，刘虞算是高干子弟。他年轻时举过孝廉，学问也好，能"通五经"，当时太学里按通多少经来看一个人学问高低，一般能通二三经，能通到五经学问就相当高了。刘虞的仕途也很顺利，很快便做到幽州刺史。他在幽州期间"民夷感其德化"，鲜卑、乌桓、夫余、秽貊等少数民族都"随时朝贡，无敢扰边者，百姓歌悦之"。后来刘虞离开幽州，改任甘陵国相，又回到朝廷担任宗正卿。

《汉末英雄记》说刘虞在担任幽州刺史前还担任过博平县令，他"治正推平，高尚纯朴"，境内没有盗贼，灾害不生，而与博平接壤的郡县无不蝗虫为害，这些蝗虫飞到博平县界，居然"飞过不入"。当然，这是夸张的说法，蝗虫是不分清官还是贪官的，史书这么写为的是说明刘虞德行好，把地方治理得也好。

张纯起兵于幽州，公孙瓒镇压不了，边境地区告急，朝廷因为刘虞"威信素着，恩积北方"，又担任过幽州刺史，于是拜他为幽州牧，让他主持北方边境事务。刘虞到任后采取绥靖政策，很快平定了边境之乱，杀了张纯，刘虞个人的威望进一步上升，被董卓主持的朝廷先后拜为太尉、大司马。据《汉末英雄记》记载，刘虞辞让太尉，认为卫尉赵谟、益州牧刘焉、豫州牧黄琬、南阳郡太守羊续等人都可以荣任三公。

《后汉书》说刘虞在幽州积极恢复生产，"劝督农植"，开辟边境关市，向少数民族输出渔阳郡的盐铁等产品，经济得到快速发展，"民悦年登"，市场上一石谷物仅需要三十钱。对比一下汉末内乱最严重时候，一石谷值三十万钱，往往还有价无市。幽州这时治理得的确不错，青州、徐州一带避黄巾之乱的人大量迁居到幽州来，前后多达一百多万人。

据《汉末英雄记》《后汉书》等史书记载，刘虞不仅是个"治世的能臣"，而且是道德楷模，他虽贵为上公，但天性节约，经常穿着很破的衣服和用草绳结成的鞋子，"食无兼肉"，即一顿饭从不吃两种以上的肉，所以深得民心。对付这样的领导，公孙瓒尽管有意见但却没有办法，因为领导的威信太高了。

公孙瓒这边闹心的事更多，袁绍不断攻击他，他一面要与袁绍交战，一面还得防备背后的刘虞，简直头疼不已。而刘虞是和平主义者，对于公孙瓒和袁绍之间动不动就打打杀杀很有意见，他开始限制公孙瓒的行动，公孙瓒当然不干，"屡违节度"。同时，为了征集军粮公孙瓒的手下又经常侵犯百姓，就连刘虞赠送给少数民族部落首领的财物一急眼也照抢，刘虞把公孙瓒前后劣迹整理出来，"遣驿使奉章陈其暴掠之罪"，公孙瓒也不示弱，向朝廷报告刘虞不给他的军队调拨军粮，幽州通往长安的路上"二奏交驰，互相非毁"，朝廷也不好表态，只有和稀泥。

据《后汉书》记载，当时刘虞住在蓟县（现在的北京市），公孙瓒"筑京于蓟城"来防备刘虞。"京"是个象形字，是指垒起的高台，上面还修有堡垒，实际上就是像雕堡一样的高大建筑。公孙瓒好像挺热衷于这种防御工程，以后他在易水河畔修筑了由上千个"京"组成的堡垒群，号称易京。公孙瓒在蓟县城外修雕堡，是把他的顶头上司刘虞当成了假想敌，公孙瓒不再听从刘虞的指挥，刘虞请他来开会商量事，请了多次，公孙瓒都以生病为由推脱。

按照公孙瓒的想法，应该立即把刘虞解决了，但他一直没有下决心，一来刘虞在幽州威望极高，有许多追随者；二来他与袁绍正打得不可开交，尽量避免两面作战。公孙瓒一直忍着，但刘虞有点忍不住了，他对手下心腹东曹掾魏攸说了自己的想法，魏攸不赞成他与公孙瓒决裂，他认为公孙瓒"文武才力足恃，虽有小恶，固宜容忍"。刘虞听了魏攸的劝告才没有动手。可不久后魏攸死了，刘虞"积忿不已"，于汉献帝初平四年（193年）冬天，集合起十万人马向公孙瓒发起进攻。从事程绪劝他不要动兵，应该不战而服人，惹恼了刘虞，下令杀程绪以祭旗。刘虞命令士兵："不要伤及无辜，只杀公孙瓒一人。"作为幽州的父母官，刘虞对幽州百姓怀有很深的感情，所以他再三强调战场纪律，要求大家不要滥杀无辜。从这个意义上说，刘虞是个真正的仁者，他有一颗仁爱之心。

但这又是最要命的，打仗就是打仗，你不要他的命，他就要你的命。公孙瓒本来处于弱势，但刘虞的部下打起仗来放不开手脚，"不习战，又爱人庐舍"，结果急攻公孙瓒的军营不下。公孙瓒趁机率数百人突围，一边突围一边纵火，居然把刘虞的大军打败。公孙瓒聚合本部人马追击刘虞，一直追到庸县；刘虞守了三天，城破，刘虞以及妻子儿女都做了公孙瓒的俘虏。

开始公孙瓒还没打算杀刘虞，后来长安朝廷派段训出使幽州，给刘虞颁布了新的任命，让他督北方六州。这一下公孙瓒就面临了选择，要么杀掉刘虞，要么恢复刘虞的自由和权力，公孙瓒当然不能放弃自己的权力，于是翻出旧案，说刘虞当年勾结袁绍、韩馥想另立朝廷，实为大逆不道，下令将刘虞处斩。公孙瓒毕竟心虚，临刑前又把老天爷搬出来壮胆，他宣布："如果刘虞真有天命在身，上天就下一场雨来救他吧。"当时正值盛暑，已经连续很多天不下雨了,哪能说下就下？刘虞于是被杀。《汉末英雄记》记载，刘虞被杀的时候，原常山国相孙瑾以及幽州政府任职的张逸、张瓒等人"忠义愤发"，相伴与刘虞一块赴死，临死前大骂公孙瓒。

范晔评价刘虞说："襄贲励德，维城燕北。仁能洽下，忠以卫国。"意思是襄贲侯刘虞的修养德行是屹立在燕北、保卫王室的长城,他仁爱所以能团结属下,他忠诚因而能忠心保卫国家。这些评价都不过分,刘虞作为汉室之胄,有修养也有能力,他忠心为国、仁心爱民,更执行了正确的少数民族政策,在他执政期间保证了边疆的安定。但是,他的仁爱拿到战场上就行不通了,战争就是战争,更何况面对的是公孙瓒这样强悍的对手。所以刘虞最后失败了,范晔说"虞好无终",也就是说这样的好人但却不得善终,范晔为之深深惋惜。

16

喜欢在塔楼里办公的人

幽州岁岁不登，人相食，有蝗旱之灾，人始知采稆，以枣椹为粮，谷一石十万钱。公孙伯圭开置屯田，稍稍得自供给。

初平四年，天子使太傅马日䃅、太仆赵岐和解关东。岐别诣河北，绍出迎于百里上，拜奉帝命。岐住绍营，移书告瓒。瓒遣使具与绍书曰："赵太仆以周召之德，衔命来征，宣扬朝恩，示以和睦，旷若开云见日，何喜如之？昔贾复、寇恂亦争士卒，欲相危害，遇光武之宽，亲俱陛见，同舆共出，人以为荣。自省边鄙，得与将军共同此福，此诚将军之眷，而瓒之幸也。"

先是，有童谣曰："燕南垂，赵北际，中央不合大如砺，惟有此中可避世。"瓒以易当之，乃筑京固守。

瓒诸将家家各有高楼，楼以千计。瓒作铁门，居楼上，屏去左右，婢妾侍侧，汲上文书。

袁绍分部攻者掘地为道，穿穴其楼下，稍稍施木柱之，度足达半，便烧所施之柱，楼辄倾倒。

——（三国）王粲《汉末英雄记》

公孙瓒杀了刘虞，独揽了幽州大权，形势一好，界桥惨败的事就给忘了，他开始骄矜起来。"记过忘善，多所贼害"，就是说有人对他好他记不住，谁要得罪他一定会记住，谁得罪过他就收拾谁。

但是，刘虞在幽州的影响力不容小觑，公孙瓒杀了他，副作用立即显现出来。忠于刘虞的一批人在鲜于辅、齐周、鲜于银等人带领下，"率州兵欲报瓒"。他们公推阎柔为乌桓司马，作为他们的首领。阎柔是广阳郡人，从小被乌桓和鲜卑人俘虏，在少数民族地区长大并得到信任，鲜卑人帮他杀了朝廷任命的护乌桓校尉邢举，让阎柔取而代之。阎柔很招人喜欢，曹操后来把他当成自己的儿子一样看待。阎柔利用自己的号召力，聚集鲜于辅等人，以及乌桓、鲜卑等部落，总共有数万人，进攻公孙瓒任命的渔阳郡太守邹丹，双方战于潞河以北，邹丹被杀。

袁绍又从南边往北边攻击，他派麴义以及刘虞的儿子刘和率兵与阎柔、鲜于辅等合击公孙瓒，"瓒军数败"。在这种南北夹击之下，公孙瓒无法在蓟县一带立足，于是退到易水一线。

《汉末英雄记》有两条相关记载说这一段的事。一是说此时幽州连年欠收，粮食涨到十万钱一石，出现了"人相食"的情况。对比一下几年前刘虞治理幽州期间，谷物只要三十钱一石，现在的通货膨胀率达到百分之三十万,简直是天壤之别。这时又闹起蝗灾和旱灾,人们开始"采稆"来糊口,"稆"就是野草籽,这种植物在荒野间自生自灭,估计也很难采集。好一点的,就以枣和桑椹为粮。为应对饥荒,公孙瓒下令屯田,军粮问题才稍稍有所好转。有人认为,公孙瓒在初平年间的屯田活动比曹操在许下屯田还早,三国屯田制度的肇始者应该是公孙瓒。

另一条是说,献帝初平四年(193年)天子派太傅马日磾、太仆卿赵岐出使关东,调解各派之间的纠纷。这时董卓已经死了有一年,长安朝廷由李傕、郭汜等新军阀把持。赵岐到了黄河以北,袁绍出百里迎接,赵岐住在袁绍军营,他给公孙瓒写去一封信,让他罢兵。公孙瓒派人送来回信,信中说:"赵太仆以周王、召王之德,衔命出使,宣扬朝廷的恩威,要求大家和睦相处。这就好比拨开云雾见到太阳一般,哪里还有这么值得高兴的事?过去贾复、寇恂也出现争斗,多亏光武皇帝的宽仁,亲自接见他们,坐在一个车子上同进同出,使他们深感荣耀。我自己身处边鄙之地,能与将军共此福,这实在是将军您的眷顾,也是我的荣幸呀!"从口气上看,公孙瓒的这封回信是写给袁绍的,言辞相当谦恭,这是因为他处在两面受敌之下,有点扛不住了。赵岐出使关东,正好给公孙瓒一个喘口气的机会。

袁绍也的确给了公孙瓒一个喘息之机,那倒不是赵岐带来的罢兵诏,而是他遇到了麻烦事。酸枣会盟登坛领誓的那个臧洪后来跟了袁绍,被袁绍任命为青州刺史。臧洪是张邈之弟张超的旧部，他是个出了名的讲义气的人。袁绍后来跟张邈发生矛盾，他密令曹操把张邈杀了，曹操没有执行。后来张邈联合吕布从背后突袭曹操，曹操经过艰苦努力，在袁绍的支持下打跑了吕布，打败了张邈，把张超围在了雍丘。此时臧洪被袁绍改任为东郡太守，他出于旧义请求袁绍给曹操下达命令放过雍丘的张超，但袁绍没有接受，结果雍丘被曹操攻破，张超及其一家人被杀。这件事刺激了臧洪，他在东郡的东武阳起兵反叛袁绍。袁绍大怒，亲自率兵攻打东武阳，但臧洪及其部下守城意志十分坚决，东武阳久攻不下。

这是袁绍犯的一个战略性错误，因为臧洪不应该成为他的敌人，东武阳也不是他目前应该用兵的方向，但盛怒之下的袁绍不管那么多，把主力调往东武阳，日夜不停地攻城，而臧洪居然把这一座小小的孤城守了一年之久，把袁军主力一直吸引在南线。公孙瓒托了臧洪的福，就有了一段相对宽松的战略机遇期。这时，公孙瓒应该抓住这个难得的机遇，联合黑山军的张燕等反袁势力，从北面对袁绍进行攻击，这样做未必能打败袁绍，但至少有取胜的可能。结果公孙瓒采取了保守的做法，在易水沿线修起了工势，之后在那里躲了起来。

据《汉末英雄记》说，当时社会上流传着一首歌谣："燕南垂，赵北际，中央不合大如砺，惟有此中可避世。"也就是在燕国的南部、赵国的北部一带可以避世，这个地方恰好就是易水一线。公孙瓒跟袁绍差不多，也十分迷信，他就在易水北岸修筑起防御体系。《汉末英雄记》说这个防御体系由许多高楼组成，公孙瓒和他手下的部将都有各自的高楼，加在一块"楼以千计"。公孙瓒居住的高楼最雄伟，下面有铁门，公孙瓒住在楼上，他屏退左右，只留婢妾侍奉在身边，有需要他批示的文书，就用绳子吊上来。

《三国志》等史书对这种高楼有进一步的描写，说它外围有堑沟十重，这些叫"京"的高楼筑于堑沟之间，每个都有五六丈高，汉代一尺约合现在二十三点五厘米，五六丈相当于十二三米，也就是三四层楼高，像个炮楼。公孙瓒自己居住的有十丈高，也就是七八层楼高。公孙瓒在这些高楼内储存了大量粮食，总量有三百万斛，汉代一斛为十斗，一斗为十升，三百万斛是一个极大的数字，但这有可能是真的，因为公孙瓒刚搞完屯田，有这个实力。

公孙瓒对大家说："以前还以为天下可以指麾而定，现在看来不能取决于我，不如暂时休兵，发展生产积蓄粮食。兵法说'百楼不攻'，现在我建了高楼千座，吃完这些粮食，天下的事也就有分晓了。"公孙瓒的立体防御工势果然很难攻，等袁绍解决完南面的臧洪，腾出手来攻打公孙瓒的时候，在易京防线面前他一筹莫展。

但是公孙瓒的做法也过于保守，就像一个拳击手，站在台上不打别人只挨打，即使你再能挨，也没有取胜的可能。更何况，打人的总比挨打的办法多，袁绍攻不下来就慢慢攻，一年不行就两年，两年不行就三年，总有攻下的时候。到了建安四年（199年），也就是公孙瓒"入住"他的超级塔楼五年后，袁绍终于攻下了易京。

据《汉末英雄记》记载，袁绍攻城的办法是，从不同方向朝这些塔楼群挖地道，一直挖到楼下，之后用木头撑住，感觉差不多了，就在木头下点火，火把木柱烧倒，上面的高楼失去地基支撑顷刻倒下。《三国志》说公孙瓒最后关头也实施了自救，他派儿子向黑山军张燕求援，张燕挺够意思，也真率兵来了，公孙瓒计划与黑山军内外夹击，他派人送信，约定举火为号，但这封要命的信居然落到了袁绍手里，袁绍下令如期举火，公孙瓒还以为援军发起进攻了，于是下楼出击，结果中了袁军的埋伏，公孙瓒退回高楼，再也不敢出来。到袁绍下令掘地道毁楼时，公孙瓒预感大势已去，就杀了自己的妻子儿女，之后自杀。

据《汉晋春秋》和《魏略》记载，袁绍让人在倒掉的易京里寻找公孙瓒的尸体，还真找到了；袁绍下令把他的首级砍下来送到许县，目的是向曹操扬威。果然，曹操看到公孙瓒的头颅后心里很不好受，内心受到了严重冲击。曹操后来对鲜于辅说，看到袁绍送来的公孙瓒的人头，他"自视忽然耳"，也就是脑子一阵眩晕。不过，袁绍也不能高兴太早，因为仅过了一年，他就在官渡尝到了惨败的滋味。

17

缺少顶尖人才难成气候

瓒统内外，衣冠子弟有才秀者，必抑使困在穷苦之地，或问其故，答曰："今取衣冠家子弟及善士富贵之，皆自以为职当得之，不谢人善也。"所宠遇骄恣者，类多庸儿，若故卜数师刘纬台、贩缯李移子、贾人乐何当等三人，与之定兄弟之誓，自号为伯，三人者为仲、叔、季，富皆巨亿，或取其女以配己子，常称古者曲周、灌婴之属以譬也。

瓒别将有为敌所围，义不救也。其言曰："救一人，后将恃救不力战，今不救此，后将当念在自勉。"是以袁绍始北击之时，瓒南界上别营自度守则不能自固，又知必不见救，是以或自杀其将帅，或为绍兵所破，遂令绍军径至其门。

关靖字士起，太原人。本酷吏也，谄而无大谋，特为瓒所信幸。

——（三国）王粲《汉末英雄记》

韩馥和公孙瓒是袁绍消灭的两大劲敌，但这两个人失败的原因不太一样。韩馥是做事太保守，没有雄心大志，公孙瓒更多的是战略规划出了问题，而造成这一问题的根源，在于他的身边缺乏人才。

这一点《汉末英雄记》也意识到了。据《汉末英雄记》记载，在公孙瓒主事期间，"衣冠子弟"们都没有发展的机会，无论多么有才，都"抑死在穷苦之地"。所谓"衣冠子弟"指的是世家大族出身的人，这些人往往具有政治特权，一个家族一旦兴盛，便会绵延不绝，几辈人交替提携，经常英才辈出。这是汉晋时代的政治风尚，也称为门阀制度。《汉末英雄记》的作者王粲就出身于这样的家族，他的曾祖父王龚在顺帝时当过太尉，祖父王畅在灵帝时当过司空，父亲王谦也很有名气，当过大将军何进的长史，类似于秘书长。到了王粲这里，年纪轻轻便有人追捧，除了自己的天赋，更是因为祖上很厉害。王家以后还出了王弼这样的大学者，不能不说与本家族政治渊源和家学传承有很大关系。

王粲是"衣冠子弟"，所以他对"衣冠子弟"们在公孙瓒这里的悲惨遭遇比较关切。据王粲记载，公孙瓒不用"衣冠子弟"的理由是，这些人本来就已经很富贵了，再给予重用他们也会认为理所应当，不会感激。看来公孙瓒的心态有点问题，像个小市民。

而公孙瓒确实喜欢小市民,据《汉末英雄记》记载,公孙瓒所宠信的大多是"庸儿",即平庸之辈,其中尤其以算命先生刘纬台、布贩子李移子、商人乐何当三人最受宠信,公孙瓒跟他们结成异姓兄弟。《汉末英雄记》甚至记载,公孙瓒的字——伯圭是后改的。因为一家如果有四个兄弟,他们的字里应该分别有伯、仲、叔、季这几个字,公孙瓒为了表示跟这几个异姓兄弟很亲,他自称"伯",几个兄弟则分别称仲、叔、季。有公孙瓒撑腰,这些人很快富了起来,身家都过了亿。公孙瓒还跟他们中的人结成儿女亲家,常把他们比作汉初的开国功臣曲周侯郦商、颍阴侯灌婴。

公孙瓒的用人政策可谓不拘一格,但过了头就显得有些另类,靠这帮人给他出谋划策能有多高的水平?《汉末英雄记》记载的一件事就颇为雷人,是其他割据军阀做不出来的。公孙瓒有部将被敌人所围,向公孙瓒求援,但公孙瓒就是不出兵相救。他的理由是,如果救了这一个,以后将领们再遇到类似情况就有了依赖心理,就不会力战了。如果不救,以后大家肯定会奋力自救。这个说法貌似有理却不实用,因为人都有求生本能,在生死考验面前有人选择玉石俱焚,也有人选择投降以求活命,公孙瓒的想法未免太理想化。《汉末英雄记》说的这件事在《三国志》里也有记载,这个求救的是渔阳郡太守邹丹,在袁绍发起的潞河之战中,公孙瓒不发救兵,结果坐视邹丹被杀。这一事件提醒了公孙瓒属下的将领们,危急关头看来还得自谋出路。后来袁军北上,公孙瓒手下的将士们想到"守则不能自固,又知必不见救",要么被袁绍攻破，要么就杀了他们的统帅投降袁绍。史书没有说公孙瓒这个愚蠢决定是不是他自己的创意，即使不是刘纬台、李移子们的建议，但公孙瓒手下如果有他郭嘉、鲁肃这样的人才，也不会让他干这种傻事。

公孙瓒大修易京防御体系，花费了巨大的人力物力，从单纯的攻防战术角度看有一定可取之处，但从战略层面考虑则是一大败笔。群雄争霸的要点是抢占地盘和人口，躲在城堡里不谋求发展是土财主干的事，结果只能是迟早被别人吞没。给公孙瓒出这个主意的肯定是他那帮亲家，这些人做个小买卖可以，但却制订不出来正确的战略规划。公孙瓒想靠他们打天下，简直是做梦，即使没有袁绍这个对手，他迟早也会被别人给收拾了。

《汉末英雄记》还提到一个人，名叫关靖，也是公孙瓒宠信的人。关靖，字士起，太原郡人，是一名酷吏，"谄而无大谋"，也就是只会溜须拍马讨领导高兴，没有什么大的谋略，反而被公孙瓒信任。公孙瓒最后被围在易京时，他也想过"自将突骑直出"，然后依托西南面的山地和黑山军联手，以图东山再起。这时候关靖担任公孙瓒的长史，他劝公孙瓒说："现在将士们从上到下皆已土崩瓦解，之所以还能坚守，是因为易京这里有他们的家小。将军您坚守多时，袁绍正准备撤退，待他退却之后什么事都好办了。如果将军您要舍之而去，我们无所依托，易京很快就没了，也就失去了根本，孤孤单单游荡于草野，能有什么成就？"谁都能看出来困守孤城等于自杀，关靖的话简直是一派胡言，但公孙瓒居然相信了，于是躲在易京不出来，最后只有等死。

查阅史料，发现公孙瓒手下几乎没有什么有名气的人，无论文人还是武将，基本上没有顶尖的人才。刘备、关羽、张飞等人曾在他手下待过一段时间，但他们都很聪明，早早脱离公孙瓒自立门户去了。还有一个赵云，曾经是公孙瓒的手下，但赵云宁愿跟刘备也不想跟公孙瓒，当时刘备的事业显然比公孙瓒差得远。公孙瓒不识人，因而身边没有真正有水平的人才，即便有也纷纷离他而去。在汉末三国时期，人才是稀缺资源，大家都在拼命抢人才，尤其对最优秀的人才更是让群雄们心驰神往。一流人才的思想才是一流的，一流的思想才能开创一流的事业，"庸儿"不可能提出一流的规划。这就是为什么曹操见到荀彧会那么激动，把他称为"吾之子房"，见到郭嘉更是激动地说"使孤成大业者必此人"；刘备为求得诸葛亮这个人才，会放下架子亲自到深山里拜访，那时候诸葛亮只不过是一个二十多岁的平民百姓。群雄争霸拼的是实力，在实力组成要素里人才排在第一位，公孙瓒靠一己之勇起家，也开创了不小的局面。在他发展到一定阶段时，应该把人才战略放在最突出的位置，但他偏偏不重视人才，也不会识才、用才和留才，身边更没有像郭嘉、诸葛亮那样的顶尖人才，这才是他失败的深层次原因。

18
令人扼腕叹息的悲剧英雄

袁绍以臧洪为东都太守。时曹操围张超于雍丘,洪始闻超被围,乃徒跣号泣,并勒所领将赴其难。从绍请兵,而绍竟不听之,超城遂陷,张氏族灭,洪由是怨绍,绝不与通。绍增兵急攻,洪城中粮尽,厨米三升,使为薄糜,遍颁众。又杀其爱妾以食。兵将咸流涕,无能仰视,男女七八千相枕而死,莫有离叛。城陷,生执洪,绍谓曰:"臧洪,何相负若是,今日服未?"洪据地瞋目曰:"诸袁事汉,四世五公,可谓受恩。今王室衰弱,无辅翼之意,而欲因际会,觖望非冀,惜洪力劣,不能推刃为天下报仇,何为服乎?"绍乃命杀之。洪邑人陈容在坐,见洪当死,起谓绍曰:"将军今举大事,欲为天下除暴,而先诛忠义,岂合天意?"绍惭,遣人牵出,谓曰:"汝非臧洪俦侣,空复尔为?"容顾曰:"夫仁义岂有常,所蹈之则君子,背之则小人。今日宁与臧洪同日死,不与将军同日生。"遂复见杀。在绍坐者无不叹息。

——(三国)王粲《汉末英雄记》

《三国志》共六十五卷，要记录魏、蜀、吴数百人的事，篇幅上大受限制。除了曹操、曹丕、刘备、诸葛亮、孙权等人外，其他人基本都是多人合为一传。其中，董卓、袁绍、袁术和刘表四个人合为一传，公孙瓒、公孙度、陶谦加上张杨、张绣、张燕、张鲁这"四张"合为一传，这还算是少的，其他则动辄七八个乃至十几个人"挤"在一起。然而，有一篇传记只写了两个人，一个是大名鼎鼎的吕布，另一个人名叫臧洪。

　　陈寿把吕布跟臧洪合为一传，说明他对臧洪这个人的重视。臧洪出身一般，生前的职务也一般，只是袁绍手下的一名郡太守，但他做的事不一般，所以陈寿给了他高度的评价。在《汉末英雄记》现存的文字里也有一大段是写臧洪的，对他的节义给予高度赞扬。

　　根据《三国志》记载：臧洪字子源，广陵郡射阳县，也就是今天江苏省盐城市一带的人。他的父亲叫臧旻，任过护匈奴中郎将、太原郡太守等职务，谢承的《后汉书》里有臧旻事迹的记载，说他有"干事才，达于从政，为汉良吏"。臧旻担任护匈奴中郎将期间立有战功，被朝廷征为议郎，臧旻回到京师，袁绍的生父、时任太尉的袁逢接见了他，问他一些西域诸国的土地、风俗、人物、民族等情况，臧旻对答如流，对于西域百余国的大小、道路近远、人数多少、风俗情况以及山川、草木、鸟兽、异物等了如指掌，"口陈其状,手画地形",让袁逢大为惊奇,赞叹说:"即使班固作西域传,也难比此呀!"在袁逢的关照下,臧旻不久转任长水校尉,又升为太原郡太守。

臧旻的儿子臧洪生得"体貌魁梧,有异于人",年轻时被举为孝廉,后来被选拔为"郎",也就是供职于朝廷的低级公务员。后来朝廷在年轻郎官里选拔一批人下去当县长,琅琊国人赵昱被选为莒县长,东莱郡人刘繇被选拔为下邑县长,东海国人王朗被选拔为菑丘县长,臧洪被选拔为即丘县县长(在今山东省临沂市一带)。赵昱、王朗、刘繇日后也都成为知名人士。

从上述情况看,臧洪年轻时的人生轨迹跟曹操有点类似,举孝廉、为郎、担任县级行政官。但此后他们二人的经历就相差很大了,曹操弃文从武,成为朝廷刚组建新军的年轻将领,而臧洪弃官回家,过上了普通百姓的生活。

灵帝末年天下动荡,臧洪家乡广陵郡太守是张邈的弟弟张超,他觉得臧洪是个难得的人才,就请他出来担任郡政府的功曹。郡、县政府都设有功曹,负责人事工作,是太守或县长的重要助手。不久,发生了董卓之乱,董卓杀少帝刘辩,臧洪预感到国家将有大事发生,于是对张超说:"您世受国恩,兄弟俩都掌握着大郡,现在王室将危,贼臣未灭,正是天下义烈之士报恩效命之时。现在广陵郡还算安定,吏民殷富,如果动员一下至少可以征得二万人,以此来诛除国贼,为天下之先,那将是最大的节义呀!"张超认为他说得对,于是开始行动。张超领着臧洪到了陈留郡,张超的哥哥张邈在这里当太守,他们的想法与张邈一拍即合,于是有了酸枣会盟。关东联军后来形成了燎原之势,如果探究其发起者,当数臧洪最早。

经张超的介绍引见,张邈跟臧洪进行了交谈,感叹他是"海内奇士",于是推荐给刘岱、孔伷等人,"皆与洪亲善"。到了设坛盟誓的时候,张邈、刘岱等人都互相推让,不敢上坛领誓,于是公推臧洪上坛。臧洪于是升坛歃血盟誓,《三国志》说他"辞气慷慨,涕泣横下",让现场的人"莫不激扬"。

但由于种种原因,酸枣会盟以失败而告终,后来张超派臧洪前往幽州联络大司马刘虞,臧洪到达河间国时,恰逢袁绍与公孙瓒交战,张超无法通过,于是到了袁绍那里。袁绍见到臧洪也很欣赏他的才能,"奇重之"。这时袁绍任命的青州刺史焦和死了,袁绍任命臧洪为青州刺史。当时青州黄巾军很活跃,连年战乱,致使"州遂萧条,悉为丘墟",臧洪在任前后两年,在他的治理下,青州呈现出新的面貌,"群盗奔走"。袁绍"叹其能",改任他为兖州刺史部的东郡太守,治所在东郡境内黄河北岸的东武阳。

袁绍对臧洪另有任用,背后其实另有玄机。袁绍攻克易京后,事业达到了顶峰,北方四州大部分被他掌握,他有三个儿子和一个外甥,想让他们分别执掌一州。对此,沮授等人有不同意见,但袁绍不听,袁绍的想法是让这些儿子都"下去"锻炼锻炼,借此考察他们的才能,确定将来谁继承自己的事业。于是,任命长子袁谭为青州刺史、次子袁熙为幽州刺史、外甥高干为并州刺史,三子袁尚年纪还小,暂未任命。臧洪由青州刺史改任东郡太守,就是为给袁大公子腾位子。

按照汉代的官制,刺史的品秩比太守低得多,但论实权刺史比太守又大得多,因为刺史管一州,下辖数郡,所以臧洪是被袁绍明升暗降了。臧洪虽然很有才干,在青州也为袁绍干出了成绩,但他毕竟是外姓人,袁绍对他不能完全放心。除此之外,袁绍与张邈的关系已经恶化,他们过去是朋友,后来又是盟友,但最近关系很差,袁绍甚至密令此时已担任了张邈上司的兖州牧曹操把张邈杀了。曹操虽然没有执行这个命令,但此举最终导致张邈、陈宫联合吕布等人发起叛乱,给曹操背后猛插一刀。曹操是袁绍阵营里的人,是袁绍南线的屏障,袁绍对张邈十分痛恨。鉴于此,袁绍更得把臧洪调离重要岗位。

东郡太守虽然也很重要,但东郡原来是曹操的地盘,在这一阶段曹操虽然依附于袁绍集团,但保持有较大的独立性,袁绍在东郡原来是插不进去手的。曹操为了对抗张邈、吕布,跟袁绍做了交换,把东郡在黄河以北的地区让给了袁绍,袁绍白得了半个东郡,于是派兵协助曹操攻打张邈、吕布。袁绍任命臧洪为东郡太守,能控制的就是黄河以北的这半个东郡。东郡的治所一直是黄河南岸的濮阳,臧洪现在把自己的治所设在了黄河北岸的东武阳。

有袁绍的支持,曹操动作很快,把吕布从兖州赶了出去,把张邈打败,张邈出走袁术那里求援,张超被围在雍丘。张超是臧洪的老领导，臧洪听说张超被围，危在旦夕，他"徒跣号泣"，也就是光着脚大哭，他要集合所部人马前去救援，又向袁绍请求增加人马，袁绍当然不会答应，最后雍丘被曹操攻破，张超一家被灭族。臧洪于是对袁绍充满了怨恨，他宣布与袁绍断绝关系，这等于宣布独立，袁绍肯定不干，于是亲自带兵前来问罪，袁绍把臧洪围在东武阳城，但是怎么攻都攻不下来，《三国志》记载前后长达一年。

据《汉末英雄记》记载，袁绍也来了脾气，非打下东武阳城不可。他增兵急攻，时间一长，城里粮食没了，到最后只剩下了三升米，臧洪让人煮成稀粥给大家喝。《汉末英雄记》还说，臧洪居然杀了他的爱妾给大家吃，兵将们"咸流涕，无能仰视"。最后东武阳城还是被袁绍攻破，袁军进城之后，发现"男女七八千相枕而死，莫有离叛"。

臧洪被带到袁绍跟前，袁绍问他："臧洪，你为何要如此背叛于我？现在服了没有？"臧洪可能饿得都站不起来了，坐在地上瞪着眼睛对袁绍说："你们袁家事汉已四世五公，可谓国恩浩荡。现在王室衰弱，你们没有辅翼之意，反而充满自己的野心，只可惜我臧洪力量不够，不能亲手杀了你们为天下报仇，哪来的服不服？"袁绍恼羞成怒，下令把臧洪杀了。臧洪有个同县的老乡叫陈容，此时在袁绍那里，看袁绍要杀臧洪，他上来求情，袁绍不答应，让人把他拉出去，陈容大喊："今日宁与臧洪同日死，不与将军同日生。"袁绍于是下令把陈容也杀了。《三国志》说袁绍身边不少人对臧洪、陈容之死表示惋惜,认为是"一日杀二烈士"。

陈寿认为臧洪身上有"雄气壮节",所以称之为"烈士"。臧洪不顾个人安危报效旧主,身上有"节义"的一面,也深得部下们的拥戴,受到后世的赞扬。但臧洪的"节义"细究起来其实是有问题的,他把个人的"节义"凌驾于本集团、本组织之上,为了个人道德的完善不惜严重牺牲本集团的利益,这种"节义"难免失于狭隘。如果从这个意义上说,他只能算是个悲剧英雄。

19
发生在长安的流血政变

卓侍妾怀抱中子皆封侯,弄以金紫。孙女名白,时尚未笄,封为渭阳君。于郿城东起坛,从广二丈余,高五六尺,使白乘轩金华青盖车。都尉、中郎将、刺史二千石在郿者,各令乘轩簪笔,为白导从,之坛上,使兄子璜为使者授印绶。

郿去长安二百六十里。

时有谣言曰:"千里草,何青青,十日卜,犹不生。"又作"董逃"之歌。又有道士书布为"吕"字以示卓,卓不知其为吕布也。卓当入会,陈列步骑,自营至宫,朝服导引其中。马踬不前,卓心怪欲止,布劝使行,乃衷甲而入。卓既死,当时日月清净,微风不起。旻、璜等及宗族老弱悉在郿,皆还,为其群下所斫射。卓母年九十,走至坞门曰:"乞脱我死。"即斩首。袁氏门生故吏,改殡诸袁死于郿者,敛聚董氏尸于其侧而焚之。暴卓尸于市,卓素肥,膏流浸地,草为之丹。守尸吏暝以为大炷,致卓脐中以为灯,光明达旦,如是积日。后卓故部曲收所烧者灰,并以一棺棺之,葬于郿。卓坞中金有二三万斤,银八九万斤,珠玉、锦绮、奇玩、杂物皆山崇阜积,不可知数。

昔,大人见临洮而铜人铸,临洮生卓而铜人毁;世有卓而大乱作,大乱作而卓身灭,抑有以也。

太祖作《董卓歌》,辞云:"德行不亏缺,变故自难常。郑康成行酒伏地,郭景图命尽于园桑。"

——(三国)王粲《汉末英雄记》

初平元年（190年）二月，在关东联军的轮番攻击下，董卓觉得在洛阳实在待不下去了，就把都城迁到了长安。临走前他下令焚烧洛阳宫室，同时开挖邙山一带各帝王的陵墓，盗取宝物。司徒杨彪、太尉黄琬、司空荀爽等人都反对迁都，其中以杨彪反对最为激烈，但是董卓不听，董卓授意他的心腹、司隶校尉宣璠以发生自然灾害的名义弹劾杨彪，杨彪被免职。董卓手下的凉州军不仅纵火焚烧洛阳城，还在方圆百里之内四处点火，让这个昔日繁华的大都市变成了一片火海。董卓还下令把富人们都抓起来，分别给他们安个罪名，没收其财产，其间"无辜而死者，不可胜计"。

董卓到了长安，把手下的嫡系部队布置在洛阳与长安之间的弘农郡一带防守，摆出拒敌于函谷关外的架式。但这已经不劳董卓过于费神了，因为关东联军紧接着开始了内斗，把董卓忘到了一边，董卓在长安过上了舒服的日子。

董卓似乎对新的名号很感兴趣，他当了天下独一无二的相国还嫌没意思，到了长安后自称太师，同时"号曰尚父"。相国多少还有点来历，西汉初年萧何担任过此职，但太师就没有根据了，董卓大概崇拜周武王时的吕尚，也就是后世说的姜子牙。不过，据《献帝纪》记载，董卓想自称尚父遭到大学者蔡邕的反对。蔡邕劝他说："过去武王受天命，以吕尚为师，吕尚辅佐周室以伐无道，所以天下尊之为尚父。现在您功德巍巍，不过还是应该等到关东全部平定，天子车驾东归之后再议这件事不迟。"蔡邕说了两层意思，一是尚父不是自己封的，是大家拥戴的结果；二是要想当尚父也应该等天下平定之后再说。董卓当时很尊重蔡邕，觉得他名气很大，说话还比较中听，不像杨彪、黄琬那几个人动不动就吵架抬杠，于是停止上尊号为尚父的计划。不过，他又玩起了新花样，给自己发明了一种很奇特的专车，这种车有青色的伞盖，爪画两辕，大家给这辆专车起了个名字叫"竿摩车"。无论是天子还是大臣，乘坐的车子都有讲究，蔡邕认为董卓的这辆专车有点不妥，正在这时长安发生了地震，董卓有点紧张，问蔡邕是什么原因，蔡邕趁机对董卓说："这说明地下阴气太盛，是大臣逾制所造成的。您乘坐的青盖车不符合制度，大家都认为有点不恰当。"董卓还真虚心听取了蔡邕的批评，改乘皂色伞盖的车子。

到了长安后，董卓一改之前重封用士人的做法而大封亲属和心腹，他的弟弟董旻被任命为左将军，封鄠侯，他哥哥的儿子董璜为侍中，又以中军校尉的身份掌握兵权，董家宗族上下都"并列朝廷"。《汉末英雄记》记载，就连董卓的妾怀里抱的婴儿也都封了侯，颁发金印紫绶，小孩哪里知道这是什么，拿着当成了玩具。董卓有个孙女叫董白，还没有成年，也被封为渭阳君。在史书里一直没有关于董卓儿子的记载，所以其襁褓里的孩子应该是个女儿，而他的孙女也有可能是外孙女。董卓此前被封为郿侯，郿县即今陕西省眉县，《汉末英雄记》特别注明它西去长安二百六十里。董卓在郿县城东筑坛，边长二丈多，高五六尺，让他的孙女董白或者是叫"白"的外孙女乘轩金华青盖车，在郿县的文武官员，包括都尉、中郎将、刺史等高级官员都到车前，引导着这个女孩到坛上，董卓让侄子董璜为使者亲自颁发印绶。

董卓的想法有点像公孙瓒，他在郿县修筑城堡，号称郿坞，城高与长安城相等，里面储藏够三十年吃的粮食。董卓对大家说，如果事情能成，就"雄据天下"；如果事情成不了，就退守到这里颐养天年。董卓还大搞金融改革，废除汉代一直通用的五铢钱改铸小钱，这种钱大五分，铸工简陋，表面没有花纹，实际上是一种变相掠夺，造成了物价飞涨，一斛谷的价钱涨到了数十万钱。

然而，董卓的逍遥日子也就过了两年左右，到初平三年（192年）四月，以司徒王允、尚书仆射士孙瑞为首的一批士人策反了吕布、李肃等董卓部将，要图谋董卓。这一天，献帝有病初愈，为示庆贺群臣大会于未央殿，吕布命令李肃带领十几个亲兵，穿着董卓卫士的服装在掖门值守。王允事先已秘密从献帝那里要来诛杀董卓的诏书，吕布揣在身上。等董卓坐车赶到时，李肃等人上去刺杀董卓；董卓大惊，连忙呼唤吕布，吕布这时拿出献帝的诏书，宣布将董卓就地诛杀；随后，王允等人将董氏夷灭三族。

《汉末英雄记》记录了董卓被杀前出现的一些怪异现象。据说，董卓死前社会上已经悄悄流传一首神秘歌谣："千里草，何青青，十日卜，犹不生。"这里面的"千里草"暗指"董"字，"十日卜"

暗指"卓"字。如果这件事是真的,只有一个解释,那就是刺杀董卓的阴谋被提前泄露了,这并非不可能。《汉末英雄记》记载了另一件事,说当时有个道士,在一块布上写了一个"吕"字拿给董卓看,用以提醒董卓要提防吕布,但歌谣没有引起董卓的注意,而道士写的"吕"字董卓也不解其意。这也难怪,董卓打仗杀人都是好手,但太费心眼的事他不在行。

《汉末英雄记》还记载了董卓被杀时的一些细节。董卓要参加朝会,这个家伙平时的安保意识相当强,他"陈列步骑,自营至宫",实行的是特级警卫。这一天好怪,走在路上突然"马踬不前",这让董卓心感异样,他想掉头回去,但负责他警卫指挥的吕布劝他继续走,董卓于是又向前走,结果被杀。《汉末英雄记》还说,董卓死后,突然"日月清净,微风不起",连老天爷都在庆祝这件人间幸事。

董卓死时,他的弟弟董旻、侄子董璜等人以及宗族老幼都在郿坞,他们的部下、随从听说董卓死了,心中的积怨和恶气瞬间爆发,董氏一族要么被乱箭射死,要么被乱刀砍死。董卓的老母亲还健在,年龄有九十岁。说来这位老太太除生了董卓这个恶魔外也未必亲自干过什么坏事,但也难逃一劫。董卓的母亲自己走到郿坞门口求死,董家昔日的下人们成全了她,将她斩首。

董卓死了,最觉得痛快的是袁家的一帮门生故吏,就在董卓迁都长安不久,他就下令处死了袁家在长安所有的人,包括前太傅袁隗、前司空袁逢等数十口。袁氏的门生故吏把董氏一族的尸首聚敛在一起，弄到袁家人的坟墓前烧了，以告慰袁氏亡灵。董卓自己则被暴尸在长安的闹市。《汉末英雄记》记载，董卓一向肥胖，尸身被暴晒之后油脂和着血水往下流，把下面的草都染红了。负责守尸的官吏找了个大蜡烛，插到董卓的肚脐眼里点着，把董卓变成了一盏灯，居然很亮，从晚上一直亮到早上。董卓的财产也不少，《汉末英雄记》记载仅董卓藏在郿坞的黄金就有两三万斤，白银有八九万斤，珠玉锦绮奇玩等堆积如山，不可胜数，这些全部被没收。

但是，不久之后凉州军卷土重来，他们重新攻占了长安，杀了王允，赶跑了吕布，又到处寻找董卓的尸骸或遗物，在董卓被烧的地方居然敛到了一些灰烬，于是找了一口棺材葬于郿坞。

20
凉州军和并州军的内讧

诸书,布以四月二十三日杀卓,六月一日败走,时又无闰,不及六旬。

吕布刺杀董卓,与李傕战,败。乃将数百骑,以卓头系马鞍,走出武关。

王允诛董卓,卓部将李傕、郭汜不自安,遂合谋攻围长安,城陷,吕布奔走。布驻马青璅门,外招允曰:"公可以去乎?"允曰:"若国家社稷之灵,上安国家,吾之愿也,如其不获,则奉身以死之。"

郭汜在城北。布开城门,将兵就汜,言:"且却兵,但身决胜负。"汜、布乃独共对战,布以矛刺中汜,汜后骑遂前救汜,汜、布遂各两罢。

傕,北地人。汜,张掖人,一名多。

李傕等相攻战长安中,盗贼不禁,白日虏掠。是时,谷一斛五十万,豆麦二万。人相食啖,白骨委积,尸秽满路。

——(三国)王粲《汉末英雄记》

董卓把献帝强行迁往长安后,一同来到长安的士人们至少先后发起了三次对他的刺杀行动,但都没有成功。一来是董卓防范很严,他的命也大,二来士人们干刺杀这类的活不很拿手。然而,董卓最终没能逃过这一劫,他还是被杀了。从整个过程来看似乎并不复杂,甚至可以说轻而易举,这是因为有两个关键人物,一个是王允,一个是吕布。

王允想杀董卓似乎比较好理解,因为他本质上是一个士人,跟关东联军中的大多数人是同类,不仅很熟悉,而且有过深厚的友谊,他们鼻息相通、志同道合。《后汉书》记载王允"少有大节",青年时代即被著名党人郭宗林誉为"王佐才也",十九岁开始在家乡并州的郡政府里任职。他是一个有血性的人,当时宦官权倾天下,他们的爪牙在地方上为非作歹,谁都不敢管,王允不理那一套,把为祸乡里的宦官赵津捕杀,并一再得罪宦官,宦官们必欲除之而后快。但是,在党人们的合力保护下王允又一次次得免,他后来当了侍御史,这个职务专司监察官员和办案,王允疾恶如仇的个性做这项工作倒最合适。

黄巾起义爆发后,王允被朝廷任命为豫州刺史,协助皇甫嵩、朱俊等正规军作战。值得一提的是,王允在担任豫州刺史期间曾聘请荀爽、孔融等人到州政府任职。从这一点上看,王允的资历就相当老。荀爽当时已经担任了朝廷的司空,孔融是天下知名人士。王允后来从黄巾军那里缴获了大宦官张让手下与黄巾军私通的信函,王允把信上报给灵帝,张让吓得半死,哪知灵帝只是痛责了张让一顿不再追究,张让"怀协忿怨",找了个借口中伤王允,第二年王允下狱。《后汉书》记载王允很快被赦,并且恢复了刺史的职务。《后汉书》没有交代王允被赦的原因,这一点在《三国志》里进行了解释,那是大将军何进出面营救的结果。

但是王允后来又遭逮捕,原因是"他罪",看来宦官们非置他于死地不可。司徒杨赐欣赏王允的为人,他联络何进以及太尉袁隗等人共同上疏求情,灵帝免了王允的死罪,但仍然要治他别的罪。这年冬天大赦,但在宦官们的坚持下诏书里明确说王允不在被赦之列,可见宦官们对王允敌意之深。"三公咸复为言",又是士人们的集体营救,王允最后终于得以释放。灵帝驾崩后,何进、袁绍等人谋诛宦官,何进觉得王允是个好帮手,把他召来担任从事中郎,不久便任命他为河南尹。

王允此前起起伏伏,多次遭到陷害打击,全赖士人们的营救才得保全。像他这样的人,在与敌人斗争中一定会勇往直前,无论这个敌人是宦官还是别的什么人,他都不会有什么犹豫,因为他是一个多次坐过死牢的人。不过奇怪的是,董卓掌权后对王允也很器重,先是拜他为九卿之一的太仆卿,继而任命他兼任尚书令,这是主持朝廷日常事务的重要职务,当时董卓忙着跟关东联军打仗,朝里的事基本上都交给王允来办。迁都长安前夕,董卓撤了司徒杨彪的职,升任王允为司徒。开始董卓还在洛阳,长安的"朝政大小,悉委之于允"。据《后汉书》记载,王允"矫情屈意,每相承附",董卓对他相当信任,"不生乖疑"。

但王允一心"扶持王室于危乱",他秘密联络了司隶校尉黄琬、尚书郑泰、护羌校尉杨瓒、执金吾士孙瑞等人,一心要找机会杀掉董卓,重振朝廷,但几次努力均告失败。王允感到光靠几个士人的微弱力量根本不可能成功,必须联络手里有军权的人参加,为此他的目光停在了吕布身上。

吕布是杀了老领导丁原后投靠董卓的,董卓跟他"誓为父子",按说他是不可能再反董卓的。但是,董卓迁都长安后,随着关东联军内部发生争斗,董卓的危机感解除,如此一来其内部权力格局也发生了微妙变化,影响到吕布等一批人的处境。在外有强敌时,凉州军与并州军关系处得还可以,大家都明白只有共同作战才能对付敌人。然而一旦敌情松懈,凉州军又恢复到骄横、唯我独尊的一面,他们本来就不大看得起并州军,现在更加视并州军低自己一等。

不仅一般人如此,吕布、张辽这样的并州军高级将领也不很得志。吕布的职务只是中郎将,张辽是都尉,职级都不高,与凉州军里的李傕、郭汜、张济等人差了一截,并州军的其他人更可想而知。这个结果引起了并州军人的不满,他们追随董卓出生入死,得到的居然是"二等国民"的待遇。他们的家乡并州有的被黄巾军占领,有的在袁绍、公孙瓒等人控制之下,而凉州军人的家属、财产大都在后方的凉州，打了胜仗抢来的东西大车小车往家里运，对比之下更让并州军将士们心寒。

这些情况想必王允已察觉，他决定冒险一试，就从吕布下手，没想到他们一拍即合，王允并没有费太大力气就策反了吕布。《三国志》认为王允之所以成功是由两件小事引起的：一是董卓"性刚而褊，忿不思难"，也就是脾气太暴，发起火来控制不住自己，吕布"尝小失意"，犯了一点小错，董卓恼怒之下"拔手戟掷布"，被吕布躲开了，后来董卓气消了，主动跟吕布和解，但吕布心里"阴怨卓"。另一件事情是，董卓害怕有人谋害自己，就让吕布负责贴身警卫工作，这样吕布就有很多机会出入董卓的内室，时间长了他跟董卓的一名侍婢私通。这件事让吕布很惶恐，他了解董卓的残忍，担心哪一天事发，于是"心不自安"。

应该说这两件小事也许是存在的，但它不是吕布反董卓的根本原因，董卓集团内部凉州军与并州军之间的矛盾才是这场内讧爆发的根源。如果再多一些推测的话，可能还有董卓对吕布个人安排方面的问题。当年为了让吕布反水杀丁原，董卓跟吕布发誓结为父子，背后很可能隐含着让吕布接自己班的意思。董卓应该没有儿子，他给吕布的许诺也许能让吕布相信，所以毫不犹豫地杀了丁原。但是，到长安后董卓不再提这些事，没有说反悔，但也没有再提起。这让吕布有些不舒服，加上平时一些零星的矛盾冲突，吕布或许认为董卓忽悠了自己，所以要愤而杀他。而在此时，被董卓留在关外的老将朱俊宣布站到关东联军一边，返身向西攻击，董卓大怒，调集凉州军主力前往剿灭，这为吕布动手提供了难得的机会。

吕布之所以信任王允，与他们都是并州人有关。王允是并州刺史部太原郡祁县人，祁县王家是一个大族，他们"世仕州郡为冠盖"，这容易得到吕布等人的信任。吕布杀了董卓后，王允邀他"共秉朝政"，这大概是王允和吕布事先谈好的条件，由此并州军来了个大翻身。

但就实力而言，并州军还远远不是凉州军的对手，当李傕、郭汜等人率凉州军主力杀回长安时，"布不能拒"，长安重新陷落，据《三国志》记载，这距离董卓被杀仅"六旬"，即两个月。而《汉末英雄记》则精确记载了这两个时间：吕布杀董卓是四月二十三日，长安被攻破是六月一日，也就是说还不到两个月。《汉末英雄记》说的这两个时间应该不会有问题，因为他的作者王粲当时就在现场。

王粲应该还记录不少这一段的历史，但我们现在能看到的只有《汉末英雄记》里保存下来的这几条了。根据王粲的记载，吕布和郭汜曾在长安城的北门外激战，吕布还用矛刺伤了郭汜，吕布平时习惯使什么武器？一般人认为是"方天画戟"，但王粲的这则记载清楚地告诉我们，吕布常使的兵器是矛。但是，吕布终究不敌凉州军，他率领数百名骑兵突围，临行不忘把董卓的首级系在马鞍上，他们一行从武关道出了关中。这条道路在当时较为繁忙，大体相当于由现在的西安往东南方向，经商洛到豫西。吕布离开长安前,路过长安城的青琐门时,看到王允还在那里坚守,于是招呼王允一块走,但王允深感自己的政治理想已经破灭,不想苟且求生,所以留了下来,最后死于凉州军之手。

21
政治信用比什么都重要

杨及部曲诸将，皆受傕、汜购募，共图布。布闻之，谓杨曰："布，卿州里也，卿杀布，于卿弱。不如卖布，可极得汜、傕爵宠。"杨于是外许汜、傕，内实保护布。汜、傕患之，更下大封诏书，以布为颍州太守。

　　杨性仁和，无威刑。下人谋反，发觉，对之涕泣，辄原不问。

　　布自以有功于袁氏，轻傲绍下诸将，以为擅相署置，不足贵也。布求还洛，绍假布司隶校尉，外言当遣，内欲杀布。明日当发，绍遣甲士三十人，辞以送布，布使止于帐侧，伪使人于帐中鼓筝。绍兵卧，布无何出帐去，而兵不觉。夜半兵起，乱砍布床被，谓为已死。明日，绍讯问，知布尚在，乃闭城门，布遂引去。

　　吕布诣袁绍，绍患布，欲杀之。遣三十六兵被铠迎布，使著帐边卧。布知之，使于帐中鼓筝。诸兵卧，布出帐去，兵不觉也。

　　吕布诣袁绍，绍患之。布不自安，因求还洛阳，绍听之，承制使领校尉。遣壮士送布而阴杀之。布疑其图己，乃使人鼓筝于帐中，潜自遁去。夜中兵起，而布已亡。绍闻，惧为患，募追之，皆莫敢近，遂复归。

　　　　　　　　——（三国）王粲《汉末英雄记》

《汉末英雄记》说吕布逃出长安第一站到达的是武关。武关是关中四大关隘之一，当时关中被称为"四塞之地"，是因为它四面各有一道雄关拱卫，东面是函谷关，西面是大散关，北面是萧关，南面即是武关。武关位于如今陕西省丹凤县东武关河的北岸，春秋时代即在此建关，当时叫少习关，战国时代改名武关。

由长安向内地可以直接东行，过函谷关到河洛地区，这相对比较便捷，但吕布没有走这条路，估计有两大原因，一是由长安到函谷关一线如今全在凉州军控制之下，吕布一行想顺利东行难度较大；二是吕布要考虑下一步的落脚处，洛阳一带已荒无人烟，没有什么可以依托。思来想去，吕布决定由武关道先到南阳郡去。

武关道也叫商山路，因为要路过武关所以通常称为武关道，是古代一条重要交通要道，它起自如今的陕西省长安县，经蓝田、商州，至河南省内乡、邓州等地，这条路是连接关中与江汉地区的重要通道。秦始皇共有五次出巡，其中两次走的是武关道。白居易当年走这条路的时候写过一首诗，其中写道："高高此山顶，回望惟烟云。下有一条路，通达楚与秦。或名诱其心，或利牵其身。乘者及负者，来去何云云。"还有温庭筠那句"鸡声茅店月，人迹板桥霜"也写的是这条路。

时至今日，武关道沿线仍然风景优美、山色宜人，但当年吕布率一支数百人的骑兵队伍在这条路上行走的时候，根本没有心情欣赏路边的景色。吕布的心境应该极灰暗，回想起自己出道以来的人生经历，心里充满了感伤。他顶着骂名连杀了丁原、董卓两个上司，换来的仍然是逃难的命运。吕布生年不详，推测起来介于曹操与刘备之间。曹操生于汉桓帝永寿元年（155年），刘备生于汉桓帝延熹四年（161年），吕布小曹操几岁但比刘备年龄大，此时应该是三十多岁。

在关东联军与董卓集团作战时吕布是董卓的主将之一，整个关东联军都把他视为敌人；现在他杀了董卓，又被凉州军视为敌人。吕布觉得这很滑稽，天下没有比自己更傻的人了。在动手干掉董卓之前他居然没有想过会出现这样的结局，但说什么都晚了，现在他必须给自己找条出路。吕布望了望马鞍上挂着的董卓的首级，这是他手里仅剩的本钱了，他已经想好要去南阳郡找袁术，董卓的首级就是最好的见面礼，因为全天下的人都知道，袁家有几十口人死于董卓之手。

吕布到达南阳郡，找到了在那里的袁术，但袁术对他并不热情，袁术对吕布心存戒心。一方面，对于这个连杀两位上司的人袁术不敢给予信任；另一方面，袁术此时正在做逐鹿中原的准备，他已经制订了一个北上作战的计划，打算跟陶谦、公孙瓒等人联手，共同对付袁绍和曹操，对于吕布这个不速之客，袁术只是敷衍了一下。据《后汉书》说，吕布自认为有恩于袁家，见袁术不待见自己，于是很生气，下令手下人四处抢劫，跟袁术关系弄得很僵。

吕布见在南阳郡待下去已无意义，就转而北上，投奔并州军旧将、自己的老同事张杨。张杨字稚叔，是并州云中郡人，丁原手下三大猛将之一，他曾奉丁原之命到当时的大将军何进那里支持他清除宦官，后领何进之命回并州募兵，共募得一千多人，何进失败后吕布、张辽投靠了董卓，而张杨退到上党郡一带成为地方割据势力。张杨这个人的事迹保存下来的不太多，但从他一生的作为来看，虽然他的实力不算强大，始终独立于几大群雄之间，没有太大作为，但他跟一般流寇不同，他是朝廷正式任命的高级官员，董卓掌权后没有投靠依附，后来献帝东归，他积极协助。《汉末英雄记》说张杨"性仁和，无威刑"，即使有手下人谋反，他发觉后也只是"对之涕泣"，不予追究。如果张杨真是这样的人，说明他心地仁厚，是个好人，但在乱世中成大事者必须有果断、心狠的一面，像刘虞那样的仁爱只能被后人评论为妇人之仁，往往是失败的根源。张杨连叛乱分子都不追究，很难想象他平时如何治军，这也就解释了为什么他一生没有成就什么大事，在群雄争战中始终是一个二三流的角色。

《汉末英雄记》记载，在长安的李傕、郭汜等人一直没忘记追捕吕布，张杨以及手下的部曲诸将"皆受傕、汜购募，共图布"，也就是看中了李傕等人的悬赏，想拿吕布换赏钱。吕布知道后，对张杨说："我吕布跟你是老乡，你把我杀了其实还不够划算，不如把我押到长安，可以得到李傕、郭汜的封赏。"张杨其实并不想为难吕布,他"外许汜、傕,内实保护布"。李傕、郭汜"患之",于是改变了策略,下诏封吕布为颍州郡太守。

《汉末英雄记》这段记载不够清楚,张杨这个人其实不会打吕布的主意,说他手下人对吕布有图谋还可以,但他应该没有参与。吕布临死前被曹操、刘备围困于下邳,那时全天下都不会有第二个人还会对吕布施以援手,唯一公开起兵支援吕布的就是张杨。那时尚且如此,此时他更不会对吕布不义,否则仅凭吕布那两句话也改变不了张杨的主意。而说张杨外许李傕、郭汜,实际保护吕布倒是正确的。李傕、郭汜等人显然也知道吕布到了张杨那里,不过他们应该继续向张杨施压,要他交人,而不会因为"患之"就态度软化下来,甚至封吕布为颍川郡太守。

《汉末英雄记》对这件事的记载不知来源何处,由于存在疑点,所以《三国志》和《后汉书》均未采纳,都说吕布离开袁术直接去了袁绍那里。但是,尽管《汉末英雄记》对此事的记载有点含糊,但它说的基本事实应该没有问题,吕布离开袁术后应该先到了张杨这里,张杨是老同事兼同乡,为人也可靠,吕布想到袁绍之前应该先想到张杨。而张杨一开始就在想办法保护吕布,但李傕、郭汜等人的态度他也不得不考虑,一旦长安方面向自己施压,张杨也顶不住,所以吕布最后还是走了。至于长安朝廷下诏封吕布为颍川郡太守,这件事可信度不高。因为李傕、郭汜即使拿吕布没有办法但也不会突然转变立场,吕布如果真当过颍川郡太守,那顶多也是张杨"表奏"的。而此时的颍川郡,一半在何仪、刘辟、黄劭、何曼等大大小小的黄巾军余部手里，一半由袁术控制，吕布根本插不上脚，这个颍川郡太守无论是否合法都没有实质性意义。

吕布离开了张杨，由河内郡北上到了冀州的袁绍那里。袁绍刚刚从韩馥手里夺取了冀州，正想大展宏图，在四处扩充自己的地盘。对于吕布的到来袁绍也不是太欢迎，吕布的名声太差，如果接纳了他，袁绍害怕影响自己的声誉。但吕布口口声声是袁家的恩人，如果不接纳袁绍又恐怕遭议论，想来想去，袁绍给吕布安排了一个差事，让他到冀州与并州接合部即太行山一带跟黑山军作战。黑山军的首领叫张燕，他们的性质类似于黄巾军，他们的基地在太行山中的黑山一带，所以称为黑山军。袁绍想扩充地盘，与黑山军发生了冲突，但袁军跟黑山军作战经常失利，拿这帮人没办法。袁绍觉得吕布既然有"飞将"的威名，就让他来试试，结果吕布果然厉害，据《三国志》记载他带着成廉、魏越等人组成精干突击队，乘快马在阵前左冲右突，经常杀得黑山军大败。吕布骑的马叫赤兔，《曹瞒传》记载说，当时民间流传："人中吕布，马中赤兔。"

这两句话都上口，也很流行，已经传了两千年。但是，有文字记载的赤兔马始于此时，至于之前这匹马的主人是谁、什么时候到了吕布手里，这些都不清楚。一般的马匹出生一个多月后可以觅食，两个月后脱去乳毛，在人工饲养的条件下四到六个月断奶，十二个月后成长为一岁驹，两岁半之前发育成熟骨骼封闭，达到最佳骑乘年龄，这种状态可以一直保持到十岁左右，好的品种也可以达到十五岁，再往后它的循环系统变差，关节开始肿胀，步入暮年期。一个优良品种的战马寿命也可以达到二十岁到三十岁，但能冲锋陷阵的时间也就十年左右。说这些是想说说这匹赤兔马的来历和去向。赤兔马有明文记载的只有《后汉书》和《曹瞒传》两处，但都没有说这是吕布杀丁原时董卓赏的。如果真是这样，推测起来它当时或许三到五岁，现在它就是五到七岁了，吕布死时它也就十二到十四岁了。假如那时这匹马到了关羽手中，在关羽死时它就二十四到二十六岁了，在马匹里绝对属长寿，早就过了最佳骑乘期不说，还能不能驮动关羽肯定成问题，关羽如果非骑它打仗的话，走麦城就更好理解了。

这是题外话。现在，吕布自认为不仅亲手杀了袁家的仇人，而且打张燕又为袁绍立了功，在袁绍这里就有点随便起来。据《汉末英雄记》记载，吕布"轻傲绍下诸将"，而《三国志》还说吕布又开始纵容手下人到处抢劫，让袁绍头疼不已。不仅如此，《汉末英雄记》还说吕布向袁绍提出请求，要他支持自己重返洛阳当司隶校尉，袁绍头疼不已，决心除掉吕布，他"假布司隶校尉，外言当遣，内欲杀布"。将要出发的头一天晚上，袁绍派三十名甲士来送吕布，吕布看出了袁绍的阴谋，让他们在自己营帐一侧休息，晚上让人装扮成自己于帐中鼓筝。袁绍的甲士埋伏在外面，而吕布已悄悄溜走。夜半时分，袁绍的甲士冲进营帐，举刀朝吕布床上乱砍，还以为把吕布砍死了。到了第二天，袁绍听说吕布没有死,吓坏了,赶紧下令关闭城门,吕布就这样离开了袁绍那里。

《汉末英雄记》对这同一件事还有两则不同的记载,当时的史书经常如此,在不同传记里分述同一件事,往往又会有所不同,有时还会自相矛盾,《三国志》里这样的情况比较多。关于吕布离开袁绍这件事,《汉末英雄记》另一则记载是与上面讲的这则大意一样,但更具体地说袁绍派来刺杀吕布的是"三十六"兵,都"被铠"迎布。另一则记载是,吕布在袁绍这里过得不自在,想自己单独发展,袁绍答应他,"承制"拜他为司隶校尉,然后派"壮士"送行,吕布知道袁绍没安好心,于是借帐中鼓筝而悄悄逃走。袁绍听说后很害怕,下令追赶,但没有人敢靠近吕布。

不管怎么样,吕布在袁绍这里也待不下去了,从长安出来也就是一年多时间,他先后到了袁术、张杨和袁绍那里,都由于种种原因不得不离开。这并非因为吕布不是个人才,相反他是天下公认的最出色的武将;也并非人才不重要,相反群雄们都在拼命抢挖人才。造成吕布没人愿意收留的原因完全在他自己,能力固然重要,但品行更重要,吕布的政治操守被自己彻底毁了,只要想想丁原,再想想董卓,就没有人敢收留他了。

22

黑山军是袁绍的梦魇

绍既破瓒，引军南到薄落津，方与宾客诸将共会，闻魏郡兵反，与黑山贼于毒共覆邺城，遂杀太守栗成。贼十余部，众数万人聚会邺中，坐上诸客有家在邺者皆忧怖失色，或以啼泣，绍容貌不变，自若也。贼陶升者，故内黄小吏也，有善心，独将部众逾西城入，闭守州门，不内他贼，以车载绍家及诸衣冠在州内者，身自扞卫，送到斥邱乃还。绍到，遂屯斥邱，以陶升为建义中郎将，乃引车入朝歌鹿场山苍岩谷讨于毒，围攻五日，破之，斩毒及长安所署冀州牧壶寿。遂寻山北行，薄击诸贼左发丈八等，皆斩之。又击刘石、青牛角、黄龙、左校、郭大贤、李大目、于氏根等，皆屠其屯壁，奔走得脱，斩首数万级。绍复还屯邺。

——（三国）王粲《汉末英雄记》

《三国志》里把张杨、张燕、张鲁、张绣这"四张"与陶谦以及公孙度、公孙渊合为一传,这几个人都堪称叱咤风云的人物,他们先后拥兵于一方,在群雄博弈中有举足轻重的地位。这七个人里,张燕是最为特殊的一个。他出身于农民义军,长期受朝廷军队以及袁绍等人的围剿;最后他投降了曹操,被朝廷正式拜为平北将军,还封了侯爵,子孙嗣位;一直到曾孙张林都还在晋朝任要职,反而成为七人之中结局最好的一个。

张燕是黑山军首领,黑山是个地名,也称墨山,位于太行山间。与黄巾起义同时,并州一带在张牛角等人的率领下也聚众起义,张牛角自称将兵从事,成为起义军的首领。张燕是常山国真定县人,他本来姓褚,在黄巾起义过程中他回家乡"聚少年为群盗,在山泽间转攻",发展到一万多人的规模,他主动接受张牛角的指挥。后来,张牛角被飞矢刺中而死,大家就一致推举张燕为帅,为了纪念张牛角,褚燕改姓张,即张燕。

张燕剽捍捷速过人,军中给他起了个外号叫"飞燕"。他的势力范围越来越广,发展到常山国、赵郡、中山国、上党郡、河内郡一带。这里处于并州、冀州以及司隶校尉部的接合处,是山陵纵横之地。他们依托太行山的有利地形与朝廷军队周旋,最后发展到"诸山谷皆相通",又吸收了孙轻、王当等部。据《三国志》

记载，其总兵力发展到百万，号为"黑山军"。

这个"百万"不是指作战部队，而是指他们控制的总人口，其中包括将士家属，这是农民起义军作战的特点，他们的战术不是死守，而是机动作战，打得赢就留下，打不赢就跑路，而且是带着全部家眷一块跑，所以他们的队伍总是很庞大。这一点与黄巾军相似，黄巾军一出动往往就是几十万人，而真正能上战场的不过十分之一罢了。但是，即使以这个比例来衡量，如果张燕能随时调集十万人马，那也是相当惊人的了，因为同时期袁绍、公孙瓒、刘表这些大的割据势力其人马总数至多也就这个规模，而曹操、袁术、刘备等当时还没有这么多。

《九州春秋》记述了黑山军内部组成情况，认为这上百万的黑山军指的其实不是张燕这一股，而是由几十家组成的；除黑山军以外，还有白波、黄龙、左校、牛角、五鹿、羝根、苦蝤、刘石、平汉、大洪、司隶、缘城、罗市、雷公、浮云、飞燕、白爵、杨凤、于毒等若干家。张璠的《汉纪》还补充了左校、郭大贤、左髭丈八等三部，他们之中"大者二三万，小者不减数千"，加在一起的人口有一百多万。《典略》对他们的名号进行了解释，认为黑山、黄巾等诸帅是起义军自己起的名号，"谓骑白马者为张白骑，谓轻捷者为张飞燕，谓声大者为张雷公，其饶须者则自称于羝根，其眼大者自称李大目"。张燕这一部势力最强，他的名气也最大，被大家公推为起义军的总首领，黑山军虽然只是太行山一带农民起义军的一支，但也经常以它来称呼整个并州一带农民起义军。

灵帝在位时，对于这支庞大的起义军无计可施，于是采取招安的办法，任命起义军中的杨凤为黑山校尉，任命张燕为平难中郎将。黑山军有了合法身份，发展得反而更快了。其后董卓迁天子于长安，天下进入群雄纷争的时代，张燕"遂以其众与豪杰相结"，成为群雄争霸战中一支足以左右时局的力量。

在袁绍与公孙瓒争夺冀州时，张燕站在公孙瓒的一边，他曾派部将杜长等人率兵帮助公孙瓒作战，在易京陷落前夕，张燕曾应公孙瓒之请亲率大军前往救援，但公孙瓒还是失败了。袁绍消灭公孙瓒后致力于平定北方四州，把张燕作为主要打击对象之一，跟黑山军多次展开激战。开始袁绍并不占上风，因为黑山军的战术很灵活，对地理情况又熟悉，在本乡本土作战，借助太行山纵横交织的山谷河川，让袁军一下子找不到感觉。后来，袁绍派吕布出马，吕布和他的手下大多数将领也出身于并州，又擅长骑兵作战，对于追击战、山地战非常在行，黑山军损失惨重。

但是，在此前后张燕也极大地牵制了袁绍的行动，并时常给袁军以重创。《汉末英雄记》记载，袁绍打败公孙瓒后，率主力到达薄落津，在此"与宾客诸将共会"，这时突然得到消息，说自己的大本营魏郡发生了叛乱，黑山军于毒部趁机攻占了邺县，杀了太守栗成。黑山军"十余部，众数万人"在邺县会合，听到这个消息，袁绍的手下们如雷轰顶，因为他们的家眷大部分都在邺县，此时已为黑山军所虏，袁军将士"皆忧怖失色，或以啼泣"。面对突然变故，袁绍却没有惊慌，他"容貌不变"，还像平时一样。

后来黑山军中有一个叫陶升的，他当过内黄县的小吏，"有善心"，他率部进入邺县，"闭守州门"，用车载着袁绍及部下们的家眷送到斥邱。袁绍到达斥邱，拜陶升为建义中郎将，指挥人马到朝歌鹿场山苍岩谷讨伐于毒，围攻五日，斩于毒及长安朝廷所署的冀州牧壶寿等人。

后来，袁绍把主要精力用在与曹操决战上，黑山军有了喘息之机。之前黑山军的眭固、于毒等部与曹操有过正面交锋，但他们很快放弃前嫌，对付共同的敌人袁绍。袁绍失败后，张燕正式请降，被曹操以朝廷的名义拜为平北将军，这是相当高的一项军职，张燕于是率众赶到邺县，被封为安国亭侯，食邑五百户。此后，张燕一直在邺县居住，并把家眷也接了过来，张燕死后，他的儿子张方嗣位，张方死后，儿子张融嗣位。在陆机的《晋惠帝起居注》里记载，张燕的曾孙张林还做过门下通事令史，后来担任了尚书令、卫将军等显职，被封郡公。

汉末农民起义军支脉众多，但像张燕这样得以善终并保子孙后代荣华富贵的还绝无仅有。这一切缘于他当初的政治选择，他自始至终反对袁绍，牵制了袁绍左冀战场，在某种程度上是曹操官渡之战胜利的重要功臣之一。曹操统一北方后，他坚定地支持曹操，为了换取曹操的信任，他主动携家眷到邺县居住，让曹操对他彻底没有戒心。这说明他不仅是一员猛将，还有相当的政治智慧，所以成为结局最好的农民起义军首领。

23
也有人死心踏地挺袁绍

绍遣使即拜乌丸三王为单于，皆安车、华盖、羽旄、黄屋、左纛。版文曰："使持节大将军督幽、青、并领冀州牧阮乡侯绍，承制诏辽东属国率众王颁下、乌桓辽西率众王蹋顿、右北平率众王汗卢维：乃祖慕义迁善，款塞内附，北捍玁狁，东拒濊貊，世守北陲，为百姓保障，虽时侵犯王略，命将徂征厥罪，率不旋时，悔悠变改，方之外夷，最又聪惠者也。始有千夫长、百夫长以相统领，用能悉乃心，克有勋力于国家，稍受王侯之命。自我王室多故，公孙瓒作难，残夷厥土之君，以侮天慢主，是以四海之内，并执干戈以卫社稷。三王奋气裔土，忿奸忧国，控弦与汉兵为表里，诚甚忠孝，朝所嘉焉。然而虎兕长蛇，相随塞路，王官爵命，否而无闻。夫有勋不赏，俾勤者怠。今遣行谒者杨林，赍单于玺绶车服，以对尔劳。其各绥静部落，教以谨慎，无使作凶作愿。世复尔祀位，长为百蛮长。厥有咎有不臧者，泯于尔禄，而丧于乃庸，可不勉乎！乌桓单于都护部众，左右单于受其节度，他如故事。"

——（三国）王粲《汉末英雄记》

袁绍虽然有张燕这个冤家对头,但他也有一个坚定的盟友。在袁绍统一北方四州过程中有人心甘情愿做他的忠实外援,即使袁绍死后,他们仍然站在袁氏集团的一边,自始至终都支持他,袁绍与他们之间有着特殊的关系。

袁绍的这个外援是乌桓人,是北方的主要少数民族之一,属于东胡的一支。所谓东胡,是匈奴以东少数民族的统称,算是一个部落联盟,他们跟匈奴族一样都是北方的古老游牧民族,历史同样悠久。据《史记》记载,春秋战国时期东胡人就活动在燕国北部一带,和燕国、赵国接触频繁,他们有相当的实力,曾经打败过燕国。开始,东胡势力强大而匈奴弱小,匈奴常常受到东胡的欺负,这种局面一直到西汉初年才结束,这时匈奴族出了一个猛人,他就是冒顿单于。

冒顿刚当上匈奴单于时,东胡照惯例经常向匈奴强索马匹和美女等,冒顿采取忍的办法,对东胡的要求有求必应,同时悄悄发展实力,准备与东胡人算总账。冒顿的低姿态麻痹了东胡王,他对匈奴人的复仇行动毫无知觉,结果冒顿趁其不备突然发起攻击,东胡大败,从此开始了匈奴人的新纪元,他们开始纵横于北方。但东胡各部族没有灭亡,他们中的一部分向东集体迁移,其中一支退居到乌桓山,被称为乌桓族,另一支退居到鲜卑山,被称为鲜卑族，乌桓和鲜卑成为东胡集团重要的两支。

匈奴人强大后对汉朝产生了威胁，就连刘邦都差点成了匈奴人的俘虏，西汉初年国力不强，于是采取和亲的办法与匈奴人结好，这种局面一直持续到汉武帝初年。后来，汉武帝组织朝廷军队大举反击，这场汉匈百年之战虽然耗尽了汉朝的国力，但也把匈奴彻底打跨了。匈奴分裂成南匈奴和北匈奴两部分，南匈奴内附，愿意效忠朝廷，北匈奴远走漠北，退出了与汉朝的争战。匈奴的式微，为乌桓和鲜卑重新崛起创造了条件。从东汉末年开始，东胡各部族再次进入历史视野，力量逐渐强大，开始是乌桓和鲜卑人的天下，魏晋以后又分出更多的族系，先后建立了多个政权，著名的慕容、宇文、拓跋、乞伏、吐谷浑等部族都属于东胡系，再往后还出现了柔然、契丹、蒙古等部族。

乌桓也称作"乌丸""乌延"，他们的风俗与鲜卑接近，语言更是相同。乌桓东迁的地点叫乌桓山，据考证位于现在的内蒙古自治区阿鲁科尔沁旗以北，属于大兴安岭山脉的南端。还有一种说法，认为乌桓在蒙古语中的意思是赤色，乌桓山应该称为赤山或红山，这与乌桓人的丧葬习俗有关。乌桓人死后，按照习俗要把他们穿过的衣服都烧了，并且要杀一条狗进行殉葬。大家烧衣服都到某座山峰下，火光映红了山峦，有人认为这座山就是赤山也就是乌桓山。现在内蒙古自治区赤峰市有一个地方就叫赤山，有人认为这也许就是昔日的乌桓山。

乌桓最基本的组成单位是聚落，数百乃至上千个聚落组成一个部,部的首领称大人。《后汉书》说乌桓"邑落各有小帅,数百千落自为一部",根据考察,每个聚落通常有二三十户,有一二百人。据《魏书》记载,乌桓人"俗善骑射,随水草放牧,居无常处,以穹庐为宅,皆东向",他们以打猎为生,食肉饮酪。在风俗上带有一定原始性,他们"贵少贱老",所有的人性情"悍骜",甚至"怒则杀父兄"。如此强悍的民风,加上盛产好马,乌桓也成了出精兵的地方。自东汉以来,乌桓突骑成为一支劲旅,光武帝刘秀就曾派伏波将军马援征调乌桓突骑三千名,从五原关出塞征讨匈奴。

到了汉末,乌桓族主要的部族首领有四个:辽西郡乌桓大人丘力居,下面有五千多聚落;上谷郡乌桓大人难楼,下面有九千多聚落;辽东属国乌桓大人苏仆延,下面有一千多聚落,属国相当于郡;右北平郡乌桓大人乌延,下面有八百多聚落。丘力居和难楼自称王,苏仆延自称峭王,乌延自称汗鲁王,《三国志》说他们"皆有计策勇健"。中山国太守张纯趁乱发动叛变,在丘力居等人的辅助下自号"弥天安定王"和三郡乌桓元帅,在青州、幽州、冀州一带"杀略吏民",最远的地方曾打到过徐州,成为黄巾起义高潮之后朝廷最大的心腹之患。灵帝末年,任命刘虞为幽州牧,刘虞采取绥靖政策,暂时化解了北部边境地区的民族危机,杀掉了张纯,北方各州暂时平静下来。

恰在这时丘力居死了,他的儿子楼班年龄太小,就由侄子蹋顿继位,史称蹋顿"有武略",他接替丘力居后迅速统一了乌桓各部，辽西郡、右北平郡、上谷郡等地的乌桓部族名义上都听从他的指挥，蹋顿"总摄三王部，众皆从其教令"。这时候，袁绍正与公孙瓒"连战不决"，为了给公孙瓒背后插上一刀，袁绍特别渴望与乌桓人联手，袁绍平时跟乌桓人素无来往，也不知道他们愿不愿意介入与公孙瓒的纷争。可是，还没等袁绍想出好办法，蹋顿却先找上门来了，他"遣使诣绍求和亲"，表示愿意帮助袁绍打击公孙瓒，对此袁绍哪有不激动的道理？立即同意和亲，派谒者杨林为使者，以天子的名义"矫制"赐蹋顿等乌桓首领为单于，颁发了印绶和安车、华盖、羽旄、黄屋、左纛等仪仗用具。

《汉末英雄记》里所录的这份版文就是袁绍矫制颁给蹋顿等人的。在这份版文里袁绍自称"持节、大将军，督幽、青、并领冀州牧，阮乡侯"，被赐为单于的有三个乌桓首领，分别是辽东属国率众王颁下、乌桓辽西郡率众王蹋顿、右北平郡率众王汗卢维，辽东属国以前的乌桓大人叫苏仆延。这里的颁下要么是另一个人，要么是苏仆延的另一个名字；右北平郡的"汗卢维"应该和"汗鲁王"是一个意思，指的应该是乌延。袁绍对这些乌桓部族首领说，目前"王室多故"而"公孙瓒作难"，他"残夷厥土之君，以侮天慢主"，所以现在"四海之内，并执干戈以卫社稷"。袁绍号召三王"奋气裔土，忿奸忧国"。版文里有"乌桓单于都护部众，左右单于受其节度，他如故事"，看这个意思三位首领虽然都被颁为单于，但有大小之分，有一位乌桓单于，剩下的两位是"左右单于"，袁绍明确左右单于要听从乌桓单于的调遣。从当时的情况来看，蹋顿无疑是乌桓单于，颁下和汗卢维是左右单于。

袁绍应该也答应了蹋顿和亲的请求，袁绍有没有女儿不太清楚，如果没有也不要紧，他可以效仿西汉初年的做法，选一个民女认为干女儿嫁给蹋顿，如此一来他们就成了一家人，感情更进了一步。对于蹋顿来说，之所以主动要求与袁绍联手，并非出于对袁绍有多少好感，更不是贪图袁家的姑娘，他们之所以走到一起，是他们有一个共同的敌人——公孙瓒。公孙瓒长期在幽州任职，负责与乌桓人作战，公孙瓒的"白马义从"就是在与乌桓人的战斗中诞生的。乌桓人对公孙瓒既怕又恨，多年的争战使双方结下了不可调和的深仇大恨，乌桓人时刻都在寻找机会消灭公孙瓒，与袁绍联合是他们必然的选择。

从此，乌桓人全力支持袁绍，他们经常从公孙瓒的背后出击，让公孙瓒处于两面作战的不利局面。在袁绍与公孙瓒争夺幽州期间，公孙瓒拉张燕对付袁绍，给袁绍侧翼插上了一把刀，袁绍便跟蹋顿联起手来，又找来一把刀顶在公孙瓒的后背上，双方在这个环节打成了平手。

公孙瓒失败后，乌桓人继续站在袁绍一边，他们参加了袁绍的南下兵团，但在官渡被曹操打败。袁绍死后，乌桓人没有看风使舵，他们继续坚定地支持袁绍的几个儿子，后来袁熙、袁尚被赶出幽州，就逃到了蹋顿那里，曹操亲征乌桓，在白狼山之战中袁尚也在场，但曹军过于凶猛，以几千人马，又远涉敌后上千里，居然一个冲锋便把乌桓数万人马打败，虎豹骑参加了这次战斗，他们不久前刚在南皮城外力斩袁绍的长子袁谭，现在又找到了露脸的机会，虎豹骑将蹋顿临阵斩杀！

蹋顿死后，乌桓首领们仍然没有抛弃袁尚和袁熙，苏仆延、楼班、乌延等部族首领护送袁尚、袁熙投奔辽东的公孙康，曹操采纳郭嘉的建议，突然撤兵，打消了公孙康的顾虑，于是公孙康把袁氏兄弟以及乌桓的各位首领全部杀了，把首级呈送给曹操。至此，袁氏集团的势力彻底被消灭，而始终支持袁氏集团的蹋顿、苏仆延、难楼、乌延等乌桓部族也受到致命打击。在此后相当长时间内，他们已无力挑战内地政权。曹操任用阎柔、鲜于辅等熟悉乌桓事务的官员监管乌桓各部落，阎柔曾把一万多个乌桓聚落迁往内地，又从中征调出不少乌桓铁骑随曹操征战，《三国志》记载"由是三郡乌桓为天下名骑"。

24
派系斗争瓦解了最强势的集团

鞠义后恃功而骄恣,绍乃杀之。

逢纪说绍曰:"将军举大事而仰人资给,不据一州,无以自全。"绍答云:"冀州兵强,吾士饥乏,设不能辨,无所容立。"纪曰:"可与公孙瓒相闻,导使来南,击取冀州。公孙必至而馥惧矣,因使说利害,为陈祸福,馥必逊让,于此之际,可据其位。"绍从其言而瓒果来。

纪字元图。初,绍去董卓出奔,与许攸及纪俱诣冀州,绍以纪聪达有计策,甚亲信之,与共举事。后审配任用,与纪不睦。或有谮配于绍者,绍问纪,纪称配天性烈直,古人之节,不宜疑之。绍曰:"君不恶之邪?"答曰:"先日所争者私情,今所陈者国事。"绍善之,卒不废配。配由是更与纪为亲善。

审配任用,与纪不睦,辛评、郭图皆比于谭。

谭、尚战于外门,谭军败奔北。郭图说谭曰:"今将军国小兵少,粮匮执弱,显甫之来,久则不敌。愚以为可呼曹公来击显甫。曹公必至,先攻邺,显甫还救。将军引兵而西,自邺以北皆可虏得。若显甫军破,其兵奔亡,又可敛取以拒曹公。曹公远侨而来,粮饷不继,必自逃去。比此之际,赵国以北皆我之有,亦足与曹公为对矣。不然,不谐。"谭始不纳,后遂从之。问图谁可使,图答辛佐治可。谭遂遣毗诣太祖。

建安七年,邺中大饥,米一斛二万钱。

——(三国)王粲《汉末英雄记》

在汉末群雄争霸战中，大家逐渐意识到人才的重要；在某种意义上说人才就是一切，没有人才就办不成事，缺少顶尖人才就办不了超级大事。群雄之中有人事业基础不错，条件也很好，但由于人才匮乏，最终功败垂成，典型的例子如公孙瓒；有的虽然人才不少，但结构不合理，过于偏科，如董卓、丁原手下武将一大把，但缺少文士相佐，最终也难成大事。

但是，也不是说人才越多发展前景越好，有人才还要会用人才，能驾驭得了人才，还能留得住人才，这就是用人之道。会用人不是一句简单的话，要讲究恩威并施，只有恩义宽厚不行，还得辅以组织纪律；只从严要求也不行，还得辅以感情笼络，也就是治人之外还得拢心。没有这些，即使有了人才也难以发挥他们的能力，有的甚至反而坏事。像韩馥那样，手下云集了许多一流的人才，文的有郭图、审配、田丰、沮授、荀谌、辛评，武的有麴义、张郃、颜良、文丑，简直是一个超豪华的阵容，但说完就完了，人才资源的优势并没有转化为实力，而且等他刚一下台，手下这些人都争先恐后地到新领导那里献殷勤。有人才而不会用人才，某种程度上损害会更大。袁绍最终失败了，其原因有很多，管人、用人上的失误无疑是最重要的。与韩馥情况类似，袁绍手下人才也很多，不乏超一流的人才，但袁绍没有用好他们，放任他们内斗，造成内部的分裂，严重削弱了本集团的实力，最终导致土崩瓦解。

袁绍手下的文士有逢纪、许攸、郭图、审配、荀谌、辛评、辛毗、田丰、沮授、陈琳等，武将有麴义、颜良、文丑、张郃、高览、淳于琼等，就人才的水平和人力资源之丰富而言，在当时各集团中无人能比。但是，袁绍手下的这些人才由于出身不同、跟随袁绍的时间长短不同等分成了若干派系，成为内部分裂的诱因。逢纪、许攸、陈琳、淳于琼在洛阳时期就跟随袁绍，是袁绍的"老班底"；其他人大多数是袁绍从韩馥那里"接收"过来的，但情况也有所不同，郭图、审配、荀谌、辛评、辛毗不是冀州本土人士，他们要么是韩馥老家颍川郡人，要么是袁绍老家汝南郡人，属于"汝颍派"；而田丰、沮授、麴义、颜良、文丑等人虽然也是韩馥的旧部，但他们在冀州土生土长，属于"冀州派"。以上这些人由于出身和经历不同，因而关注的利益点也不一样，影响到袁绍集团内外政策的制定和实施。

逢纪，字元图；许攸，字子远，他们都是南阳郡人。袁绍的"奔走之友"中还有一个何颙，也是南阳郡人。他们很早便追随袁绍，是袁绍早期事业的坚定支持者。袁绍助何进诛杀宦官时，有很多计策都出自于逢纪、许攸、何颙之手，他们鼓动袁绍架空何进，又设局把何进逼上死路。他们也出了一些馊主意，如引外兵入京，结果造成了董卓专权的局面。所以公孙瓒讨伐袁绍时所发布的檄文里说，造成董卓之乱的主要原因在于袁绍。袁绍跟董卓闹翻后逃出洛阳，何颙留了下来，逢纪和许攸随同袁绍一起到了冀州，后来又到了渤海郡。

袁绍开始对逢纪尤为亲信，逢纪为袁绍定计胁逼韩馥，是袁绍夺取冀州的最大功臣。据《汉末英雄记》记载，最早提出让袁绍夺取冀州的就是逢纪，他认为"举大事而仰人资给，不据一州，无以自全"。袁绍认为自己的力量远远不够与韩馥争夺冀州，问他怎么办，逢纪出主意说"可与公孙瓒相闻，导使来南，击取冀州"，用公孙瓒给韩馥制造压力，同时"因使说利害，为陈祸福"，逼得韩馥让位。袁绍听取逢纪的意见顺利夺取了冀州。

但逢纪与审配关系很差，跟田丰也有矛盾。荀彧曾经评价逢纪，说他"果而无用"，是个人才，但毛病不少，难以大用。许攸能力较强，孔融称他为"智计之士"；他的缺点是贪财，《三国志》说"许攸贪财，绍不能足"，荀彧评价他"贪而不智"。许攸跟审配也有矛盾，并且矛盾很深，到了一个非要整死另一个的地步。官渡之战期间，许攸的家人犯法，被审配抓住不放，审配想通过此事整倒许攸。许攸害怕于是投奔曹操，向曹操透露袁绍有大批军粮在乌巢的绝密情报，结果这些粮食被曹操用火烧光了，袁绍军心大乱，瞬间改变了战场格局，这成为袁绍大败的关键因素。

审配，字正南，他原来在韩馥手下，到了袁绍那里被重用。袁绍委以"腹心之任"，审配的迅速上升遭到逢纪、许攸的忌妒，由此产生矛盾。郭图，字公则，颍川郡人，经历跟审配差不多。袁绍消灭公孙瓒后，备齐精兵十万准备进攻许县，沮授和田丰等本土派人士强烈反对发起决战，他们主张打持久战，郭图等人则支持决战。当时沮授担任监军一职，相当于兵团司令，袁绍为削弱沮授的权力，把监军一分为三，由郭图、淳于琼和沮授各自指挥一军，但沮授仍然态度消极，经常散布失败言论，被袁绍免职，所部由郭图一并指挥。

辛评，字仲治；辛毗，字佐治，他们是兄弟俩，都是颍川郡人，跟韩馥是老乡。韩馥在位时曾前往老家招揽人才，辛氏兄弟就是在那个时候来到冀州的。袁绍执掌冀州后，他们在袁绍手下效力；他们跟郭图关系好，跟审配不和。

田丰，字元皓，冀州钜鹿郡人，他"博览多识，权略多奇"，曾在朝廷担任过侍御史。袁绍起兵讨伐董卓时请他出山，担任州政府的别驾，类似于副州长或州政府秘书长。在消灭公孙瓒的过程中，田丰立下大功。但是田丰不主张与曹操发起决战，主张稳扎稳打，与袁绍的战略思想相反。官渡之战前夕，田丰又建议袁绍据险固守，袁绍不听，田丰强谏，袁绍认为他挫伤士气，把他关进了监狱。

沮授，字公与，冀州广平国人。他小的时候就志向远大，喜欢谋略。在韩馥当冀州牧的时候，他是州政府别驾。袁绍占领冀州，沮授对袁绍真心辅佐，出了很多主意，但大都不被袁绍采纳。官渡之战时，沮授的想法跟田丰差不多，主张打消耗战。从后来战事发展来看，这恐怕是当时最正确的战略了。因为袁军后援力量强大，足以支持前线拼消耗，而曹操这边军粮等物资较缺，时间一长将不战而败。后来，诸葛亮北伐，司马懿就是用这种办法对付蜀军的。任凭诸葛亮怎么挑战，司马懿就是不理你，只跟你拼消耗，谁先消耗完谁就得撤军。但是，袁绍急于攻下许县改组朝廷，他认为自己处于绝对上风，彻底打败曹操指日可待，因而不接受沮授的建议；沮授先是被分权，继而被免职。

冀州派出身于本土，他们的财产、亲属都在当地，他们更关心冀州自己的事，对于向外扩张没有强烈的诉求，不希望把战火引到自己家乡来，能保境安民就行。所以当有人提出迎接天子来冀州的时候，袁绍集团的内部矛盾就显示出来。多数人认为那样做并不划算，使袁绍最后放弃了这个打算，让曹操占了先机。袁绍发动官渡之战，袁绍集团内部立刻分成了两大阵营，田丰、沮授强烈反战。在这些重大战略的制定上，袁绍集团内部各派别由于利益取向不同，往往产生不同的意见，经常让袁绍处于左右摇摆之中。

袁绍的武将里，麹义在界桥之战中为袁绍立下大功。没有麹义率领的八百壮士，袁绍很难打败公孙瓒，但麹义最后却得不到袁绍的信任。《三国志》没有麹义传，也没有关于他下落的记载。记载麹义最后情况的是《汉末英雄记》："麹义后恃功而骄恣，绍乃杀之。"这个记载后来被《后汉书》采用。袁绍另外一个重要将领张郃，字俊乂，他是冀州河间国人，原来是韩馥的部下，后依附袁绍。他平时跟郭图关系不好，官渡之战中曹操出奇兵去烧袁绍的后勤基地乌巢，张郃主张立即增援，但郭图认为应趁此机会攻打曹操的大营。袁绍采纳郭图的建议，让张郃、高览攻营，结果仓促之间无法得手,而乌巢已全军覆没。为推卸责任,郭图向袁绍进谗言说张郃不力战而导致失败,张郃害怕,就和高览一起战场起义,投降了曹操。

袁绍手下派系如此林立,不失败反而奇怪了。对于一个领导来说,手下人适度的派系斗争不是什么大问题,反而是领导平衡权力的契机,所以每看到和珅和纪晓岚斗法就会佩服乾隆的聪明和厉害。历史上的很多明君从不忌讳手下大臣分为两派,看着大家斗来斗去他们反而心里挺乐,因为手下人如果万众一心、团结得跟铁板似的,对领导者来说反而是危险的事。一个重大决策下面有人赞成、有人反对,这就体现了领导意志的重要性,也为领导按照自己的想法决策提供了可能。如果一个决策手下人百分之百反对或者百分之百同意,这样的局面想想都很可怕,一来领导的作用没处体现了,二来领导的想法如果跟大家不一样也不好实行。所以,保持手下人的派系均衡而不是统一大家的意志是领导艺术里最重要的内容。

但是这必须得保持一个度,不能太过,太过就成了双刃剑。领导的屁股是坐稳了,但本集团内部乱成一锅粥,大家你争我斗,形成严重内耗。一项政策主张提出来,大家不看它的内容行不行,而看是谁提出来的,盟友提出来的错了也支持,政敌提出来的正确也反对,这种对人不对事的工作作风必然把集团带入歧途。袁绍手下能人不少,但他纵容大家搞内斗,并且发展到难以控制的程度,因而在关键时刻正确的主张往往得不到支持,错误的战略却屡屡被通过。

袁绍在确立继承人的问题上优柔寡断，又使得派系斗争进一步加剧。袁绍有三个儿子，袁谭、袁熙和袁尚，本来应该立袁谭为继承人，但袁绍及他的妻子刘氏更喜欢袁尚，所以一直迟迟没有明确继承人。一般老百姓立不立继承人可能无所谓，因为家里没有什么可分的，也没有什么可争的，但财产多的人家最好把这件事提前做好，否则会打得头破血流。而对于割据群雄来说，立不立继承人不仅是家事，而是大家的事。大家跟领导打拼，图的也是个事业，不能因为领导的家事没处理好就影响到整个集团的发展。而且，选继承人还不像分家产那么简单，可以来个平均分配，如果那样做只会降低总体实力，必须选出一个来继承。为了不产生矛盾，一般实行的是"嫡长子世袭制"。可袁绍偏偏看不明白这一点，为了立袁尚为继承人，他宣布袁谭、袁熙、袁尚以及外甥高干各领一州，"以观其能"，其实是为袁尚接班铺路。此举遭到沮授的强烈反对，但袁绍执意而为，沮授无奈地叹道："祸其始此乎！"

当时最有可能继承袁绍权力的，一个是袁谭，一个是袁尚；袁绍手下这些人于是也分成了两派，一派挺袁谭，一派挺袁尚，派系斗争因而升级。《汉末英雄记》说："审配任用，与纪不睦，辛评、郭图皆比于谭。"《三国志》记载："审配、逢纪与辛评、郭图争权，配、纪与尚比，评、图与谭比。"逢纪和审配本来有矛盾，现在因为都支持袁尚，他们暂时和解，这就是《汉末英雄记》所记载的官渡之战后二人和好的原因。当时有人进谗言给袁绍，说审配的坏话，袁绍征求逢纪的意见，逢纪"称配天性烈直，古人之节，不宜疑之"。这让袁绍纳闷了，袁绍知道他们二人水火不容，怎么突然变得这么快？袁绍说："你不讨厌审配了？"逢纪一本正经地回答说："以前我们争的都是私事，现在说的是国事呀。"

《汉末英雄记》记载，建安七年（202年）袁绍统治区内出现严重自然灾害，邺县一带"大饥"，米价涨到一斛二万钱。这一年的五月，袁绍"忧死"，官渡战败后他就得了病，从此一蹶不振。袁绍死时仍然没有明确谁是继承人，这时大家认为袁谭年长，应该立袁谭，但审配等人素来支持袁尚，又与辛评、郭图不和，于是抢先拥立袁尚接替袁绍的职位。袁谭没有抢到父亲的大将军一职，就自号车骑将军，二人开始内斗。

《汉末英雄记》记载，袁谭、袁尚战于邺县城外，袁谭大败向北逃去。为了化解危机，郭图居然给袁谭出个了损招，要他联络曹操来帮忙。对于这个建议，袁谭开始也不接受，但后来看到实在没有更好的办法，于是答应，并派辛评的哥哥辛毗出使曹操。对于袁谭来说，引曹操介入家事无疑是饮鸩止渴，曹操正巴不得有机会对他们兄弟分而治之。曹操假意支持袁谭，合攻袁尚，消灭袁尚后又转攻袁谭，袁氏集团彻底垮了。

元代历史学家胡三省在《资治通鉴广注》中评论说："郭图、审配各有党附，交斗谭尚，使寻干戈，以贻曹氏之驱除，谭尚既败，二人亦诛，福祸之报为不爽矣。"

25
审配犯下大错但死得壮烈

袁尚使审配守邺。曹操进军攻邺，审配将冯礼为内应，开突门内操兵三百余人。配觉之，从城上以大石击门，门下，入者皆死。操乃凿堑，围回四十里，初令浅，示若可越，配望见笑而不出。操令一夜浚之，广深二丈，决漳水灌之，自五月至八月，城中饿死者过半。尚闻邺急，将兵万余人还救，操逆击破之。尚走依沮漳为营，操复围之，尚惧，遣阴夔、陈琳请降不听，尚还走蓝田，操复进击围之。尚将马迎等临阵降，众大溃，尚奔，中人尽收其辎重，得尚印绶、节钺及衣物以示城中，城中崩沮。审配命士卒曰："坚守使战，操军疲矣。幽州方至，何忧无主。"以其兄子荣为东门校尉，荣夜开门内操兵，配犹拒战，城陷，生获配。操意活之，配意气壮烈，终无挠辞，见者莫不叹息，遂斩之。

袁尚使审配守邺，曹操攻之。操出行围配，伏弩射之，几中。及城陷，生获配，操谓曰："吾近行围，弩何多也？"配曰："犹恨其少！"操曰："即忠于袁氏，不得不尔。"志欲活之，配意气壮烈，终无挠辞，遂斩之。

——（三国）王粲《汉末英雄记》

在袁绍手下的谋士里，审配是最突出的一个。一方面他的能力突出，他虽然不是逢纪、许攸那样早年就跟随袁绍的旧部，也不是田丰、沮授那样的实力派，但他无疑得到袁绍的信任最多，上升的速度也最快；另一方面，他独断专权，打击同僚，人缘很差，又在关键决策上屡屡误导袁绍，犯下了大错。但是，当袁氏集团摇摇欲坠之时，他又奋力与曹操集团抗争，反抗意志最为坚决，没有像辛评、郭图、辛毗那样向敌人妥协，最后慷慨赴死，因此受到好评。裴松之甚至称他是"一代之烈士"。

审配，字正南，与袁绍手下大多数谋士的出身不同，他是冀州魏郡人，也就是邺县附近的人。他不像田丰、沮授那样早年即在冀州颇具知名度和影响力，他只能算后起之秀。在韩馥时期，他在冀州的行迹没有记载，如果也在韩馥手下任职的话，职级不会太高。袁绍掌握冀州后，审配才崭露头角。

史书称审配"少忠烈慷慨，有不可犯之节"，也许这是真的，但这也许是根据审配最后结局倒推过来的。写史经常这样，从结果里找原因。假如审配最后投降了曹操，肯定不会说他小的时候就有"不可犯之节"了。不过，审配很有才干，他得到了袁绍的赏识。《三国志》说袁绍担任冀州牧后，对审配"委以心腹之任"，委任他为冀州的治中别驾。治中别驾在州政府里仅次于州牧或刺史，别驾的意思就是跟随州牧或刺史出行时可以别乘一车，以示地位之重要，它相当于副州长或州政府秘书长。韩馥时期，冀州的别驾是沮授，袁绍对他另有任用。对于空出来的这个重要职位，袁绍本应该交给逢纪或许攸，但袁绍可能考虑到他们对冀州本地情况不熟，不便于开展工作，于是任命了冀州出身的审配。

审配干得很出色，袁绍让他"总幕府"，也就是处理州政府的日常工作。由此审配在袁氏集团内部上升飞快，影响力逐渐超过了逢纪、许攸，也超过了郭图等人，论实际地位仅次于沮授。这自然惹得许攸、逢纪、郭图等人不高兴，造成了他们之间关系的紧张。孔融曾作为朝廷特使到过袁绍那里，他有一次跟荀彧评论袁绍手下的人物，孔融认为审配是"智谋之士"，是个难得的人才。荀彧曾在袁绍手下待过一段时间，比孔融更了解这些人，荀彧不以为然，他觉得审配"专而无谋"。

荀彧的这个评价切中审配的要害。审配突出的缺点有两个：一个是"专"，就是专权，霸道，胸怀不够大，跟大家搞不好团结，除了跟许攸、逢纪、郭图关系紧张外，平时跟张郃等人处得也不好；另一个是"无谋"，也就是缺少大谋略，干些具体工作还行，判断大局和走势，对未来进行规划高度就不够了。但是，袁绍偏偏欣赏他，一再给予重用，使审配成了首席谋士。但若论才能，审配与刘备跟前的诸葛亮、曹操跟前的郭嘉、孙权跟前的鲁肃都有太大差距。这也成为制约袁绍事业发展的重要方面之一。

审配之所以得到器重，说到底袁绍本人有直接责任。陈寿评价袁绍和刘表时说他们都"有威容、器观",也都"知名当世"。论实力刘表"跨蹈汉南",而袁绍"鹰扬河朔",但他们都有相同的缺点,那就是"外宽内忌,好谋无决"。这样的领导往往自我感觉良好,一切都喜欢自己说了算,遇到比自己能力强的人反而不喜欢;他们更喜欢听话的人,更喜欢善于奉承和巴结的人。审配正好迎合了袁绍的胃口。

官渡之战期间,田丰、沮授一再反对袁绍的战略思想,令袁绍十分不满,将田丰下狱,又剥夺了沮授的兵权。在这种情况下,审配代替了沮授,成为除袁绍之外最重要的军事决策者。但审配从没带过兵,一来缺乏带兵经验,二来在军中没有威望,遇事只能凭主观臆断,误导袁绍屡屡犯错。袁绍官渡失败的原因很多,但败得那么快、那么惨,跟审配有着直接的关系,审配是导致袁绍失败的头号罪人。官渡之战的转折点是乌巢之战,曹操意外得到袁绍的绝密情报,知道乌巢存有大批军粮,曹操亲自带队夜袭,袁绍在乌巢的军用物资被曹军全部烧毁。给曹操提供情报的是许攸,许攸临阵投降曹操与审配有关,是审配与许攸的内斗造成许攸投敌。

但即使如此,袁绍仍然有反击的机会,他应该火速增援乌巢,倾全力在乌巢与曹操决战。曹操仅率数千人马深入敌后,如果袁军增援及时,结果如何很难预料。但审配认为应趁此机会向曹操大营发起攻击,弃乌巢于不顾,拿下曹操大营一切问题都解决了。这是一个赌博式的做法,表面看来有点围魏救赵的意思,但须知袁军已经攻击曹操的大营数月之久，地道战、垒高楼等方法都试过了，根本没有进展，指望一夜之间把曹操大营拿下，有点不切实际。审配的想法是典型的纸上谈兵，所以遭到军旅经验丰富的张郃等人的反对。但袁绍更信任审配，强令张郃、高览攻营，张郃、高览攻营无果。审配为推脱责任，在袁绍面前说张郃故意不全力攻城，有通敌之嫌，又逼反了张郃、高览，袁军顷刻间大溃退。

可以说，袁绍官渡之败，自己要负最大责任，再往下就要数审配的责任最大。不过，官渡之败后袁绍依然对审配信任不改，审配也发现自己四处树敌很危险，转而与逢纪联手，二人化解恩怨。在袁氏诸子争权时，他们支持袁尚，辛评、辛毗和郭图支持袁谭。袁绍死后，袁谭、袁尚相攻，袁家东山再起的最后一线希望也没有了。

后来，袁尚留审配、苏由守邺县，自己率兵攻打袁谭。曹操趁机逼近邺县城下，驻扎在离邺县五十里的洹水畔，曹操悄悄策反了苏由，打算让他做内应，但被审配侦知，审配向苏由发起攻击，苏由不敌，逃出邺县投奔曹操。曹操挥军攻击邺县，把邺县围住，展开了长达数月之久的邺县攻防战。在审配的指挥下，袁军在城内打得很顽强，开始曹操想用地道战，在城外掘地道攻城，被审配发现，反掘地道相对抗，让曹军无法得手。

审配指挥的邺县防守战打得很漂亮。据《汉末英雄记》记载，审配手下的部将冯礼叛变，打开城门让曹军进城，曹军进来了三百多人，被审配发觉；他在城上指挥人扔下大石块堵门，门被堵住，冲进城里的三百多人全部被杀。还有一次，曹操亲临前线察看，审配发现，悄悄命人准备弓弩，突然对曹操密集射击，可惜距离有点远，没有伤着曹操，但也差点射中。

《汉末英雄记》还记载，曹操最后想出了以水攻城的办法，他命人挖掘一道四十里长的沟堑，开始挖得比较浅，"示若可越"，就是看着像是一跳就能过，审配在城上看见了"笑而不出"。但是，到了晚上曹操命人连夜扩充沟堑，使之宽和深都达到了二丈，之后把漳河水引来灌城，城里一片汪洋。但即使如此，邺县仍然未失。

从这一年的五月一直到八月，审配指挥守城部队坚守，城里饿死的人超过了一半。其间袁尚也打算全力回援，但被曹操打退，袁尚的部将马迎等人又临阵投降，袁尚逃到幽州投奔了袁熙，曹军缴获了袁尚的印绶、节钺及衣物等，他们拿这些东西向邺县城中展示，这一下守城袁军的意志彻底崩溃了。但即使到了这一步，审配仍然不放弃，他激励将士说："我们继续坚守，曹军也疲惫至极，等到袁熙和袁尚将军援军到来，我们就得救了。"但是，审配的侄子审荣却已经丧失了斗志，他暗地里投降了曹操。审荣担任邺县东门守城官，夜里下令打开城门，曹军杀入，城破后审配仍然指挥战斗，后来被俘。《汉末英雄记》说他"意气壮烈"，直到最后一刻都没有贪生怕死。

《先贤行状》补充说，审荣打开东门召曹军入城时审配正在东南角楼上，他望见曹军入城，激愤于辛评、郭图坏了冀州大事，就派人跑到邺县监狱，把关押在此的辛评一家全部杀死。辛毗这时已投靠了曹操，邺县城门一开他就急着跑到监狱找哥哥的家人，但晚了一步。这时，审配被绑着押过来，在曹操帐外被辛毗撞上，辛毗用马鞭敲着审配的头骂道："狗奴，你今天要死了！"审配回敬道："你这狗辈，正是你们这些人败我冀州，恨不得杀了你们！"

曹操见到审配，欣赏他坚守邺县的义举，对他说："先生忠于袁氏父子，也是不得不为之的。"曹操"意欲活之"，但审配"既无挠辞"，而辛毗在一边号哭不已，曹操只得把审配杀了。袁绍手下有个叫张子谦的已经投降了曹操，他素来跟审配不和。这时他是座上客，审配成为阶下囚，他嘲笑审配道："正南，你现在跟我比怎么样？"审配厉声道："你是降虏，我是忠臣，我虽然死了，你虽然活着，但我岂是你所能比的！"审配临死前"叱持兵者令向北"，这是因为他的主人此时在北方，他死也要面向这个方向。

26
都想找顶钢盔戴头上

布见备，甚敬之，谓备曰："我与卿同边地人。布见关东起兵，欲诛董卓。布杀卓东出，关东诸将无安布者，皆欲杀布耳。"请备于帐中坐妇床上，令妇向拜，酌酒饮食，名备为弟。备见布语言无常，外然之而内不悦。

布初入徐州，书与袁术。术报书曰："昔董卓作乱，破坏王室，祸害术门户。术举兵关东，未能屠裂卓。将军诛卓，送其头首，为术扫灭雠耻，使术明目于当世，死生不愧，其功一也。昔将金元休向兖州，甫诣封部，为曹操逆所拒破，流离迸走，几至灭亡。将军破兖州，术复明目于遐迩，其功二也。术生年以来，不闻天下有刘备，备乃举兵与术对战，凭将军威灵，得以破备，其功三也。将军有三大功在术，术虽不敏，奉以生死。将军连年攻战，军粮苦少，今送米二十万斛，迎逢道路。非直此止，当骆驿复致；若兵器战具，它所乏少，大小唯命。"布得书大喜，遂造下邳。

布水陆东下，军到下邳西四十里。备中郎将丹阳许耽夜遣司马章诳来诣布，言："张益德与下邳相曹豹共争，益德杀豹，城中大乱，不相信。丹阳兵有千人屯西白门城内，闻将军来东，大小踊跃，如复更生。将军兵向城西门，丹阳军便开门内将军矣。"布遂夜进，晨到城下。天明，丹阳兵悉开门内布兵。布于门上坐，步骑放火，大破益德兵，获备妻、子、军资及部曲将吏士家口。

备留张飞守下邳，引兵与袁术战于淮阴石亭，更有胜负。

陶谦故将曹豹在下邳,张飞欲杀之。豹众坚营自守,招吕布。布取下邳,张飞败走。备闻之,引兵还,北至下邳,兵溃。收散卒东取广陵,与袁术战,又败。

备军在广陵,饥饿困败,吏士大小自相啖食,穷饿侵逼,欲还小沛,遂使吏请降布。布令备还州,并势击术。具刺史车马、童仆,发遣备妻子、部曲、家属,于泗水上祖道张乐。

袁术遣将纪灵率步骑三万攻刘备。吕布遣人招备,并请灵等飨饮,谓灵曰:"布性不喜合斗,但喜解斗耳。"乃令植戟于营门,弯弓曰:"诸君观布射戟,小支中者当解兵,不中留决斗。"布一发中戟支,遂罢兵。

——(三国)王粲《汉末英雄记》

凡是跟吕布打过交道的大都吃过他的亏。丁原、董卓被他杀了，袁术跟他不欢而散，袁绍跟他翻脸，下一个倒霉的轮到了刘备。

吕布和袁绍闹翻后已经无路可走，他想来想去只有再去投靠老朋友张杨，看在同乡兼昔日同事的份上，或许张杨会再帮自己一把。吕布以沮丧的心情渡过黄河准备去找张杨，但刚一渡河就被陈留郡太守张邈派来的人接去了。吕布与张邈素无来往，但他们二人此次相见却谈得很投机，谈话内容外人无从知晓，只知道他们临别时"把手共誓"。过去曹操依附过张邈，如今曹操成为兖州牧，而张邈依然是陈留郡太守，曹操成了张邈的顶头上司。不久之后，张邈、陈宫趁曹操远征徐州之际突然发难，他们把吕布接来，宣布与曹操脱离关系，兖州各郡县纷纷响应，八十多个县里只剩下三个县还掌握在曹操手中。

但是曹操一向顽强，他不会轻易承认失败。曹操迅速回师，依托仅剩的三个县与吕布、张邈、陈宫周旋，在袁绍的支持下，最后反败为胜。张邈被赶走，之后被杀，张邈的弟弟张超被围在雍丘，城破后被灭族，吕布、陈宫无法立足，逃出兖州。

而刘备自从投靠老同学公孙瓒后事业上了一个新台阶。公孙瓒命他担任平原国相，他成为公孙瓒争夺青州的主力军。青州的南面是徐州，徐州牧陶谦是公孙瓒的盟友，曹操猛攻徐州，陶谦向公孙瓒求救，公孙瓒便派刘备前去增援，陶谦在强敌面前心灰意冷，有急流勇退的想法，加上健康状况不断恶化，决定把徐州让给刘备。这样，刘备在徐州本地实力派人士以及孔融等人支持下担任了徐州牧，他正式脱离了公孙瓒而独立发展。已经转移到扬州一带的袁术对刘备以如此快的速度崛起心存不满，准备找机会修理刘备。

以上是吕布投奔刘备时的背景。一个是走投无路的前兖州牧，一个是刚刚上任的徐州牧；一个名声很大但事业正在走下坡路，一个还没有多大名气但事业正蒸蒸日上。吕布被曹操赶出兖州，他环顾四周发现几乎没地方可去，只有刘备没有打过交道，算不上是朋友但也不是敌人，可以碰碰运气。刘备接替陶谦后把州治由郯县搬到了下邳（今江苏邳州）。吕布到这里来见刘备，刘备毫无警惕。他听说天下闻名的飞将来投奔自己，甚至有点沾沾自喜，对吕布的到来表示欢迎。

《汉末英雄记》记载，吕布见到刘备时"甚敬之"，对刘备说："我和你都是边地人，我看见关东起兵诛董卓，我就杀了董卓来投关东，但关东诸将没有人肯真心收留我，反而要杀我。"吕布还请刘备到自己的帐中，坐在自己妻子的床上，让妻子出来拜见刘备，之后"酌酒饮食"。吕布对刘备一口一个"老弟"，但刘备发现他"语言无常"，嘴上应和着，心里有些不高兴。

吕布向刘备说起自己入关后的遭遇有点委屈，但他应该想想这都是为什么。袁术不是真心收留自己，他为袁绍卖命地打黑山军，袁绍反而算计自己，接下来又跟曹操刀兵相见，关东目前几个主要的实力派都跟他闹翻了。这里面既有别人的原因，也有他自己的原因。要别人真诚待自己，自己必须对别人真诚。乱世里有特定的生存法则，讲究生存第一，但一些基本的原则仍然不能抛弃。比如诚信，一个缺少政治信用的人走到哪里都会碰壁。吕布经过丁原事件和董卓事件后，政治信用已经完全丧失，如果不能洗心革面给世人一个彻底转变的印象，仍然笃信短线操作的手法，一定会引起别人的戒心。

但刘备决定收留吕布，在刘备看来吕布还有一些人马，有张辽、高顺、侯成、魏续等能征善战的部将，刘备幻想他们能为己所用。同时，刘备觉得吕布名气很大，吕布来投对于提高自己的声望很有好处。刘备以徐州牧的身份表奏吕布为豫州刺史，当时在刘备的实际控制区里还真有一块属于豫州的地盘。它是豫州刺史部沛国的小沛，即现在的江苏沛县、汉高祖刘邦的老家。为了与沛国相区分，一般把这里称为小沛。这个地方位置很特殊，它属于豫州刺史部，但却远离豫州本土，像是伸入兖州和徐州之间的一把尖刀。刘备为防备兖州的曹操，想把吕布安置在这里起一个缓冲作用，也就是想把吕布当成一顶钢盔套在头上，岂不知这种想法真的很天真。

吕布去了小沛，北面是劲敌曹操，南面是新上司刘备，他夹在中间知道自己将要替别人当盾牌，心里很不情愿，但暂时也没有办法，自己实力不济，只能等待机会。可是，并没有让吕布等太久，这个机会就送上门来。在刘备的背后是盘踞在扬州的袁术，袁术最看不惯刘备，他终于向徐州发起攻击。刘备亲自带队南下，在今天的洪泽湖一带与袁术作战，但战事不很顺利，呈现胶着状态。这时，袁术悄悄联络在小沛的吕布，让他从背后下手，端掉刘备的老巢。

《汉末英雄记》说，早在吕布刚入徐州时就主动给袁术写过信，看来他早就有想法了，袁术还给他回了一封信，这封信保存在《汉末英雄记》里。袁术在信中说："过去董卓作乱，破坏王室，祸害我袁家门户。袁术举兵关东，未能杀了董卓。将军诛杀董卓，把他的首级送来，替我袁术报仇雪耻，使袁术我明目于当世，死而无愧，这是将军的第一大功；过去金元休到兖州上任，是朝廷正式任命的兖州刺史，但被曹操这个逆臣所拒，流离而走，差一点被迫害致死，将军你破兖州，为朝廷伸张了正义，这是将军的第二大功；袁术有生以来没有听过天下还有个刘备，刘备举兵与我对战，凭借将军的神威，将可以破刘备，这将是将军的第三大功。将军有三大功在袁术，袁术虽不敏，愿以生死相奉。我知道将军连年攻战，军粮短缺，现在特送来米二十万斛，已经出发上路，而且不止这些，后面还将源源不断提供。如果兵器战具缺少，只管提出，将全部答应。"

袁术信中提到了金元休，名字叫金尚，是个老党人。据《典略》记载，金尚祖籍京兆，也就是长安一带，早年与同郡的韦休甫、第五文休俱有名，号为"三休"。兖州刺史刘岱被黄巾军杀死后，献帝任命金尚为兖州刺史,金尚到兖州来上任。但这时兖州已经被曹操掌握,袁绍表奏曹操为兖州牧,金尚刚入兖州境内就被曹操打跑;金尚无处可去,到了袁术那里。袁术现在一副替金尚抱打不平的意思。袁术后来僭号称帝,想让金尚当太尉,金尚"无屈意",后来金尚听说献帝东归,就想逃到许县去,结果被袁术抓住杀了,献帝"嘉尚忠烈",曾亲率百官吊祭,拜金尚的儿子金祎为郎中,这个金祎后来参与了吉本、耿纪等人在许县发动的谋反,被曹操的属下剿灭。

吕布本来就想算计刘备,正要引袁术为外援,不想袁术主动提出,还送来二十万斛粮食,吕布哪还用得着再犹豫?吕布"得书大喜",于是引兵由小沛杀往下邳。《汉末英雄记》记载,吕布"水陆东下",在下邳城西四十里的地方扎营。刘备手下的中郎将丹阳郡人许耽夜遣司马章诳来见吕布,章诳对吕布说,张飞与下邳国相曹豹相争,张飞杀了曹豹,城中大乱,大家互不信任。丹阳兵有一千人屯驻在下邳城的西门也就是白城门内,听说将军要来,"大小踊跃,如复更生"。章诳建议吕布引兵向西门,丹阳兵自会开门相迎。吕布于是连夜进兵,清晨时分来到城下,丹阳兵果然开门迎接。吕布上了城门楼,指挥步骑放火,大破张飞,虏获刘备的妻子甘氏,还有军用物资及刘备手下将士的家眷。

刘备正与袁术在南线作战,负责下邳城留守的是张飞。张飞与下邳国相曹豹发生矛盾,张飞杀了曹豹,引起了城中的不安,并逼得丹阳兵造反。曹豹是陶谦时期的旧人,刘备入主徐州后,陶谦的旧部有一部分如糜竺等人坚定地站在刘备一边，但也有人不服气。张飞在敏感时刻应该妥善处理好这些关系，但他简单行事，造成一部分陶谦旧部的不安。丹阳兵是陶谦家乡的军队，陶谦在时他们有不少优越感，对现在的局势他们很不满，所以愿意助吕布反攻刘备。吕布从西门进入下邳城，根据《汉末英雄记》的记载，下邳城的西城门楼也称白门楼。吕布入城后即刻登上白门楼指挥，可是没过几年，曹操杀到下邳城下，就在这个白门楼上杀了吕布。

《汉末英雄记》记载，刘备听说下邳丢失，吃惊不小，顾不上眼前的袁术，赶紧"引兵还"。刘备所部刚到下邳就"兵溃"，因为这些将士们的家眷大都在下邳城内，成为吕布的人质，大家无心作战。刘备收拾散兵东到广陵郡，想与袁术再战，结果又失败了。这恐怕是刘备一生中最黑暗的时刻，老婆成了俘虏，手下人四分五散，北面、西面和南面都是敌人，东面是大海。《汉末英雄记》说刘备"饥饿困败"，甚至出现"吏士大小自相啖食"的悲惨局面。到了这种地步，刘备眼看只剩下海当渔民了，但他的人格魅力再次显现出来，他手下的州政府别驾，也是徐州本地大富豪的糜竺再次给刘备以极大支持。糜竺发动家奴两千人，以大量金银财产资助刘备渡过难关。糜竺还把妹妹嫁给刘备，这就是糜夫人。

《汉末英雄记》记载，刘备得到糜竺相助虽然可以暂时不用下海当渔民，但仍然"穷饿侵逼"，这时他做出一个让人意想不到的决定：向吕布投降。刘备"使吏请降布"，吕布居然接纳了，并且给刘备安排了一个好差事，让他当豫州刺史，驻扎在小沛；自己当徐州牧，二人的地位来了个互换。吕布给刘备准备了刺史用的车马、童仆，遣还了刘备的妻子及部曲的家属，在泗水河边还搞了个很大的仪式，把一件本来很尴尬的事弄得跟办喜事一样。不仅如此，吕布还与刘备"并势击术"，战略变化之快让人眼花缭乱。

吕布的变化来自于他短线操作的惯性，在他如愿得到徐州后，他并不想把刘备赶尽杀绝，后来当袁术派纪灵率步骑三万进攻刘备时，吕布的这种心理更清楚地表现了出来。当时刘备已成末路，如果无人相救只有死路一条，吕布手下的部将都认为应该"假手于术"杀了刘备，但吕布反对，他说："袁术如果破了刘备，则北连泰山诸将，我就处在袁术的包围之中了，对刘备不得不救。"于是发生了"辕门射戟"的一幕。

在历史上确有"辕门射戟"一事，也记录在《汉末英雄记》里。当时袁术派部将纪灵率步骑三万攻刘备，刘备吃不消，眼看要被消灭，吕布插手此事。他请刘备吃饭，同时也邀请了纪灵，在酒桌上吕布对纪灵说："我吕布最不喜欢看见别人争斗，我喜欢帮别人和好。"吕布命人在营门口立一戟，吕布说："诸君观吕布射戟，如果一箭射中戟上的小支当和解，如果不中你们接着斗。"戟的顶部一般是一个不对称的十字形，主刃尖而长用来刺杀，横着的短而钝就是小支。结果吕布一箭射中戟上的小支，纪灵遂罢兵，刘备松了口气。

对刘备而言,现在发生的一切一定会让他刻骨铭心。当初他想找顶钢盔戴头上,没承想很快就成了人家的钢盔。但说什么都晚了,他只有隐忍待变。所幸的是不久之后机会就来了,那时候吕布是否活命似乎全看他一句话,但他知道对于这只吃人的老虎不能再有任何怜悯之心了。

27
两个老对手短暂的政治蜜月

初，天子在河东，有手笔版书召布来迎。布军无畜积，不能自致，遣使上书。朝廷以布为平东将军，封平陶侯。使人于山阳界亡失文字，太祖又手书厚加慰劳布，说起迎天子，当平定天下意，并诏书购捕公孙瓒、袁术、韩暹、杨奉等。布大喜，复遣使上书于天子曰："臣本当迎大驾，知曹操忠孝，奉迎都许。臣前与操交兵，今操保傅陛下，臣为外将，欲以兵自随，恐有嫌疑，是以待罪徐州，进退未敢自宁。"答太祖曰："布，获罪之人，分为诛首，手命慰劳，厚见褒奖。重见购捕袁术等诏书，布当以命为效。"太祖更遣奉车都尉王则为使者，赍诏书，又封平东将军来拜布。太祖又手书与布曰："山阳屯送将军所失大封，国家无好金，孤自取家好金更相为作印，国家无紫绶，自取所带紫绶以藉心。将军所使不良。袁术称天子，将军止之，而使不通章。朝廷信将军，使复重上，以相明忠诚。"布乃遣登奉章谢恩，并以一好绶答太祖。

——（三国）王粲《汉末英雄记》

从兴平元年（194年）夏天到兴平二年（195年）夏天，曹操一整年都在跟吕布作战。

兴平元年（194年）年初，曹操的父亲曹嵩在泰山郡的华县遇害。有迹象显示徐州牧陶谦有重大嫌疑，曹操于是兴兵徐州为父报仇，一路上打得很顺手，陶谦节节败退，一度想放弃徐州一走了之。但就在这时，曹操的后方出了事，张邈和陈宫引吕布入兖州发动叛乱，曹操不得不回师，与吕布、张邈展开了一年之久的激战。这场战斗打得很艰难，曹操多次面临险境，但是吕布、陈宫等人在战略战术上接连出现失误，而张邈只顾自保，没有主动向吕布发起支援，结果让曹操各个击破；吕布一败再败，被赶出了兖州，只得投奔此时名气还不大的刘备；而张邈兄弟先后被杀，张家被灭族。

在这一年的激战中，曹操与吕布结下了仇恨。吕布最早是董卓的手下，曹操属关东联军，双方是敌对阵营，势不两立，但他们并没有直接交过手，在关东联军起兵讨伐董卓时，跟曹操交过手的凉州军是徐荣，跟吕布交过手的关东联军是孙坚，曹、吕二人素无往来。吕布后来投靠了袁绍，而曹操也被看作是袁绍阵营的人，二人似乎一度成了友军，但他们既没有并肩作战，也没有过配合支援，仍然没有什么来往。直到张邈、陈宫把吕布迎到兖州，曹操和吕布才直接交上了手。

　　这一仗让曹操记忆深刻，《献帝春秋》记载了濮阳之战的整个过程，曹操在此战中打得相当狼狈。当时吕布守濮阳，曹操得到城中一个姓田的大户支持，答应给他做内应，曹操亲自率兵杀进了城。哪知这个田姓大户是吕布专门安排来忽悠曹操的，曹操进了城，吕布立即派人堵住了城门，断了曹军后路。要命的是曹操进城时为表示决心，下令在城门口燃起了大火；曹操在城里遭到吕布的埋伏大败而回，当他冲到城门口时，发现自己放的火烧得正旺，曹操不得已，只得像马戏团的特技演员那样骑马向火里冲，结果被烧伤了左手，还从马上跌了下来；幸亏有个叫楼异的手下及时把他扶起，曹操才得以继续往外逃。还没有冲出城，曹操又被吕布的手下截住，幸好他们不认识曹操，问他曹操在哪里，曹操顺手指了一下，说那边骑黄马的人就是，这样才逃过一劫。曹操手下的重要将领夏侯惇也是这段时间先被叛军抓起来当人质，后来与吕布交战时又被射瞎了眼睛，成了"盲夏侯"。

　　但是时过境迁，又过了两年，即建安元年（196年），曹操离开兖州西迎天子，并迁都到了许县，而吕布夺取了刘备的徐州成了徐州牧。二人的关系却发生了戏剧性的转变。

　　献帝刘协吃尽了苦头，总算回到中原，他在路上就合计让谁来救驾。他先后派出多路使臣，联络刘表、刘焉、袁术等人。献帝没有给袁绍写信，也没有给曹操写。献帝对袁绍不信任，而曹操那时被视为袁绍的手下，因此献帝也没考虑他。袁绍口口声声说他这个皇帝是非法的，甚至他的血统都有问题，所以献帝不想跟袁绍打交道。后来袁绍派郭图等人到河东郡拜见过献帝，想考察一番再决定要不要把天子迎接到冀州去，献帝对郭图等人不冷不热，双方也没谈出个什么结果来。郭图回去报告袁绍，倒是建议把天子迎接过来，以免落入他人之手，但袁绍的手下们意见分歧很大，袁绍本人倾向于不理，所以这件事也就拉倒了。

袁绍的使者刚走，献帝就赶忙亲笔给吕布写了信，让他来迎驾，这件事记录在《汉本英雄记》里。献帝想起吕布一点也不奇怪，虽然别人都看不上吕布，但献帝对吕布非常有好感，因为是吕布杀了让他厌恶至极的董卓。献帝对凉州军很厌恶，而吕布是凉州军的劲敌，凭这一点献帝对吕布就充满了信任。

但是，吕布自忖没这个实力，面对袁绍、曹操、袁术这些强敌，身边还有刘备随时在算计自己，他不敢离开徐州轻举妄动。于是吕布上书天子，表示自己"无畜积"，尚且"不能自致"，更没有力量去迎驾。吕布虽然没有出力，但献帝仍然拜他为平东将军，封平陶侯。献帝派出使臣给吕布送去诏书、印绶，但是使臣走到山阳国境内时，"亡失文字"，把诏书、印绶等物给弄丢了。

曹操把献帝迎到了许县，献帝虽然不是很满意，但曹操总比凉州军强，加上洛阳已经残破为废墟，生存问题都解决不了，刘表、刘焉、袁术等人虽然有实力迎驾，但他们都不肯接手这个前途未卜的差事，均以种种理由相推脱，于是献帝只好跟着曹操走了。曹操把天子接到了许县，当时真可以用"百废待举"来形容，周边各路势力都虎视眈眈,袁绍尤为不服气,他自己虽然不愿意迎驾,但对于曹操的举动他也是极不乐意,所以曹操给他送去一个太尉的职位他反而大怒,不肯接受。至于袁术、刘表等人,也都不怀好意。最为紧迫的是,凉州军旧将在张济率领下进入许县以南的南阳郡,张济的侄子张绣很厉害,又有贾诩辅佐,势力发展得很快,刘表抓住机会主动跟张济叔侄联合,共同对付曹操。

曹操四面受敌,于是不得不采取远交近攻的办法,对不同的敌人采取了不同的策略。他赶紧把自己担任的大将军一职让给了袁绍,并派孔融亲自到袁绍那里宣布任命,暂时稳住了袁绍。同时,对吕布这个昔日的死敌他也采取了拉拢的态度,不断派出使者到吕布那里表达善意。曹操把优先打击的敌人确定为眼前的张绣。立都许县不久,曹操就接连三次南征张绣,在此期间他希望别的方向保持平静。

这就是《汉末英雄记》所记载的曹操与吕布握手言和的背景。据《汉末英雄记》说,曹操亲自写信给吕布,"厚加慰劳",并跟吕布一块讨论"迎天子,当平定天下意",曹操还以献帝的名义给吕布下达诏书,让他"购捕公孙瓒、袁术、韩暹、杨奉等"。此时,曹操视袁绍为盟友,视公孙瓒和袁术为敌人,至于韩暹和杨奉,他们都是黄巾军的余部,在献帝东归过程中有迎驾之功,一度控制了天子,被天子封为大将军、车骑将军等要职。曹操控制天子后,毫不客气地把他们打跑了,他们跑到了徐州一带,又干起了老本行,曹操连他们一块算上,要吕布加以讨伐。

吕布接到天子的诏书和曹操的信后态度是"大喜",这是因为他的日子也不好过,他北有袁绍、曹操这两个强敌,南面的袁术亦敌亦友、亦友亦敌,眼皮底下的刘备表面为友、实际为敌,随时会生变,吕布丝毫不敢大意。现在曹操代表天子主动与他和解,态度相当诚恳,怎么不让吕布心动?两年前受张邈、陈宫的挑动给曹操背后一刀,吕布现在想想都觉得后悔。他立即上书天子说:"臣本应当迎大驾,现在知道曹操为人忠孝,奉迎天子到许县。臣之前与曹操交过兵,现在曹操保护陛下,臣愿意为外将,以兵相随,只是担心还会有嫌疑,所以待罪于徐州。"

《汉末英雄记》还记载,吕布还专门给曹操写了回信,信中说:"我吕布是获罪之人,按说应该被诛首,哪敢让您亲自写信慰劳,又厚见褒奖。看到要我购捕袁术等人的诏书,吕布愿以命为效。"

曹操接到吕布的上书和回信,立即再派奉车都尉王则为使者,带上拜吕布为平东将军的诏书去见吕布。曹操又亲笔给吕布写了信,信中写道:"当初在山阳国丢失了拜封将军的诏书和印绶,现在朝廷没有成色好的金子,我取自己家里存的好金给你制印,朝廷没有紫色绶带,我就取自己的绶带给你以表达我的心意。现在袁术要称天子,将军应当阻止他。朝廷信任将军,将军也应该表明自己的忠诚。"吕布接到诏书和信大为感动,他又遣使"奉章谢恩",同时让使者给曹操捎去一条上好的绶带。

从这些记载中看到的不是一般的和睦亲近,简直有点肉麻,谁能想到这是曹操跟吕布?这就是政治,此一时彼一时也,当初是势如水火的敌人，现在是亲如一家的兄弟，二人各取所需，利益空前一致，好得像一个人。但是他们也都知道这只是暂时的，等处理完各自手里的事，他们迟早还得刀兵相见。

28
不仅是无知,简直是狂妄

布后又与暹、奉二军向寿春，水陆并进，所过虏略。到钟离，大获而还。既渡淮北，留书与术曰："足下恃军强盛，常言猛将武士，欲相吞灭，每抑止之耳。布虽无勇，虎步淮南，一时之间，足下鼠窜寿春，无出头者。猛将武士，为悉何在？足下喜为大言以诬天下，天下之言安可尽诬？古者兵交，使在其间，造策者非布先唱也，相去不远可复相闻。"布渡毕，术自将步骑五千扬兵淮上，布骑皆于水北大哈笑之而还。时有东海萧建为琅琊相，治莒，保城自守，不与布通。布与建书曰："天下举兵，本以诛董卓耳。布杀卓，来诣关东，欲求兵西迎大驾，光复洛京，诸将自还相攻，莫肯念国。布，五原人也，去徐州五千余里，乃在天西北角，今不来共争天东南之地。莒与下邳相去不远，宜当共通。君如自遂以为郡郡作帝，县县自王也！昔乐毅攻齐，呼吸下齐七十余城，唯莒、即墨二城不下，有田单故也。布虽非乐毅，君亦非田单，可取布书与智者详共议之。"建得书，即遣主簿赍上礼，贡良马五匹。建寻为臧霸所袭破，得建资实。布闻之，自将步骑向莒。高顺谏曰："将军躬杀董卓，威震夷狄，端坐顾盼，远近自然畏服，不宜轻自出军，如或不捷，损名非小。"布不从。霸畏布引还抄暴，果登城拒守。布不能拔，引还下邳。霸后复与布和。

吕布将兵向莒。臧霸等畏布，登城上以药箭乱射，中人马。

布不能拔，引还下邳。

布令韩暹、杨奉取刘备地麦，以为军资。

备诱奉与相见，因于坐上执之。暹失奉势孤，时欲走还并州，为杼秋屯帅张宣所邀杀。

——（三国）王粲《汉末英雄记》

建安二年（197年）发生了震撼全国的大事件：袁术在寿春称帝了，这意味着不再承认刘氏政权，与汉室分庭抗礼。以董卓的目空一切、袁绍的胆大妄为和曹操的近水楼台都不曾有过自己当皇帝的打算，董卓虽然废掉了少帝刘辩，但继位的仍然是刘辩的弟弟刘协。袁绍虽然有过另立朝廷的打算，但计划谋立的是刘氏宗亲里的刘虞不是他。袁术的举动不仅大逆不道，简直就是狂妄。

这是因为，论影响力他不如刘虞，论实力他不如袁绍、刘表和曹操，论德行他更是差得要命，但他仍然公开称帝了。袁术此举一半与性格有关，因为此君一向颇为自负，总认为别人不如自己，在他眼里自家兄弟袁绍都不算什么，更何况外人。所以，刘备当上了徐州牧，别人还没有什么看法，他却高叫"自有生以来未曾听说有个刘备"。另外一半的原因在于袁术很迷信，当时社会上流传着许多神秘预言，其中一句叫"代汉者当涂高"，这本来就像后世出现的推背图似的，是一些别有用心之人的恶搞。这种预言往往不着边际、不知所云，可袁术偏偏认为自己能看懂，他认为这个"涂高"指的就是自己，因为他字"公路"，名字叫"术"，这几个字的本义都与道路有关，"涂高"的"涂"也可以理解为"途"，也与道路有关。

这一通东拉西扯的理论在旁人看来太过牵强，但袁术认真得不行。他还有一个佐证，那就是"五行轮替说"，在五行学家们看来，汉朝属于火德，取代汉朝的一定属于土德，袁姓恰好属于土德。《典略》记载："术以袁姓出陈，陈乃大舜之后。以土承火，得应运之次。"

所以，袁术不顾众人反对，公开在寿春称帝。寿春即今安徽省寿县，这里成了袁术的"都城"。他效仿西汉的京兆尹和东汉的河南尹，把寿春所在的九江郡改为淮南尹，在这里修建皇宫、宗庙、祠堂，设立公卿百官，册封了皇后和一大堆妃子，过上了皇帝的生活。但是这个王朝也留下了不少谜团，比如它的国号是什么？是否改过元？袁术不把自己称天子而称为"仲家"，其含义是什么？这些都因为袁术所建立的王朝寿命太短、皇家档案文书资料不全等原因而不可考。

新王朝面临的最大问题居然是找不到有资历的人出来当官，尤其是三公九卿，怎么也得拉几位名人撑门面吧？但袁术却请不来，一来寿春地处一隅，大量人才已纷纷拥向许县，留在本地的很少；二来在大家眼里袁术建立的是个伪王朝，日后必被清算，大家躲都来不及，更不会有人往上面靠。袁术年轻时有个朋友叫陈珪，他的父亲陈球当过三公，陈珪和儿子陈登都挺知名，他们在徐州的吕布那里，而吕布被袁术视为盟友。袁术觉得陈珪挺合适，想把他请出来当自己的三公，他写了封信给陈珪，没想到陈珪不仅不来，还写了封信把袁术指责了一番，说要让他"营私阿附",就是死也不会答应。袁术接到陈珪的信差点没被气死。

还有一个人叫金尚,就是那位被朝廷任命为兖州刺史但在上任途中被曹操赶跑的老党人。金尚被称为"三休"之一,在士人中有些威望,又是朝廷正式任命过的刺史,现在走投无路寄身于自己的门下,袁术想把金尚请出来担任他的三公。袁术想这应该不存在问题吧,金尚应该感激才对,但没想到金尚也不给面子。袁术让他当太尉,他死活都不答应,再逼他就逃跑,袁术把他抓住,一气之下把金尚杀了。

袁术弄的这个小朝廷看来是够惨的,惨到把三公九卿白送给人都没人愿意当。当然,一流的名士找不到,滥竽充数的人还是能凑齐,袁术自己觉得挺美。《三国志》记载,他在寿春"荒侈滋甚,后宫数百皆服绮縠,余粱肉"。《九州春秋》说,袁术有一次在城上看到下面有个美女,一问是司隶校尉部人氏冯方的女儿,袁术很喜欢,就纳其为妃,非常宠幸。其他妃嫔看了很吃醋,就对冯氏说:"袁将军是个贵人,很有节气,他喜欢看别人涕泣忧愁的样子,如果这样必然更被尊重。"冯氏不知道人家是给自己挖坑,果然一见到袁术就"垂涕",袁术认为她有心事,更加怜爱她。这些妃嫔找个机会就把冯氏勒死了,吊在厕所的屋梁上,弄成一个自杀的假象。袁术还以为冯氏因为心事太重想不开自杀了,就把冯氏厚葬了事。

但是,明眼人一看就知道这个小朝廷气数很短,袁术能控制的地盘有限，说起来也就是小半个扬州而已，小朝廷的供养都成问题。《三国志》说当时"士卒冻馁，江淮间空尽，人民相食"。为了壮大声威，袁术加强了与吕布的同盟关系，他提出要和吕布结成儿女亲家，吕布开始答应了，袁术派韩胤为使臣前往下邳接人，此时陈珪在吕布手下当沛国相，他坚决反对吕布与袁术联合，竭力劝阻吕布与袁术断交，以免日后为自己招祸。这一说真把吕布说动了，吕布当初与袁术联手算计了刘备一把，事成之后袁术除了当初送来的二十万斛粮食外不再提其他，让吕布很不高兴，所以吕布接受了陈珪的建议，决定与袁术绝交。这时韩胤已带着吕布的女儿上路了，吕布派人追回，把韩胤押往许县，曹操自然求之不得，立即将韩胤斩首。陈珪建议吕布派陈登到许县见曹操，加强与朝廷的联系，开始吕布没有答应，但这时曹操以献帝的名义把吕布由平东将军升为左将军，诏书刚好到达，吕布很高兴，于是派陈登前去"奉章谢恩"。

吕布的行为让袁术异常愤怒，他派手下大将张勋进攻吕布，同行的还有韩暹和杨奉。这两位黄巾军余部因为在献帝东归的路上有救驾之功，被封为大将军和车骑将军，名号看起来挺吓人，但现在与流寇无异。他们听说袁术的小朝廷缺人，就跑来找袁术效力，袁术自然亏不了他们，给他们任命了官衔。反正这些东西袁术多得是，但袁术具体任命他们的是什么已经没有记载了，韩暹、杨奉就这样加入了袁术的军队。

吕布一看又后悔了，他对陈珪说："现在把袁术的大军招来了，都是你们父子干的好事,该怎么办?"陈珪不着急,他说:"韩暹、杨奉苟合在一起不会长久,我让犬子陈登出马问题可迎刃而解。"陈珪可不是吹牛,陈登出马果然把韩暹、杨奉摆平,他用的办法是收买,袁术给什么价码,这边就出更高的条件,"军资所有,悉许暹、奉",结果韩暹、杨奉阵前倒戈,张勋大败。

这就回到了《汉末英雄记》所记载的事。吕布有韩暹、杨奉相助士气大增,他与韩暹、杨奉联军杀向寿春,"水陆并进,所过虏略",也就是杀一路、抢一路。直杀到钟离这个地方才"大获而还"。吕布不打算把袁术赶尽杀绝,即使有这个能力他也不会做,吕布还是以保存自身实力为主,此行既然已收获颇丰,也见好就收了。吕布回到淮河北岸,渡河前给袁术留下一封信,把袁术又好好羞辱了一番。这时袁术亲自率领步骑五千在淮河南岸,吕布这边指挥大家向对岸的袁军"大咳笑之",袁术看了只能生气却无可奈何。

在同一条记载中,《汉末英雄记》还介绍了吕布与泰山集团的臧霸等人交手的事。泰山郡属青州,与徐州为邻,臧霸等人开始依附陶谦,后来依附刘备。他们的独立性很强,跟周围几个郡国相互呼应,成为一个小集团,这种情况一直保持到曹操去世时。开始吕布想征讨琅琊国相萧建,给萧建写了信,萧建畏惧吕布,派遣主簿带上礼物来见吕布,吕布想巩固琅琊国的地盘,他亲自率兵前往琅琊国,琅琊国与泰山郡紧邻。吕布此举引起臧霸的疑虑,臧霸与吕布开战。《汉末英雄记》里另一条记载说臧霸还使用了"药箭",也就是毒箭,射中不少人和马,吕布不能取胜,退兵回到下邳。不过后来臧霸还是与吕布和好,表面上接受吕布的指挥。曹操后来消灭了吕布,臧霸不知去向,曹操大为不安,他非得把臧霸找着才算放心。后来终于把臧霸找到了,曹操任命臧霸及他的盟友们继续回到泰山郡等地任职。

关于韩暹和杨奉的下落《汉末英雄记》也有交代。据记载,吕布命令韩暹和杨奉去抢收刘备的麦子,刘备此时仍依附于吕布,吕布指使韩暹等人干这事有点不讲究,刘备假意与杨奉相见,"因于坐上执之",把杨奉抓了起来。韩暹失去杨奉的支援成为孤军,他想退回老根据地并州,在半路上被一个叫张宣的地方势力所杀。韩暹、杨奉死于刘备之手,但此事还有一种解释,那就是吕布在背后使的坏。陈登帮吕布策反了韩暹、杨奉,成为吕布战胜袁术的关键,吕布为此恐怕给韩、杨二人许了不少愿,开出的条件估计不会太低。袁术被打败,吕布面临兑现承诺的问题,这让吕布很头疼,吕布不是个大方的人,他想赖账,又不好意思明说,就让韩、杨二人去抢刘备,告诉他们不要怕,自己给他们做后援。吕布知道刘备定然不会客气,刘备动手后吕布坐壁上观,韩暹和杨奉就这样被消灭了。

除吕布外,袁术还有一个传统的盟友,那就是他昔日的下属孙策。孙坚死后孙策采纳张纮等人的建议,设法脱离袁术到江东发展,目前已经很成气候。孙策对袁术看得很透,他为袁术做了不少事，袁术答应过他的事却没有一件兑现。后来袁术还以孙策的夫人为人质逼他交出传国玉玺，这个东西是当年他父亲孙坚第一个攻进洛阳后在宫中一口井里发现的，孙策为保平安把玉玺给了袁术。孙策对袁术早就有所不满，但二人还没有公开决裂；现在袁术公然称帝，给了孙策一个与袁术翻脸的借口。孙策听说袁术僭号，立刻让张纮替自己写了一封长信给袁术送去，这封信很长，有一千一百多字，全文收录于《吴录》一书，信写得相当不客气，从九个方面规劝袁术迷途知返，把袁术骂了个狗血喷头。

孙策列举的九个方面包括：一是在"元恶既毙，幼主东顾"，形势一片大好的情况下，本应"与天下合谋"，讨伐个别"丑类"，但袁术却"有自取之志"，大失海内所望；二是汉室幼主"非有恶于天下"，袁术"无过而夺之"；三是以董卓那样的狂狡之人，在"废主自与"这件事上也不敢擅自行事，袁术偏偏敢干；四是昔日无论殷汤也罢，还是周武王、汉高祖，不仅"世祖有神光之征"，而且都是在民众困悴、毒苦之时振臂一呼成其大事的，如今"天下非患于幼主"，也没有发现哪里有"受命之应验"，袁术猝然登尊号，是历史上"未之或有"；五是天子之贵、四海之富谁不想称帝，但从陈胜、项羽到王莽、公孙述，虽然都南面称孤，但都没有善终，因为"帝王之位，不可横冀"；六是当今之时本应辅助幼主成中兴之业，建立周武王那样的功勋，以"流庆无穷，垂声管弦"，袁术却"舍而不为，为其难者"，这是天下人不忍看到的；七是袁家人四世五公,"权之重、势之盛,天下莫得而比",应该忠心报国,但袁术却"忽履道之节而强进取之欲";八是作为圣哲之人,应"审于机宜,慎于举措",袁术却行"难图之事,难保之势",于公于私都为不明智;九是袁术拿一个假的图纬蛊惑大众,大家终有明白的一天。孙策劝袁术"不可不深择而熟思"。

孙策在信中最后告诫袁术"忠言逆耳,幸留神听",看到这样的信袁术非气晕不可。他一直把孙策看成属下和晚辈,在自己大喜的日子里不主动来祝贺也罢了,居然教训起自己。袁术明白,继吕布之后,这个盟友也靠不住了。

据《江表传》记载,孙策跟袁术闹翻后赶紧派担任过奉正都尉的刘由和担任过五官掾的高承带着表章到许县拜见天子,献上贡品。如此一来,不用曹操做工作就又得到了一个盟友,可以从背后向袁术下手。《三国志》记载曹操派议郎王诵前往江东,以天子的名义拜孙策为讨逆将军,封吴侯。《江表传》说曹操原来给孙策的不是讨逆将军和吴侯,而是以骑都尉的身份兼任会稽郡太守,袭孙坚的爵位为乌程侯。孙策这时私自任命的太守都有好几个了,又"自以统领兵马",认为骑都尉兼任郡太守的任命太轻,于是让人找王诵,王诵当机立断"承制"拜孙策为明汉将军。到了第二年,孙策又"遣使贡方物",数量倍于之前,天子下诏拜他为讨逆将军,改封吴侯。

对于袁术来说,本来力量就不强,壮着胆子称了回帝,本想让吕布和孙策这两个盟友帮帮场子,却闹得个翻脸的下场。对于吕布和孙策来说,在袁术称帝这个大是大非的问题上他们还没有糊涂,袁术在寿春当了皇帝,天下人都在关注着他们的态度,他们必须立即且毫不含糊地表明自己的立场。

29

袁术失败原因的心理学分析

绍从弟术，字公路，汝南汝阳人也。

袁遗字伯业。绍后用遗为扬州刺史，为袁术所败。太祖称长大而能勤学者，唯吾与袁伯业耳。

陈温字元悌，汝南人。先为扬州刺史，自病死。袁绍遣袁遗领州，败散，奔沛国，为兵所杀。袁术更用陈瑀为扬州。瑀字公玮，下邳人。瑀既领州，而术败于封丘，南向寿春，瑀拒术不纳。术退保阴陵，更合军攻瑀，瑀惧走归下邳。

——（三国）王粲《汉末英雄记》

袁术没想到称帝带来的反弹如此之大，自己刚一宣布当皇帝就真成了"孤家寡人"，所有人不是口口声声要来收拾他就是急着跟他划清界限，他成了一只过街的老鼠，人人喊打。这也难怪，对于落水狗，大家喊打不用承担风险，还会换来一片叫好之声，这种低成本高回报的买卖谁不愿意做？袁术给别人创造了一个自我表白、自我表现的好机会，只是这把袁术彻底毁了。

袁术被吕布赶到了淮河以南，临时"国都"寿春落入吕布手里，被吕布洗劫一遍的寿春这时已经不剩什么东西了。吕布在当年洛阳大撤退时就干过这种活，当时就连邙山下的帝陵他们都没放过。现在，吕布抢了个满载而归，寿春虽然又回到了袁术手里，但伪朝廷已经无法在这里运作了。内困外扰之际袁术萌生了退意，他想到了自己的哥哥袁绍，虽然打了这么多年的仗，但毕竟是一家人，袁术相信只有自家人最后还能拉自己一把，况且他自认为还有利用价值，那就是由他亲手缔造的皇帝这个头衔。

前面他与袁绍斗得很凶，除了挑动群雄互相厮杀之外，还搭上了自家人的一条命。这件事记录在《汉末英雄记》里，据记载袁绍和袁术有一个从兄叫袁遗，字伯业，应该是袁绍叔父袁隗的儿子。曹操年轻时就认识袁遗，对他很称赞，曹操后来曾经说过"长大而能勤学者，唯吾与袁伯业耳"。袁遗站在袁绍一边，袁绍让他当扬州刺史,但被袁术赶跑了。扬州刺史本来是陈温,后来陈温得病死了。袁术那时从南阳郡来到了扬州,他想在扬州发展,自然不会让别人染指,他打败了袁遗,而袁遗在逃往沛国的途中被乱兵所杀。后来袁术任命陈瑀为扬州刺史,直接听命于己。陈瑀后来也和袁术翻了脸,袁术有一次被曹操打败,到了陈瑀那里他"拒术不纳"。在汉末历史上陈瑀也是一个被忽略的人,其实他有一个特殊身份,这个往往没引起人们的注意。《汉末英雄记》说他字公玮,下邳人,其实他也是已故太尉陈球的侄子,跟陈珪是堂兄弟,是陈登的叔父辈,所以他也高举反袁大旗。

这是以前的恩怨,现在就不提了。为了让袁绍接纳自己,袁术给袁绍写了一封信,表示愿意把帝号让给袁绍,这封信保存在《魏书》里。信中说:"汉之失天下很久了,现在是政在家门、豪雄角逐、分裂疆宇之时,和周朝末年七国分势没有什么不同,都是强者兼并弱者。我们袁家受命当王,有符瑞征兆作为证明。现如今您拥有四州,民户百万,论势力无比强大,论德行无人比高,曹操即使想扶衰拯弱,怎么能延续快绝命的王朝来与我们抗衡呢?"接着,袁术清楚地表明愿意把皇帝的位子让给袁绍。据《魏书》记载,袁绍接到这封信,"阴然之",看来他有些动心了。事情就是这样,看着别人往火坑里跳会觉得人家太傻,可轮到自己站在火坑旁的时候脑子又常常犯迷糊。袁绍命令他的长子、青州刺史袁谭把袁术接到冀州来,袁谭领兵南下来接袁术,袁术也带着伪朝廷的全班人马北上,欲与袁谭会合。但曹操肯定不答应,他派刚刚投靠了自己的刘备和部将纪灵、徐州刺史车胄等在中途拦击。袁谭无法继续南下，袁术北上受阻，只得退回。

据《三国志》记载，袁术无处可去，只得投奔在潜山一带的部下雷薄、陈兰，哪知这二位也不给面子，拒不接纳，看来袁术真到了日暮途穷的境地了。《吴书》记载，袁术为雷薄、陈兰所拒，又坚持了三天，"士众绝粮"，一行人来到了寿春以南八十里的江亭。

寿春往南有淝水，连通著名的水利工程芍陂，这个江亭应该是淝水上的一个渡口，袁术一行到这里实在走不动了，主要是饿的。袁术问他的"御厨"还有多少粮食，回答说只剩下"麦屑三十斛"。这本来应该是用来喂马的，袁术怎能咽得下去？这时正值盛暑，袁术想喝蜜浆，但是手下人弄不来。袁术坐在一张行军床上"叹息良久"，突然大叫一声："袁术何至于此啊！"叫完一头倒下床来，"呕血斗余而死"。

据《三国志》记载，袁术死后，妻子、儿女都落入庐江郡太守刘勋手中。这个刘勋也在袁术手下做过官，他的庐江郡太守也是袁术任命的，但他跟曹操关系很好。袁术死后，孙策想兼并刘勋的地盘，向他发起攻击，刘勋被打败逃到曹操那里，袁术的家眷又落入孙策手中。后来袁术的女儿被孙权招入宫中为妃，儿子袁燿在东吴当过郎中，袁燿的女儿嫁给了孙权的儿子孙奋。

袁术就这样退出了历史舞台。在汉末三国历史上，袁术绝对是一个重量级人物，他出身高贵，志向也很高，自视能力很强，从来不愿意居于人后,在汉末乱世中他也抓住了机会,先在南阳郡起兵,后到扬州发展;势力最强的时候控制着扬州、豫州、徐州很多地方,手下人马最多时也有近十万,在群雄中是一支不可小视的力量。但历史上对他评价不高,陈寿评价他说:"袁术奢淫放肆,荣不终己,自取之也。"意思是由于他奢侈、荒淫、放纵,使事业在自己还没有死的时候就终结了,这实在是他咎由自取。曹操手下的名臣何夔曾评论袁术说:"天之所助者顺,人之所助者信。术无信顺之实,而望天人之助,此不可以得志于天下。"意思是有上天相助才会顺,有众人相助才有信,袁术无信、无顺,还希望天人相助,怎能得志于天下?熟悉他的陈登评价他说:"公路骄豪,非治乱之主。"意思是袁术这个人既骄傲又霸道,成不了拨乱反正的明君。

范晔对袁术也有评价,说他"矜名尚奇,而天性骄肆,尊己陵物",意思是喜欢虚名,但天性骄傲,自视很高,不能尊重别人——这个评价恐怕最切中袁术的要害了。袁术这个人就是过于自信,虽然不具备当皇帝的素质和实力,但一味迷信权力,妄窥神器,又被周围邪佞之徒所包围,结果自入歧途。西晋的司马伦、十六国时期的石虎、金朝的海陵王完颜亮等也都是这样的人,他们一门心思在乱世夺权,也不看看自己有没有那两下子,贸然宣布荣登大位,结果落得个被人唾弃、被历史嘲弄的结局。

袁术过于自信了,从心理学上说叫作"优越感过盛",或者如美国心理学家、《自卑与超越》的作者阿德勒所说的"狂妄的优越感",这种人"经常不加掩饰地表现出他们的优越感目标","他们希望成为整个世界注意的中心,成为四面八方景仰膜拜的对象,成为掌握有超自然力量的主宰,并且能预言未来,能以无线电和整个世界联络并聆听他人所有的对话"。阿德勒认为,人类无时无刻不在面临自卑的压力与挑战,为了消除这种压力,个人会发展出各种补偿机制来战胜自卑感,而其过分补偿有可能导致优越感过剩,具体表现为自我感觉良好、自以为是、自命不凡、目中无人、虚荣心强、不能反省自己、漠视他人。

对照袁术的一生,他刚好符合这一切。他就是一个自信心和优越感过盛的人,一个狂妄的自大者,一个集矫情与骄傲于一身的人,他不自量力,无法正确分析现在、把握未来,他的虚荣心极强,总想炫耀自己的门第出身,但又总显得外强中干。心理学研究也表明,优越感过剩还会产生寡恩刻薄、嫉贤妒能、相互拆台的情况,袁术正好也是这样的人。他忌妒别人,包括自己的哥哥袁绍,为了达到相互拆台的目的无所不用其极;对于孙坚、孙策这些为他的事业立下大功的人,他表现得寡恩而冷酷,对自己做出的承诺一变再变,让人寒心。

袁术之所以这样,与他的出身和经历有关。弗洛伊德认为:"一个人童年时期的经历虽然会随着时光的流逝而逐渐淡忘,甚至在意识层中消失,但会顽固地潜藏于潜意识中,对人的一生产生恒久的影响力。"袁术出身于名门,一来到这个世界上就享受到家族带来的荣耀,他不需要像别的年轻人那样苦苦奋斗,也没有遇到挫折和磨难,轻而易举就走上一条坦途,二十多岁就当上了天子近卫军的高级指挥官,平步青云,走到哪里都是鲜花和掌声。但另一方面,他又活在哥哥袁绍的阴影中,袁绍比他年龄大,长得比他帅,结交的人也比他多,虽然袁术放出话来袁绍不是嫡出,但不影响大家对袁绍的追捧,袁绍成了"带头大哥",只能跟在袁绍屁股后头转悠的袁术感到很失落。可以想象,袁术小时候一方面生活在无比优越的家庭环境里,另一方面又生活在无法超越哥哥袁绍的阴影中;一方面形成了过盛的优越感,另一方面又产生了深深的自卑情结。

心理学认为,人的自尊是天生的,自卑却是后天形成的。当一个人认为自己最强、最受尊重和欢迎的时候,他就会感到喜悦、高兴和兴奋;但当他得不到尊重、肯定或者被别人轻视、冷落、批评、排斥、拒绝的时候,就会感到自己很卑微、不重要、生存毫无价值,就会焦虑、烦躁、不安和痛苦。这种心理每个人都有,只是程度不同而已,对于受到刺激比较深、小时候相关印象和记忆比较强烈的人来说,这种自卑感就更强。自卑感的一个极端就是"狂妄的优越感",越是自卑越希望超越,越想强调自己的优越感。袁术走上了一条不归之路,表面看来他不够明智,缺乏对形势的正确分析和判断,自取其辱,自作自受。而从深次层来分析,尤其是结合他的出身和经历来看,他似乎还是一个心理有问题的人,是一个由过剩的优越感和强烈的自卑感交织在一起的人。他做出来的不可理解的一切,都能从心理学的分析中找到答案。

30
成也"二陈",败也"二陈"

建安元年六月夜半时,布将河内郝萌反,将兵入布所治下邳府,诣厅事阁外,同声大呼攻阁,阁坚不得入。布不知反者为谁,直牵妇,科头袒衣,相将从溷上排壁出,诣都督高顺营,直排顺门入。顺问:"将军有所隐不?"布言:"河内儿声。"顺言:"此郝萌也。"顺即严兵入府,弓弩并射萌众,萌众乱走,天明还故营。萌将曹性反萌,与对战,萌刺伤性,性砍萌一臂。顺砍萌首,床舆性,送诣布。布问性,言萌受袁术谋。"谋者悉谁?"性言"陈宫同谋"。时宫在坐上,面赤,旁人悉觉之。布以宫大将,不问也。性言:"萌常以此问,性言吕将军大将有神,不可击也,不意萌狂惑不止。"布谓性曰:"卿健儿也!"善养视之。创愈,使安抚萌故营,领其众。

吕布使陈登诣曹操,求徐州牧,不得。登还,布怒,拔戟斫几曰:"吾所求无获,但为卿父子所卖耳。"登不为动容,徐对曰:"登见曹公,言养将军譬如养虎,当饱其肉,不饱则将嗜人。公曰不如卿言,譬如养鹰,饥则为用,饱则飏去。其言如此。"布意乃解。

——(三国)王粲《汉末英雄记》

陈宫和陈登是吕布后期身边的两个重要人物,他们一个是兖州实力派,一个是徐州实力派,在他们的支持下吕布才顺利地在徐州站稳脚,但他们与吕布并不始终一条心。根据《汉末英雄记》的记载,他们都有背后算计吕布的想法和行动,可以说吕布成也"二陈"败也"二陈"。陈宫和陈登在《三国志》中都没有单独的传记,他们的事迹绝大部分记录在《三国志·吕布传》和《典略》《世语》《汉末英雄记》等史书里,不过他们二人的情况也有很大不同,结局更是相差甚远。

陈宫对曹操不满发动叛乱

历史上的陈宫没有传说中的名气大,传说中的陈宫与曹操关系密切,他是"捉放曹"的主角之一,是曹操强劲的对手。但这是虚构的,在曹操己吾起兵之前他们并不相识。关于陈宫早年的情况都记录在《典略》一书里。据记载,陈宫,字公台,是东郡人,在曹操起兵后的第一个重要职务就是东郡太守。《典略》说陈宫"刚直烈壮",年轻时就"与海内知名之士皆相连结"。至于陈宫如何到了曹操手下,《典略》记述得很简单,只说"及天下乱,始随太祖"。据《世语》记载,袁绍的亲戚、当年一块参加过酸枣会盟的兖州刺史刘岱在与黄巾军作战中被杀，陈宫对时任东郡太守的曹操说："兖州无主，眼看王命断绝，我愿意说服州中人士，请您前往担任州牧，以此成就霸王之业。"之后陈宫对州政府的别驾、治中等官员说："现在天下分裂而兖州无主，曹太守是命世之才，如果迎接来当州牧，必可使本州安定。"陈宫的想法得到了曹操的盟友鲍信等人的支持，鲍信还和州吏万潜等人亲自到东郡，迎接曹操担任兖州牧。这是陈宫出场后干的第一件大事。

但仅一年多后即发生了令人震惊的张邈、陈宫之叛，曹操在远征徐州过程中被张邈、陈宫从后面下手，曹操险些丧失全部根据地。《三国志》称参加这次叛乱的是张邈的弟弟、广陵郡太守张超，以及陈宫、许汜、王楷等人。《三国志》还记录了一段陈宫劝张邈起事的话，当陈宫说完后，"邈从之"，言下之意叛乱虽然由张邈、陈宫共同发起，而首倡者是陈宫。

陈宫在迎立曹操为兖州牧上立过大功。据《三国志》记载，曹操此次远征徐州前"使宫将兵留屯东郡"，陈宫手下有自己的兵，东郡是曹操的后方基地，这说明曹操对陈宫相当信任和倚重。这里还有一个佐证，它记录在《魏氏春秋》里，说吕布在失败之前，陈宫建议自己守城让吕布率一部分人马出城为外势，吕布打算同意这个计划；回来跟妻子一说，吕太太坚决反对，她说"昔曹氏待公台如赤子，犹舍而来。今将军厚公台不过于曹公"，言下之意陈宫这个人靠不住。曹操待陈宫如"赤子"，也就是好得像父子。

这一点就连吕太太都知道,说明曹操与陈宫的关系不仅不差,而且相当亲密。

但是陈宫还是毫不客气地给曹操背后插了一刀,一般认为这件事跟张邈与袁绍之间的矛盾有关。因为袁绍对张邈有意见,密令曹操除掉张邈,张邈心中不安,所以发动叛乱。另一个原因是曹操杀了兖州本地名士边让,激化了兖州本土人士的矛盾。其实这两点都站不住脚,根据《三国志》的记载,陈宫策动张邈叛乱在前;据《后汉书》的记载边让被曹操所杀是在建安年间,也就是至少几年之后。陈宫决心背叛曹操与上述两条理由无关,而是另有原因。

陈宫是东郡人,也是本地有影响的人物,他主动做工作让曹操当上兖州牧,最重要的原因是希望曹操保土安民,借助曹操的势力对抗当时正如火如荼的黄巾军。曹操入主兖州后,果然积极地与黄巾军作战,打败了进入兖州境内的黄巾军,又将从西边进入兖州的黑山军赶了出去。陈宫等地方人士无疑是满意的,对曹操也竭力支持。但是后来曹操执意远征徐州,却得不到兖州本地人士的理解。远征徐州需要很大的物力、财力支持,当时黄河中下游地区遇到大旱,粮价飞涨,就连军中也出现了人吃人的惨状,兖州本土士民为支持曹操的远征,必须出人、出钱、出粮,引起兖州人士的不满。陈宫、张邈等人反叛曹操后,兖州近八十个县里只有三个县没有响应,就很能说明这一点。

所以,陈宫反叛曹操不是出于个人恩怨,也不是被人胁迫,更与杀不杀边让无关,这是本土人士与曹操集团在利益上的一次冲撞。正好张邈也有脱离袁绍集团的打算,加上走投无路的吕布加盟其中,就使这场叛乱成为几股势力和几种利益之间的一场博弈了。

陈登对吕布不满发誓将其赶下台

陈登是徐州本地人,跟陈宫一样,他是徐州的实力派人物。

陈登的身世很不简单,他的爷爷叫陈球,当过将作大匠、廷尉、司空、太尉等,年轻时就是一个有个性的人。据《后汉书》记载陈球早年担任过繁阳县令,太守向他索贿,陈球不给,太守逼郡督邮(也就是郡政府工作检查组组长)找个借口收拾陈球,郡督邮不肯,说我们全郡十五个县,只有繁阳县政绩最好,要免了陈球的官,恐怕招致天下人非议。后来陈球升任零陵郡太守,在镇压黄巾军的过程中立了功,调到朝廷担任将作大匠,相当于建设部部长,他主持修建了桓帝刘志的陵园,工程决算下来较预算少花上亿钱。陈球后来位至三公,他在处理外戚窦氏的问题上与宦官发生冲突,六十二岁时被宦官迫害致死。

陈球的儿子陈珪,字汉瑜,他从小在洛阳长大,跟袁术等贵公子过往甚密,后来担任下邳国相。陈珪的儿子陈登,字元龙,据《先贤行状》记载,他"忠亮高爽,沈深有大略",年轻时就有"扶世济民之志"。陶谦当徐州牧时,任命二十五岁的陈登担任东阳县长,后来又任命他为典农校尉,"巡土田之宜,尽凿溉之利,粳稻丰积"。这被认为是汉末更早一些的屯田活动,比曹操在许下屯田还早几年。

陶谦死后,刘备一度接掌了徐州。陈珪父子支持刘备,刘备对陈登评价颇高。《三国志》里有一段记载,说的是刘备到荆州后与刘表等人谈论徐州人物,刘备对陈登有过专门评价,认为陈登是"善士",说"元龙名重天下",还说"若元龙文武胆志,当求之于古耳,造次难得比也"。然而,吕布很快从刘备手里夺取了徐州,陈珪父子又转到吕布手下,开始他们也打算好好支持吕布,但很快就发现吕布为人很差劲,在外面的名声也不好。他们认为吕布没有前途,既比不上刘备,比陶谦也差得远,所以"阴合众以图吕布"。

更重要的是,吕布与袁术走得很近,这让陈珪父子很忧心。如前所述,陈珪跟袁术年轻时关系挺好,但陈珪出身于世家大族,正统观念很强,对于袁术的谋逆行为相当警惕。当袁术公开称帝后,曾写信给陈珪想让他到寿春担任自己的三公,以借重他的名声为伪朝廷撑门面,遭到了陈珪断然拒绝。在此前后,吕布和曹操有过一小段很融洽的时期,双方多次互派使者拜访,陈珪想结交曹操,就鼓动吕布派陈登前往。

据《汉末英雄记》记载,陈登到许县见到了曹操,立即秘密对曹操说吕布"勇而无计,轻于去就,宜早图之",这正合曹操的心思,曹操以献帝的名义拜陈登为广陵郡太守,临别时曹操还抓着陈登的手说："东方之事，便以相付。"这样，陈登就成了曹操安排在吕布身边的卧底。陈登此行还肩负着另一个任务，吕布要他为自己求徐州牧，但不知道陈登把这件差事忘了，还是曹操不打算给吕布，陈登没有给吕布带回徐州牧的任命诏书和印绶，吕布很生气，用戟把几案都砍了。吕布说："你们父子俩劝我跟曹操结好，跟袁术断了交，现在我一无所得，而你们父子升了官，我被你们出卖了！你们还有什么可说的？"不过陈登很有两下子，他不急不慌，等吕布发作完才慢慢地说："我见到曹公对他说，对待将军就好像养虎，应当用肉来喂饱，不饱就会吃人。曹操说，不像先生说的那样，应该是像养鹰，饿着他才能为自己所用，吃饱了他就会飞去。"陈登灵机一动现场创作的这番话居然让吕布心里升出了满足感，也打消了顾忌。

陈宫谋反，吕布知道却不敢追究

不仅陈登父子想算计吕布，陈宫也有同样的想法。印象中陈宫自从追随吕布就一直忠心耿耿，为吕布出谋划策，至死不渝，但《汉末英雄记》的一则记载完全推翻了这样的看法。

据《汉末英雄记》记载，建安元年（196年）六月的一个夜里，吕布的部将郝萌突然反叛。这个郝萌是什么来历不详，只知道他是吕布的手下，河内郡人，据此推测他不是吕布的"老班底"，最早跟随吕布打打杀杀的多是并州人，而河内郡属于司隶校尉部，或许郝萌是吕布手下的杂牌部队。郝萌造反后,率兵直指吕布当时的大本营下邳城,即白门楼的所在地,一直攻到吕布住所外面,但这里较为坚固,叛军没能立即攻下来。吕布不知道是谁造反了,拉着妻子蓬头乱发,衣服也不齐整,互相搀扶着从"溷上排壁出","溷"与"困"同音,就是厕所。赫赫有名的飞将吕布,居然被人逼得拉扯着自己的老婆攀上厕所墙头逃命。

吕布逃出来后到了附近高顺的军营,高顺问他有没有听清叛军的声音,吕布想了想说外面的那些人好像河内郡口音,高顺说那一定是郝萌。高顺立即指挥人马杀向吕布府邸,用弓弩射击叛军,郝萌手下被打乱,天明时分郝萌回到自己的军营。郝萌部下有个叫曹性的将领又反叛郝萌,双方交战,郝萌将曹性刺伤,曹性砍掉了郝萌一条胳膊。这时,高顺赶到,将郝萌斩首,高顺让人找来"床舆",大约是用行军床改成的担架,把曹性送来见吕布。吕布问曹性郝萌叛乱的原因,曹性说郝萌是受袁术之谋。吕布又问还有谁参与,曹性说还有"陈宫同谋"。此时,陈宫就在一旁,听到曹性的话顿时"面赤",周围的人都发现陈宫神色的变化,但吕布却跟没有听到似的,也不再追问。曹性还说:"我常劝郝萌说吕将军有大将之神,不能搞阴谋诡计,不想郝萌狂惑不听。"吕布对曹性说:"你真是个勇士!"吩咐人好好给曹性养伤。后来曹性伤愈,吕布让他率领郝萌的旧部。

这件事除《汉末英雄记》外,其他史书均未作记载。或许大家认为陈宫怎么会背叛吕布呢?所以怀疑它的可信度。其实,分析这条记载会发现，它的可信度其实很高。建安元年（196年）前后吕布刚从刘备手里得到了徐州，此前吕布曾与袁术有过约定，他从背后袭击刘备，袁术对他进行支持并且承诺了很多东西。吕布如约端了刘备的老窝，让袁术不战而胜，但袁术像是得了健忘症，不再提当初答应的条件。吕布有点生气，所以当刘备走投无路之际，他又收留了刘备。吕布此举无疑惹恼了袁术。袁术也有自己的小算盘，说他暗中联络陈宫、郝萌，想夺取吕布的徐州不是不可能。

但这件事因为很快被平息而告终。陈宫被曹性揭发，不管是否属实，吕布应该调查一下才是，但他连问都不问。《汉末英雄记》说吕布"以宫大将，不问也"，说明他也相信陈宫会干这样的事，只是因为陈宫在他这里的地位很重要，他担心内部分裂，所以不敢追问。如果真是这样，吕布处理此事的方式真有问题，虽然处理陈宫会投鼠忌器，但也要分是什么事，人家都在谋划着要你的脑袋了，你还和稀泥，这不是给自己身边埋下一颗定时炸弹吗？

陈宫慷慨而死陈登成为一代英豪

建安三年（198年），吕布又与袁术联手攻击刘备。这一阶段吕布的立场变得很快，一会儿跟曹操、刘备和好，一会儿跟袁术交战，一会儿又去打刘备，变来变去，不仅失去了信用，而且把手下人都弄晕了，不知道谁是敌人谁是朋友。吕布这次攻击刘备势头很猛，刘备有可能被消灭。这不符合曹操的利益，曹操派夏侯惇来救刘备，但被吕布打败。这一年九月，曹操决定亲自东征吕布，十月攻下彭城，也就是今天的江苏省徐州市，俘获吕布任命的彭城国相侯谐，曹军推进到吕布的大本营下邳，经过连日苦战，曹军攻城无果，其间吕布甚至想到过投降，但被陈宫制止。陈宫很明白，自己要是投降了，纵使曹操本人胸怀足够宽广，能原谅他一次，但曹军将士也不会容他。后来曹操采纳荀攸、郭嘉的计策，决泗水和沂水灌城，城破，吕布、陈宫成为俘虏。

据《典略》记载，军士把陈宫押进来，曹操对陈宫说："公台，你平时自称智计有余，怎么会落到现在这个地步？"陈宫回头指着吕布说："都是因为这个人不听我的建议，才至于此，如果他肯听我的，未必会被擒。"曹操笑道："到现在还有什么可说的？"陈宫说："为臣不忠，为子不孝，应该一死。"曹操说："那你死了，你的老母亲怎么办？"陈宫说："我听说以孝治天下的不害别人之亲，我的老母亲能不能活命，全在明公你了。"曹操又说："那你的妻子儿女怎么办？"陈宫说："我听说施仁政于天下者不绝人之祀，妻子儿女能不能活命，也全在于明公。"

陈宫打定主意一死，不过人都有软弱的一面，他自己死不足惜，但对于老母亲和妻子儿女，陈宫还是希望曹操能给条活路，所以一口一个"明公"。回想不久前，吕布被围在城里感到没有一点出路，曾跑到白门楼上对下面的曹军将士喊："你们别围攻了，我想向明公请降。"这话被陈宫听到，他厉声对吕布说："逆贼曹操，哪来的明公！"

现在，对于杀不杀陈宫曹操确实还有些犹豫，可能曹操对陈宫的才能确实欣赏，也可能曹操考虑到陈宫在兖州一带仍然有很大的影响力，不杀他可以收拢兖州士民的人心。但陈宫有些着急，他催曹操道："请出就戮，以明军法。"说着就往外走，拦都拦不住，曹操"泣而送之"，陈宫头都不回，从容就义。陈宫死后，曹操善待其家人。

而陈登的结局刚好相反。据《先贤行状》记载，曹操此次进攻到下邳时，陈登果然履行了当初他与曹操的秘密约定，率本部人马战场起义，掉过头来进攻吕布。这时陈登的几个弟弟都在下邳城里，吕布把他们抓起来当人质，想与陈登谈判，但陈登不许，"进围日急"。吕布被杀后，陈登因为有功被曹操拜为伏波将军，率本部仍然驻扎在徐州一带。陈登很有才干，《先贤行状》说他"甚得江、淮间欢心"，而陈登也有"吞灭江南之志"。这一阶段，曹操忙于官渡之战，战后又将战略重点放在河北袁氏兄弟身上，在东南方只能采取守势，而江东的孙策势力发展得很快，常有向北扩张的野心。幸亏有陈登在江淮一带驻守，在基本上没有得到曹军主力支援的情况下，与孙策在徐州、扬州一带周旋，还时不时有些小胜。

遗憾的是，陈登死得较早。陈登之死记录在《三国志·方伎列传》里。当时陈登三十九岁，被曹操任命为广陵郡太守，他突然感到胸中烦懑，脸色发红，不想吃饭，于是就请名医华佗前来诊治。华佗是曹操沛国谯县的老乡，陈登的父亲陈珪当沛国相时曾举华佗为孝廉，因此两家有交情。华佗给陈登把完脉说："你胃中有数升虫子，这是吃了腥物所致。"华佗给他开了两升汤药，让他先服一升，过一会儿全部服下。不久，陈登吐出了三升虫子，都长着红色的头，还会蠕动，陈登的病也就好了。华佗对陈登说："这个病以后还会发作，如果遇到有好医生就能得救。"后来陈登的病果然复发，但华佗不在身边，陈登就这样死了。

31
用人不能疑，疑人不能再用

建安三年春,布使人赍金,欲诣河内买马,为备兵所钞。布由是遣中郎将高顺、北地太守张辽等攻备。九月,遂破沛,备单身走,获其妻息。十月,曹公自征布。备于梁国界中与曹公相遇,遂随公俱东征。表病,上备领荆州刺史。

布遣许汜、王楷告急于术。术曰:"布不与我女,理当自败,何为复来相闻邪?"汜、楷曰:"明上今不救布,为自败耳!布破,明上亦破也。"术时僭号,故呼为明上。术乃严兵为布作声援。布恐术为女不至故不遣兵救也,以绵缠女身,缚着马上,夜自送女出与术,与太祖守兵相触,格射不得过,复还城。布欲令陈宫、高顺守城,自将骑断太祖粮道。布妻谓曰:"将军自出断曹公粮道是也。宫、顺素不和,将军一出,宫、顺必不同心共守城也,如有蹉跌,将军当于何自立乎?愿将军谛计之,无为宫等所误也。妾昔在长安,已为将军所弃,赖得庞舒私藏妾身,今不须顾妾也。"布得妻言,愁闷不能自决。

曹公擒吕布。布顾刘备曰:"玄德,卿为上坐客,我为降虏,绳缚我急,独不可一言耶?"操曰:"缚虎不得不急。"曹公欲缓之,备曰:"不可。公不见布事丁建阳、董太师乎?"布目备曰:"大耳儿最叵信。"

布谓太祖曰:"布待诸将厚也,诸将临急皆叛布耳。"太祖曰:"卿背妻,爱诸将妇,何以为厚?"布默然。

——(三国)王粲《汉末英雄记》

吕布既然收留了刘备,为什么还在建安三年(198年)又和刘备闹翻呢?

《三国志·先主传》给出了答案:"先主还小沛,复合兵得万余人。吕布恶之,自出兵攻先主。"吕布让刘备在小沛待着,替自己缓冲兖州的曹军,但刘备却埋头发展自己的势力。以刘备的感召力效果还挺明显,刘备的人马很快发展到一万多人,引起了吕布的猜忌。吕布进攻刘备,刘备不是对手,"败走归曹公"。如前所述,曹操得知吕布进攻刘备,认为刘备若被消灭吕布势力将更强,不如趁他们内斗之时联合刘备先消灭吕布,于是派夏侯惇来支援刘备。但高顺把夏侯惇打败,曹操亲自征吕布,半道上遇着刘备,"曹公厚遇之",以天子的名义任命刘备为豫州牧。

对于吕布与刘备这次又闹翻的原因,《汉末英雄记》也有一个答案,可以说是对上面这则记载的补充。据记载,建安三年(198年)春天,吕布派人拿着钱到河内郡买马,吕布的主力是骑兵,他本人也擅长骑术,离不开马,河内郡在冀州南面,西面和北面与并州相邻,这里未必出产好马,但它是内地与并州、凉州的物资中转站。吕布派人到河内郡需路过刘备的防区,作为吕布名义上的下属,刘备应该为吕布买马提供便利,但刘备非但不予方便,而且派人把吕布的人给劫了。吕布大怒,派时任中郎将的高顺和时任北地郡太守的张辽率兵攻打刘备,于这一年的九月将小沛攻破,刘备"单身走",高顺、张辽"获其妻息"。十月,曹操亲自征吕布,刘备在梁国境内与曹操相遇,曹操让刘备随征。

如果上述两则记载均属实,那么吕布和刘备在处理这件事情上都有问题。从吕布来说,现在看来当初收留刘备的想法过于天真,吕布想让刘备给自己当挡箭牌,想法固然不错,但跟当初的刘备犯了同样的错误。刘备公然抢劫自己派出去买马的人,纵然吕布能咽下这口气,吕布手下的人也不会干,事已至此只能开打了,吕布肯定后悔不迭。从刘备来说,事情处理得也有问题,虽然吕布此人无法合作,迟早要分手或者刀兵相见,但以区区一万多人而与吕布公开对抗,实力相差太远,抢劫吕布手下这件事看来做得有点莽撞。

曹操在小沛打了胜仗,主力推进到下邳城下。开始,曹操希望以和平方式解决,他给吕布写了信,"为陈祸福",吕布接到信,有点动心,想投降。对吕布来说,这不失为最后的机会,因为曹操与袁绍的决战已箭在弦上,曹操肯定不希望在那场恶战前过于消耗自己的有生力量,如果能以和平方式解决徐州问题,是曹操当前的第一选项。但吕布身边没有贾诩那样的人才,吕布的主要谋士是陈宫,此人虽然也有些本事,但心怀叵测,吕布对他言听计从,结果可想而知。吕布想投降,而陈宫恰恰不想投降,原因是"自以负罪深",所以"沮其计",其出发点不是站在吕布集团的利益来考虑,而是顾虑到自己的安危。就这样,陈宫把整个吕布集团都绑架了。

危难关头吕布想到了袁术,此时袁术还没有死,虽然二人已经翻脸,并且刚刚刀兵相见,但袁术也是曹操的敌人,出于兔死狐悲的考虑,或许袁术会施以援手。《汉末英雄记》记载,吕布派许汜、王楷二人"告急于术"。这两个人也不是吕布的旧部,他们最早应该是曹操担任兖州牧时的手下,跟随陈宫、张邈等人背叛了曹操。二人见到袁术,哪知袁术根本不给面子,说:"吕布不跟我和亲,失败了活该,还来说什么?"许汜、王楷劝道:"明上现在如果不救吕布,自己也会遭殃,吕布失败了,下一个就是明上。"袁术认为倒也有理,于是派兵支援袁术,但他下达的作战命令是"严兵为布作声援",也就是只帮帮场子,绝不来真的。

《汉末英雄记》还说,吕布那边十分着急,担心不把女儿送去袁术不肯出兵,他"以绵缠女身,缚著马上",想亲自背着女儿杀出下邳城去找袁术,但曹操围城很严,吕布被"格射不得过",只得返回城内。吕布想让陈宫、高顺守城,自己出城断曹操的粮道,眼下这倒也不失为一个办法,曹军粮食如果被劫,围城必然坚持不了太久,吕布能再挺三两个月,袁绍那边一动手,下邳之围自然可解。吕布把想法回去跟妻子一说,吕太太坚决反对,她说:"陈宫和高顺素来不和,将军一出,陈宫、高顺不会同心协力守城,如果有个差池,将军何以自立?"吕太太还哭诉说,当初吕布被凉州军赶出长安,自己已经被抛弃了一次,幸亏有个叫庞舒的把她私藏起来,不然就见不着吕布了。

据《魏氏春秋》说，分兵出城劫粮道的主意是陈宫出的，陈宫对吕布说："曹操远来，势不能久。如果率步骑出城，在外面作为外势，我跟其他人闭守于内，曹军如果进攻将军，我引兵攻其背，如果曹军来攻城，将军为外援于外。过不了多少时间，曹军军食必尽，击之可破。"吕布同意这个作战方案，但是回来一说妻子不同意，吕太太倒不是反对这个作战计划，而是不放心陈宫这个人，她对吕布说："过去曹操待陈宫就像父子，陈宫还舍弃曹操而去，现在将军对陈宫之厚超不过曹操，你把全城以及我都委托于他，你孤军远出，一旦有变，妾身还能再做将军的妻子吗？"吕布听了，也就放弃了这个作战计划。

吕布看来有个很严重的毛病：耳根子太软。当初他决定把女儿送到袁术那里以巩固二人的同盟关系，但陈珪一说他就改变了主意，岂不知陈珪父子内心里早已有投靠曹操的想法。事实证明他被出卖了。后来他想投降曹操，也不失为一条出路，结果陈宫一反对他也就不再坚持了，岂不知陈宫想的只是自己，而没有替他着想，事后证明这最后的一次机会也被他失去了。现在既然下决心顽抗到底，就放手一搏吧。在没有更好办法的情况下，分兵袭取敌人的粮道倒不失为一招，以进攻换防守，避免被动挨打，但妻子一说也就"不能自决"了。岂不知这是典型的"妇人之见"，当前已经到了不能坐而等死只能孤注一掷的境地了。

袁术那边指望不上，吕布又没有更好的办法，城里只有等死。曹操又围了三个月，城内终于出现了变化。据《九州春秋》说，吕布部将侯成丢了五十匹马,是手下人偷偷赶走想送给刘备,后来被侯成亲自追回,为了庆贺,大家给侯成送了些礼,侯成酿了五六斛酒,又杀了十几头猪准备庆祝一下,侯成先拿了半头猪和五斗酒呈送给吕布,吕布非但不领情,还大怒道:"我禁酒,你酿酒,又招呼大家一块吃喝,是不是在背后密谋要杀我?"侯成哪料到吕布会这么想,把酿的酒倒了,把大家送的礼退回,但还是"自疑"不安,侯成于是率众投降。

侯成投降的事发生于下邳被围期间,但他被吕布训斥的事可能要早得多。如果曹操已经把下邳城围住,侯成手下偷几十匹马出城送给刘备就不可能,而且杀十几头猪庆贺也不像是在城被围后。《九州春秋》讲述完上面的事说"会太祖围下邳,成遂领众降",其实是说这件事发生在以前,事情过后侯成一直心怀不安,等到曹操来围城,侯成投降了。

吕布在用人上有一大失误,他既不明白"用人不疑"的道理,随便怀疑这个怀疑那个,同时更不明白"疑人不用"的道理。既然陈宫参与郝萌谋反事件已经确定无疑,陈宫就不能再留更不能再用,但他还是对陈宫言听计从,结果错过了最后一次生机。既然认为侯成有谋杀自己的嫌疑,不管是真是假,话已经说出去了,就不能不了了之,要么通过调查还侯成一个清白,别让他心里一直不安,要么就不用侯成,避免关键时刻出事。在这方面吕布太随意,虽然吕布最终失败的原因很多,但在此类问题处理上的失误,无疑加速了失败的进程。

据《三国志》记载,侯成打开城门,下邳城被攻破,曹军进了城,吕布和周围少数人被逼到白门楼上,最后只得下来投降。吕布被绑着来见曹操,吕布说:"绑得太紧了,能不能给松松?"曹操说:"缚虎不得不紧呀。"吕布想活命,对曹操说:"明公所患的不过是我吕布,我现在已经服了,天下不足忧。明公以后率领步兵,我给明公率领骑兵,天下还有什么不定的?"曹操听了有点犹豫,这时一旁的刘备插话道:"明公还记得吕布侍奉丁原和董卓吗?"曹操若有所悟,吕布对刘备这种落井下石的做法十分愤慨,气得骂道:"这个家伙最没有信用了!"

《三国志》的这段描写基本上来自于《汉末英雄记》。《汉末英雄记》还有吕布让刘备为自己求情的话,身为阶下囚的吕布看到曾被他称为兄弟的刘备此时是座上客,于是回头对刘备说:"玄德,你现在是座上客,我是俘虏,绳子捆得我好紧,你也不替我说句话?"刘备看到曹操有些犹豫不定,"欲缓之",赶紧上来说了那句话提醒曹操。刘备吃过吕布的大亏,不是他不想帮忙,而是曾经的伤害太深太重。

《汉末英雄记》还记载有吕布临死前与曹操的另一番对话。在对话中吕布反思了自己失败的原因:"我待诸将很厚,但诸将关键时刻都叛我而去。"曹操立即反驳他说:"你背地里跟部下妻子私通,这还算厚?"吕布听后"默然"。这段话缺少其他史料的佐证,不清楚吕布跟哪个部将的妻子私通,但吕布时常表现出"英雄气短、儿女情长"却是事实。王粲既然把这件事写进《汉末英雄记》里，对话的双方还有曹操，想必他不会无中生有，关于吕布这方面的问题应该也是事实。

《三国志》记载，曹操下令将吕布"缢杀"，也就是把吕布吊死了，陈宫和高顺被枭首，他们的首级都被送到许县，献帝过目并示众后安葬。

32

汉末三国的"完美军人"

顺为人清白，有威严，不饮酒，不受馈遗。所将七百余兵，号为千人，铠甲、斗具皆精练齐整，每所攻击，无不破者，名为陷阵营。顺每谏布言："凡破家亡国，非无忠臣明智者也，但患不见用耳。将军举动不肯详思，辄喜言误，误不可数也。"布知其忠，然不能用。布从郝萌反后更疏顺，以魏续有外内之亲，悉夺顺所将兵以与续。及当攻战，故令顺将续所领兵，顺亦终无恨意。

——（三国）王粲《汉末英雄记》

吕布失败后被绞杀，陈宫被斩首，吕布手下的主要将领张辽、侯成、宋宪、魏续都投降了曹操，随吕布、陈宫一同赴死的只有高顺。在史书上没有高顺的传记，甚至不知道他的祖籍在哪里，也不知道他死时的年龄，只有在《汉末英雄记》里可以看到对他较为集中的记载。这一段文字虽然不长，却给予高顺很高的评价。

《汉末英雄记》说高顺为人清白，在军中有威望，不饮酒，不接受贿赂。他不仅对自己要求很严，而且作为一员战将还特别能打。《汉末英雄记》说高顺手下有七百多人，对外号称一千人，装备精良，训练有素，战无不克，叫作"陷阵营"。汉末有几支劲旅名气很大，有公孙瓒的"白马义从"和曹操的"虎豹骑"，还有蜀汉的"白耳兵"和"无当飞军"，加上这支"陷阵营"，被有些三国爱好者们视为汉末三国时期的五大王牌军队。

"白马义从"前面已有介绍，它是公孙瓒在幽州铁骑基础上发展出来的一支劲旅。开始公孙瓒作战喜欢骑白马，他周围的人也都骑白马，打起仗来风驰电掣，乌桓、鲜卑人很头疼，给公孙瓒起了个外号叫"白马长史"。公孙瓒一看这个好使，就收集来不少白色战马，专门组建一支全部乘白马的骑兵部队，人数最多时应该数千人，不用打，就是那清一色的数千匹白马往阵前一列就够晃眼的。这支队伍很快出了名，攻无不克、战无不胜，但是在界桥之战中被麹义率领的"大戟士"一举攻破,"白马义从"从此消失于战场。

"虎豹骑"是曹操的近卫部队之一,先后由曹仁、曹纯等人指挥。曹休、曹真等曹家下一代青年将领也曾在这支军队服役,是曹军嫡系中的嫡系、精锐中的精锐。《三国志》说:"纯所督虎豹骑,皆天下骁锐,或从百人将补之。"也就是有一个缺员,就从上百人里挑选一个补上。"虎豹骑"刚形成战斗力时遇上了南皮之战,这一仗曹军由于不适应突变的气候,打得很艰难,曹操一度想撤退,"虎豹骑"的指挥官曹纯不干,主动请缨。后来"虎豹骑"在南皮城外遇到溃逃的袁谭,一个冲锋就将袁谭斩于马下。在北征乌桓之战中,曹军以少胜多,在孤军深入没有后援的情况下,以数千人打败乌桓精锐骑兵数万,其主力就是"虎豹骑"。他们临阵斩杀了乌桓单于蹋顿,声名更加远扬。在后来的潼关大战中,"虎豹骑"担任主力,大破马超率领的凉州军。

"白耳兵"是刘备入蜀以后训练出来的近卫部队,它的指挥官是名将陈到,随同刘备经历多次征战,立下赫赫战功。在夷陵之战中蜀军全军败退,"白耳兵"在陈到率领下与将军傅彤负责断后,傅彤战死,陈到手下的"白耳兵"只剩下数百人。就这点兵力居然挡住了孙吴大军的进攻,刘备得以安全退到白帝城。陈到在后世的名气不如赵云大,某种程度上是由于在一些传说和演义中把他的事迹加在了赵云身上的缘故。

"无当飞军"是诸葛亮征服南中后在当地少数民族中选拔组建

的一支劲旅。西南一些民族当时被称为蛮夷,他们民风剽悍,战士个个英勇善战、不怕牺牲。诸葛亮意识到他们的价值,不惜成本移青羌万余家于蜀,所招募的兵力分为五部,作战中"所当无前,号为飞军",这也就是"无当飞军"名号的来历。诸葛亮此举收到一箭双雕的效果,一来为蜀汉增添了一支百战百胜的劲旅,二来稳定了后方,因为当时南中一带人口本来就稀少,牂柯郡仅有两万户,建宁郡只有一万户,朱提郡才八千户,兴古郡多一些也只有四万户,一次把能征惯战的一万户人移民,这里的地方实力派们基本上没有力量再挑战蜀汉政权了。"无当飞军"披铁甲,擅长山地作战,善使弓弩和毒箭。其主要指挥官是王平,最早是曹操的部将,在汉中之战中投降了刘备。"无当飞军"在王平的指挥下多次参加诸葛亮的北伐,屡立战功,在蜀汉失败后这支部队才消失。

"陷阵营"的名字是从《汉末英雄记》叫开的。在《三国志》《汉末英雄记》等史书中,高顺共有三次重要出场:第一次即建安元年(196年)发生在下邳的那次郝萌兵变,由于高顺处置及时得当,叛变被平息。第二次是建安二年(197年)吕布要征琅琊国相萧建,高顺提出反对意见,他对吕布说:"将军亲自杀了董卓,声名远播,只要坐在那里动动眼神(端坐顾盼),远近自然畏服,不应该轻易出兵,如果万一打不赢,名声的损失将不小。"但吕布没听,结果吕布的用兵行动引起了与琅琊国相邻的泰山郡实力派臧霸等人的疑虑,臧霸登城拒守,吕布无功而返。第三次出场是建安三年（198年）征讨刘备，高顺打败刘备，又打败曹操派来的援军夏侯惇。

从以上三件事可以看出，所谓"陷阵营"不是白来的虚名，它的确很有战斗力，在内部平叛中果敢迅速，在打击外敌时也不含糊，刘备手下有关羽、张飞等猛将，而夏侯惇也是曹操手下的一流战将，"陷阵营"对阵他们都不在话下，真是一支劲旅。同时，高顺还很有头脑，他劝吕布不要用兵于琅琊国，因为那里远离吕布的主战场，而且周边有臧霸等"泰山帮"据守，是个敏感地区。高顺的看法事后被证实，说明他不仅勇猛，还是一员智将。

高顺身上的可贵之处还不止于此。《汉末英雄记》还专门写到了高顺的品行，据记载，高顺经常对吕布进行直谏，比如他对吕布说："凡破家亡国的，并不是没有忠臣和明智之士，怕的是这些人得不到重用。将军你干什么事不肯认真想想，动不动有说漏嘴、做错事的时候，这些多得不可数。"敢在领导跟前说这些话的，要么是愣头青、二百五，要么是实打实的忠臣。吕布很要面子，但高顺说这些话他倒没生气，因为吕布"知其忠"。

吕布虽然知道高顺的忠心，但是对高顺的话还是听不进去。郝萌谋反事件发生后，吕布看谁都觉得会谋反，对高顺也有所疏离。据《汉末英雄记》记载，魏续跟吕布似乎是亲戚，吕布更相信他。吕布下令把高顺带的兵交给魏续带，让高顺带魏续原来的兵。此举其实剥夺了高顺对"陷阵营"的指挥权。这支部队原本是由高顺一手训练出来的，吕布来了个互调，放在一般人肯定会闹情绪，但高顺"亦终无恨意"。

高顺简直就是一个"完美军人":他业务精,自己能打,还会训练士兵,在军中有威望。他有智慧,不是那种头脑简单的将领,在关键时刻能给领导提出正确的建议,处理突发事件也相当有板有眼,是一位智勇双全的大将。他品德好,《汉末英雄记》专门记载他不饮酒、不受贿。史书中一般很少这样夸一个人,说明高顺确实与众不同,对自己要求严格。他很忠义,对吕布忠心耿耿,不居功、不自傲,领导有对不住自己的地方也不在意,没有牢骚,没有怨言,面对生死考验,最后选择杀身取义。不管他对吕布的这个"义"值不值,单从人品和德行方面来说,高顺无疑是同时代军人的楷模。

在后世许多人的印象中,说起汉末的"完美军人",第一个想到的恐怕是关羽。但被推崇倍至的关羽如果跟高顺比起来,恐怕很多地方都比不上。有人做过统计,关羽一生的战绩很一般,有人甚至认为他一生参加过的大仗完胜的只有两次,其中一次还是曹操指挥的。在《蜀记》等书中,关羽有贪图女色的记载,他也不像高顺那么低调和内敛,经常看不起同僚,总认为自己很伟大,别人都不行。在气节方面,一般的印象中觉得关羽做得最突出,其实不然,就在吕布被杀之后不久,关羽跟随刘备反叛曹操而被打败,刘备逃往袁绍处,关羽被围,之后投降了曹操,与高顺相比似乎"气节"方面也存在缺失。

关于"陷阵营"的下落史书没有明确记载。下邳被攻破前夕,侯成率先反叛，紧接着宋宪、魏续等人也投降了曹操，可见不能用有没有亲戚关系来衡量是否忠诚。高顺被俘后跟陈宫一起被曹操斩首，而他亲手缔造的汉末劲旅"陷阵营"，如果随魏续一起投降了曹操的话，应该成为曹军的一部。但关于这支部队以后的事，就再也没有记载了。

33

曹操的情商和个人魅力

建安中，曹操于南皮攻袁谭，斩之。操作鼓吹，自称万岁，于马上舞。十二年，攻乌桓蹋顿，一战斩蹋顿首，系马鞍，于马抃舞。

袁谭既死，弟熙、尚为其将焦触、张南所攻，奔辽西乌桓。触自号幽州刺史，陈兵数万，杀白马盟曰："违命者斩。"各以次歃，至别驾代郡韩珩曰："吾受袁公子厚恩，今其破亡，智不能救，勇不能死，北面曹氏，所不能为也。"一坐为珩失色。触曰："举大事，当立大义，事之济否，不待一人。可卒珩志，以厉事君。"曹操闻珩节，甚高之，屡辟不至。

——（三国）王粲《汉末英雄记》

《汉末英雄记》记载了两则关于曹操很有趣的事,一则说建安年间曹军在南皮打败袁谭,将袁谭斩杀,曹操亲自"作鼓吹",自称"万岁",在马上手舞足蹈起来。另一则说建安十二年(207年)曹操进攻乌桓的首领蹋顿,一战斩蹋顿之首,曹操把蹋顿的首级系在自己的马鞍上,做"马抃舞"。

南皮之战发生在建安十年(205年)春天,这一仗打得很艰难。据《魏书》记载,决战的那一天,"旦及日中不决",从清晨一直打到中午都决不出胜负,曹操"自执枹鼓",亲自为将士们加油鼓劲,结果"士卒咸奋,应时破陷"。袁谭败逃出南皮,城外遇上虎豹骑,一举将袁谭斩于马下。曹操兴奋至极,因为南皮之战胜利后,袁氏集团的势力基本上被肃清了,奋斗了近十年终于彻底战胜了最大的对手,北方四州尽入自己的掌握,他怎能不高兴?《汉末英雄记》关于曹操在马上又是"作鼓吹"又是舞蹈的记述非常真实。

又过了两年,曹操亲自远征乌桓,这一仗更艰苦。大军长驱直入,深入乌桓人的腹地,在后续部队难以跟进的情况下,以弱势兵力与乌桓主力在白狼山下展开激战,又是虎豹骑的超常发挥,不仅使曹操大获全胜,而且将乌桓人的传奇首领蹋顿斩于马下。《汉末英雄记》记载曹操这一回更兴奋,他把蹋顿的首级挂到自己的马鞍上,在马上跳起了"马抃舞"。这个"马抃舞"也许是一种舞蹈的名字,也许只是指在马上舞蹈;"抃"的意思就是拍手、鼓掌。

《汉末英雄记》里的这两个细节生动地记述了曹操军旅生活的一些细节,他既是威严的统帅,也有常人感性的一面。实际上,曹操就是一个性情中人,一方面他"持法峻刻",一生杀了不少人,尤其对待谋反的人更不手软,平时对属下要求也很严,他对手下官员甚至因为一些小事动辄举杖便打。有人害怕遇到这种屈辱甚至准备了毒药揣在身上,如果被打就自杀。但更多时候曹操身上充满了人情味,《曹瞒传》说曹操"为人佻易无威重","佻"即不庄重、不稳重,"易"即简单、轻率,这里本意是说他为人轻佻、没有威仪,反过来也可以说是没有架子、平易近人。他平时喜欢穿便装,身上还戴个小香囊,里面装着手巾等随身细物,还经常"冠帢帽以见宾客",所谓"帢帽"是当时士人常戴的一种便帽,《傅子》曾记载,曹操考虑到天下凶荒、资财乏匮,按照古代皮弁帽的式样,裁缣帛来代替皮子,改进了这种帢帽,以颜色"别其贵贱",以体现节省并"合于简易随时"的精神。《曹瞒传》还说他每次和人谈论,"戏弄言诵,尽无所隐",也就是说话比较随意,喜欢开玩笑,说到高兴之处,往往"欢悦大笑",以至头都"没杯案中",菜肴的汤汁沾满巾帻。

《曹瞒传》的政治立场是反曹的,它写这些不是为了歌颂曹操,而是想说曹操这个人没有威仪,"轻易如此"。但这些记述恰恰为我们展示了曹操可爱的一面，而这些看似属于个人性格特点的地方，也与他一生事业上的成功有着紧密的联系。

过去认为一个人要想取得成功，智商最关键，其次是个人努力。但是这个观念正在发生变化，更多的心理学家认为，有些东西比智商更重要。19世纪90年代，美国心理学家丹尼尔·戈尔曼经过大量研究提出了一种理论，认为有些东西虽然跟个人的智商没有太大关系，但这些因素如果能得以培养和发扬，可以在个人事业发展中发挥更大的作用。他把这些因素称为emotional quotient（简称EQ），也就是情商。

开始人们把情商单纯地看作是与他人相处的能力，后来提出了"智能的情感"概念，情商的范围有所扩大。20世纪50年代，一批心理学家提出了"建立情感优势"理论，进一步发展为多元化智能理念，并最后确定了情商的理论体系。一般说来，所谓情商包括以下内容：自我认识，认识自己的情绪，知道自己当下处于什么样的情感之中；妥善管理自己的情绪，能调控自己，遇到困难也能控制自己的情绪；自我激励，面对挫折能坚持，能走出生命的低潮；认知他人的情绪，感知别人；懂得人际关系管理，通过倾听，理解和欣赏他人的感受，与人和睦相处，有领导能力和管理能力。

情商水平高的人有以下特点：能与他人融洽相处，能有效地领导团队，关心他人的进步，能自我成长，人际交往能力强，面对困难依然保持乐观和活力，善于接受别人的批评，做出重要决定前能接受他人的意见，在关键时刻能保持冷静。情商对于一个人的事业发展和幸福获取至关重要，其重要性越来越多地被认识。过去常说一个成功的人必须具备"七分智商、三分情商"，现在有人认为智商和情商至少同等重要，甚至有人认为必须具备"三分智商、七分情商"。按照情商理论来分析曹操，就会发现他取得成功不是偶然，因为他是一个情商极高的人。

第一，曹操是一个头脑很清醒的人，他对自己有清楚的认识。曹操虽然出身于官僚家庭，但由于他的祖父是宦官，被当时的社会视为"浊流"，所以从小时候起他身上都没有优越感，反而需要不断地反省审视自己，在《让县自明本志令》里，曹操曾追述自己奋斗的大半生，不仅记述了每一阶段的奋斗目标，而且也坦述了自己的心路历程，可以看出来他是一个头脑始终清醒的人。即使后来他大权在握，也从不敢骄傲自满、为所欲为，他后来的实力远比董卓、公孙瓒、袁绍、袁术这些人强得多，但他一再表明自己对汉室很忠诚，没有任何僭越之想。面对孙权送来的"劝进表"，他笑着说，孙权这家伙是要把我放到火炉上烤呀。相对于董卓的擅行废立、袁绍对汉室的一再怀疑、袁术的公然称帝，曹操终其一生都维护汉室的存在。其根源在于他能清醒地认识自我，不做那些不切实际的事。

第二，曹操的自控能力和自我激励能力很强，面对挫折能坚持，一次次走出低潮。曹操的一生并不顺利，起兵之前他有十多年时间在朝廷任职，当过管理治安的县尉，也当过县令、议郎，担任过军职也担任过地方要员。在仕途上他并非一帆风顺,由于得罪了宦官和地方权贵,他多次面临被暗算的危险。起兵之后,他更是连遇挫折,汴水失利他挺过来了,迅速到南方募兵,准备重新开始,但路上遭遇兵变,把自己推向险境。《三国志》记载,张邈之叛让在前线作战的曹操措手不及,他迅速回师,在路过战略要地龙亢时他跟周围的人说:"吕布虽然得了一州,却不能断亢父、泰山之道,从这一点我看他就没什么大作为。"他分析的是实情,更重要的是通过他的自信给周围人打气。《山阳公载记》记载,赤壁之败曹操率军从华容道撤退,天下大雨,地上泥泞,靠着士兵背负干草一路填道前行,结果"羸兵为人马所蹈藉,陷泥中,死者甚众",这时候曹操反而"大喜",大家奇怪极了,问他原因,曹操说:"刘备是个人物,但也晚了一步,假如他早点放火,就没有我们了。"曹操未必是在表达庆幸之意,他的这番话是要给大家鼓劲,没有超绝的心理素质,不可能面临险地仍然积极乐观。

第三,曹操注意体察别人的感受,能理解和欣赏他人。曹操从年轻时就注意与人交往,他主动接触一些名士,让别人评价自己,对于像宗世林那样不愿意跟自己打交道的人,以及许劭那样不肯给自己评价的人,他也想办法主动结交,甚至不惜忍受别人的冷眼。关于曹操如何知人善任,这方面的材料已经很多了,他从士兵中间提拔了典韦、乐进,从"亡虏"之中提拔了张辽、徐晃和张郃,使他们日后都成为一代名将。对毕谌、魏收、刘鸣雄这些降而复叛的人，他也既往不咎。曹操对部下要求严格，但也不影响他对部下的关心、爱护，他主张"唯才是举"，也主张"用法峻急"，对忠于职守、干出业绩的官员，他很关心他们的成长。他一向赏罚分明，同时也不失感性色彩。他经常微服私访，掌握第一手情况。有一天夜里他外出巡视，走到高柔所在的官署，看到高柔怀里抱着文书睡着了。这个高柔是高干的弟弟，也是袁绍的外甥，因为这层关系曹操本来想治他的罪。但这次巡察改变了曹操对高柔的看法，他默默地解下自己穿的皮衣披在高柔的身上，悄悄地走了，后来他提拔高柔主管魏国的司法工作。曹操平时的确没有架子，《魏书》记载，在潼关之战期间，他邀请敌方统帅之一、同时也是旧日相识的韩遂阵前相会，见面后，韩遂手下的凉州军士们听说对面就是威名远扬的曹操本人，"悉于马上拜"，以至于人马拥挤，"前后重沓"，曹操见状笑着对大家说："你们想看看曹操长什么样吗？他也是人，没有四只眼两张嘴呀，只不过智慧比别人多一些罢了。"一下子又把大家逗乐了，那场景不像是血淋淋的战场，反而像故友重逢。

第四，曹操能虚心接受别人的意见，又能很好地驾驭和管理自己的团队。曹操不因为自己地位很高就唯我独尊、目空一切，相反他特别注意倾听别人的意见，只要正确就接受。曹操有个好习惯，每次战役前都要召开会议进行讨论，集中大家的智慧，而每次大的战役后他又召开总结会，分析成败得失。曹操能识人、用人，同时他也肯服人，他把荀彧比作自己的张子房，把郭嘉看作能帮自己成大事的人。对于贾诩、荀攸、刘晔、董昭等这些身边的重要谋士,他都相当信任,让他们充分施展自己的才能。曹操不是一意孤行的人,他发动的北征乌桓之战内部意见分歧较大,曹操出于巩固北方的考虑还是发动了这场战争,最后打败了乌桓人,斩杀了蹋顿,间接地把辽东的公孙康也拉了过来,让他斩杀了袁尚和袁熙,使得其后相当长时间里北方再无大的战事,可谓收获颇多。但据《曹瞒传》记载,在回师之后的总结会议上,曹操首先"科问前谏者",就是问之前谁反对过出征,大家还以为曹操要惩罚那些劝谏过的人,但出乎意料的是,曹操却重赏了这些人,曹操说:"这次出征虽然胜利了,但靠的是侥幸,你们先前建议的才是万全之策,重赏大家是想让你们今后提类似建议的时候不要有顾虑。"

第五,曹操是一个多才多艺的人,他的身上充满感性魅力。曹操是一个大诗人,他的诗境界高远,不是一般诗人所能及,他又被鲁迅称为"改造文章的祖师爷",史书上称他为"文武并施",后世诗人歌颂他"昼携甲士破坚阵,夜接词臣赋华屋"。他在军中三十多年,手不释卷,"昼则讲武策,夜则思经传",同时他"登高必赋,及造新诗,被之管弦,皆成乐章"。他喜欢音乐,并有很高造诣,《博物志》甚至把他与当时最优秀的音乐家桓谭、蔡邕相比。他还是一个围棋高手,能与同时代著名棋手山子道、王九真、郭凯等一决高下。曹操"才力绝人",擅长骑射,能"手射飞鸟,躬禽猛兽",他在南皮城外打猎时"一日射雉获六十三头"。他还具备建筑规划和器具设计方面的才能,"及造作宫室,缮治器械,无不为之法则,皆尽其意"。他平时又是一个崇尚节俭的人,"不好华丽",要求"后宫衣不锦绣,侍御履不二采",宫里的帷帐屏风坏了,都修补一下再使用。他倡导薄葬,并从自己带头执行。对朋友曹操很真诚,《逸士传》记载了他与王俊的交往,他们是早年的挚友,曹操后来四处打听他的消息,听说王俊到荆州避难,他一占领荆州后就让人找王俊,但王俊已经去世了,曹操听了很哀伤。当时是赤壁之战的前夕,他日理万机,但仍然抽出时间把好朋友移葬于江陵,并且亲自"临江迎丧"。袁绍是他多年的朋友,也是他最主要的对手,袁绍死后,曹操亲自到墓前祭奠,"哭之流涕",还"慰劳绍妻",下令"还其家人宝物,赐杂缯絮",由国家抚养袁绍的家眷。虽然后世许多历史学家批评曹操此举不妥,认为这是曹操"百虑之一失",因为袁氏毕竟是敌人,"义无虚涕,苟道乖好绝,何哭之有"。但曹操此时把袁绍当成自己的朋友,回想起他们的交往和友谊,对朋友的死给予哀悼,他的眼泪应该是真诚的。对敌人如此,对朋友和下属更没有问题,因而得到了部下的真心爱戴。《曹瞒传》记载说,在潼关大战期间,有一次曹操本人在前线遇到了险情,当时曹操正指挥部队渡河,大部分人渡过去了,曹操和少数人还在这边;突然间马超率领的凉州骑兵杀到了,曹操身边的人急忙扶他上船,但河水比较急,船被冲着往下游走,而马超指挥人在岸上射箭,"矢下如雨",

河那边的将士们一眨眼就看不见曹操了,"皆惶惧";后来曹操在许褚等人的保护下平安登岸,众将士见了"乃悲喜,或流涕",那是他们对统帅安危系挂的真情流露。

34
雄才和大略一样都不能缺

州界群寇既尽，表乃开立学官，博求儒士，使綦母闿、宋忠等撰定《五经章句》，谓之后定。

张羡，南阳人。先作零陵、桂阳长，甚得江湖间心，然性屈强不顺。表薄其为人，不甚礼也。羡由是怀恨，遂叛表焉。

——（三国）王粲《汉末英雄记》

说起刘表,印象中是个庸碌无为的人,胸无大志,能力一般,白白浪费了大好机会,坐等敌人打上门来,结果忧愁而死。如果韩馥是汉末三国第一窝囊废的话,刘表恐怕要排在第二或第三了。其实不然,这些只能称为印象,而不是真实的和全部的刘表,真实的刘表也是有两下子的,或者说也是一个能人。

据《三国志》记载,刘表字景升,山阳国高平县人,跟《汉末英雄记》的作者王粲是老乡。《后汉书》说他是汉景帝之子恭王刘余的后代,跟刘备的出身相似。他们虽然都姓刘,是刘邦的后裔,但这是前朝的"刘",已经很久远了,一般说来沾不了多少光。但与刘备早年经历不同的是,刘表青年时期就小有名气,名列"八顾"之一。汉末的"八顾"有两个版本,一个是《圣贤群辅录》里记载的郭林宗、宗慈、巴肃、夏馥、范滂、尹勋、蔡衍、羊陟八人,另一个是张璠的《汉纪》中所记载的田林、张隐、刘表、薛郁、王访、刘祇、宣靖、公绪恭八人。所谓"顾",指的是能以德行引导别人。此外,据《后汉书·党锢列传》记载,刘表还被列在"八俊""八及"之中,这些名目都是汉末士人相互标榜的产物,目的是与当时权势很大的宦官们做斗争,在这些名目里,刘表出现的频率最高,说明他在士人中名气不小。另据谢承的《后汉书》记载,刘表拜同郡的王畅为师,这个王畅是本朝名士，也是王粲的爷爷。

《三国志》说刘表个子有八尺多高，汉代一尺约合现在的二十三点五厘米，由此可知刘表的个子超过一米八八，是个大高个，而且"姿貌甚伟"。汉代官场讲出身、学术背景，也讲长相，刘表是汉室宗亲、名师之徒，又长得仪表堂堂，把这几样都占全了，所以他踏入官场后便一帆风顺，后被大将军何进招去，担任大将军掾，也就是大将军府内设部门的负责人，类似于处长。后来何进派他担任北军中侯，这是一个重要的军职。汉代中央军分为南军和北军，南军常在外地征战，北军驻守在首都周边，一般有五营，各营的指挥官称校尉，是"省军级"的高级军官，五营互不隶属，于是设了一个北军中侯负责联络、监管他们，相当于北军联席会议参谋长。何进要抓军队，他派刘表过去，说明他特别信任刘表，也说明刘表有这个能力。

灵帝驾崩后发生了董卓之乱，随后关东联军讨董卓，刘表此时还在朝廷任职，长沙郡太守孙坚打着讨伐董卓的名义率军北上，他杀了荆州刺史王叡。朝廷于是派刘表到荆州接替王叡，但是没有给他一兵一卒，让他自己想办法。

这个时候天下已经乱了，朝廷的权威很弱，刘表虽然揣着朝廷的正式任命诏书，但能不能站住脚还很难说。朝廷任命著名党人金尚为兖州刺史，金尚跑去上任，连州界还没有进就被曹操打跑了。为了在荆州打开局面刘表颇为动了一番脑筋。据司马彪的《战略》记载，当时江南一带到处闹民变，袁术、孙坚又占据着荆州最北边的南阳郡，吴郡人苏代自称长沙郡太守，贝羽自称为华容县长，都"阻兵作乱"。刘表单人匹马先到了宜城，在此召集荆州名士蒯良、蒯越、蔡瑁等人商议。蒯氏、蔡氏都是荆州大族，刘表想得到他们的支持，幸运的是蒯家的重要人士蒯越跟他是老相识，刘表由此打开了局面。蒯越字异度，在荆州是个举足轻重的人物，曹操曾说过"不喜得荆州，喜得蒯异度"，而他也曾在何进的大将军府任过职，跟刘表是同事。因为这层关系，加上荆州本土派人士也想借助刘表的身份统一地方势力，稳定荆州，所以双方达成了共识。

在蒯良、蒯越等人密谋下，刘表出面，让蒯越派人宴请苏代、贝羽等头面人物，一共请到了五十五个人。这是一出标准的鸿门宴，刘表下令把他们全部斩杀，兼并了他们的部众。刘表以荆州刺史的身份重新任命官职，最后只剩下江夏郡人张虎、陈生占据着襄阳城不肯投降。刘表派蒯越和庞季二人入城劝降，张虎和陈生投降。刘表把荆州的治所顺势搬到了襄阳，以此为基地巩固荆州的统治。

这时，荆州地盘上还有一股势力很强，那就是占据着南阳郡的袁术和孙坚，袁术没想到刘表的动作这么快，这本来是他规划中的地盘。袁术不甘心，于是命孙坚攻打刘表，孙坚很能打，刘表不是对手，被压制在襄阳城里。但就在这时孙坚突然死于非命，袁术自己又打不过刘表，刘表渡过了危机。到李傕、郭汜把持长安朝政的时候，为了拉刘表为外援，就拜刘表为镇南将军、荆州牧，封成武侯,假节,即可以代表天子处理地方上的有关事务,权力很大,刘表有了这些合法的身份,又娶了本地大族蔡瑁的妹妹为妻,在荆州的势力越来越巩固了。袁术远走扬州后,南阳郡也到了刘表手里,刘表的势力跨有荆州七郡。

刘表看起来还是一个本分的人,只想把自己的事弄好,没有想侵夺别人地盘的打算。刘表的政治立场比较含糊,他既不反董卓,也不反李傕、郭汜,更不反天子。表面看来倒也没有问题,但在当时举国声讨逆贼董卓的形势下,刘表的做法就有点机会主义嫌疑,这一点跟陶谦有些像。曹操把献帝接到了许县,此处与刘表治下的南阳郡紧邻,刘表赶紧派人到许县,上表进贡。

但是,对于中原地区已经开始的混战刘表也无法完全置之度外,在政治上他先与公孙瓒结盟,后来又联络袁绍,有人劝他不要跟袁绍走得太近,他不听。到了官渡之战前夕,袁、曹对决的形势越来越明显,刘表又决定采取倚墙策略,坐山观虎斗,蒯越、韩嵩、刘先等人都规劝过他,劝他表明立场,旗帜鲜明地支持曹操,但刘表不听。

刘表不打算主动挑战曹操,但要让他投降曹操又有点不甘心,这是他采取中立政策的一个原因。另外还有一个原因,据《汉末英雄记》记载,在此前后江南四郡中的零陵郡、桂阳郡出了问题,南阳郡人张羡发动叛乱,起兵反抗刘表,刘表不得不派兵前去镇压。《汉末英雄记》说张羡"甚得江湖间心",加上他性格"屈强不顺",刘表对他"不甚礼也",遭到张羡的怀恨,于是反叛。这件事对曹操的帮助很大,刘表后院起火,让官渡前线的曹操可以完全放下心来,没有后顾之忧。曹操听说孙坚在长沙郡当太守时的老部下桓阶在此事中发挥了重要作用,是他鼓动张羡起兵的,所以后来曹操南下荆州,专门把桓阶找来委以重用。

官渡之战后,刘备逃到荆州,刘表"厚待之,然不能用"。《汉晋春秋》记载说,曹操北征乌桓期间,刘备劝刘表趁机偷袭许县,但刘表不听。曹操回师后,刘表后悔了,对刘备说:"不听你的建议,失去了这么好的机会。"刘备说:"现在天下分崩,每天都在打仗,机会失去了没关系,因为它还会再来。"从中可以看出刘表与刘备的差别,二人虽然都姓刘,但经历完全不同,认识问题的深度也不一样,刘备在腥风血雨中一路走来,知道什么是机会,知道机会可遇不可求,有了机会一定要抓住,同时刘备身上更可贵的一面——他是个不屈不挠的人,屡败屡战是他的鲜明个性。可惜荆州这么大一块地盘掌握在刘表而不是刘备手里,对荆州来说是一个遗憾,对曹操来说则是一件幸事。

这时候距刘表只身来荆州已经十几年了,从最早的艰苦创业到现在局面完全打开,刘表的心态日趋保守。刘表是一个能人,但他没有远大的志向,当好荆州牧就行了,没有其他太多的想法。但这种想法在汉末乱局中却脱离了现实,群雄逐鹿的局面已经形成,谁都无法置身局外。刘表比韩馥强点儿,他没有把权力拱手让给别人,但他也强不到哪里去,不退让固然是对的,但不进取也迟早是死路一条。

在这十几年里,曹操东征西讨,先后消灭了吕布、袁术、袁绍等割据势力,打跑了刘备,征服了乌桓,南匈奴、鲜卑、辽东的公孙氏、黑山军张燕以及凉州的马腾、韩遂等都表示臣服,这些都是用武力打出来的,反观刘表基本上毫无建树。所以,当建安十三年(208年)完成北方统一的曹操率大军南下荆州时,刘表连跟对方过招的勇气都没有,在曹军即将兵临城下时,刘表得病而死。《后汉书》说刘表死于这一年的八月,是"疽发背"而死,也就是背上长了毒疮不治而死的。

《汉末英雄记》的作者王粲在这十多年里也生活在荆州,作为刘表的老乡,又有祖辈上的关系,刘表收纳了王粲,给了一定的安排,但并没有把他当心腹重臣看待,王粲在荆州写了《登楼赋》,抒发的是幽怨之音,说明他并不是很顺心。从现存的记载来看,王粲在《汉末英雄记》里写刘表的内容很少,不过他还是对刘表给予了肯定,他说刘表统治荆州期间,"群寇既尽",刘表设立学官,征求儒士,让綦母闿、宋忠等人修撰《五经章句》,命名为《后定》。

客观地说,刘表统治荆州是有业绩的,他尤其善于地方治理,在他执掌荆州期间,也曾励精图治,把各项建设搞得井井有条。在他来之前荆州是"人情好扰,加以四方震骇,寇贼相扇,处处糜沸",他到了以后荆州很快"万里肃清"。他尤其注意发展生产和文化建设,鲁肃曾评价荆州为"沃野千里、士民殷富",荆州百姓对刘表也"大小咸悦而服之"。

但是，刘表的治世之才运用到乱世中就出了问题。汉末的割据势力中，袁绍、公孙瓒、袁术、吕布被彻底消灭了，虽然失败，但他们也算战斗到了最后一刻，算是"虽败犹荣"吧。韩馥、刘表以及之后的刘璋失败得多少有点窝囊，他们的先天条件都不错，没有输在"起跑线"上，却输在了过于守成和平庸。乱世中的竞争就像一场长跑比赛，出发早的人并不意味着永远跑在前头，在竞争中大家都在拼命往前奔，不前进意味着后退，跑慢了也是后退。相对于曹操、孙权、刘备这些玩命狂奔的人，一路慢跑有时还走走停停的刘表、刘璋等人只有被淘汰出局。

陈寿评价刘表"有威容、器观，知名当世"，但"外宽内忌，好谋无决，有才而不能用，闻善而不能纳，废嫡立庶，舍礼崇爱，至于后嗣颠蹙，社稷倾覆，非不幸也"。范晔评价刘表"亦长者"，但他"矜强少成，坐谈奚望。回皇颐蹙，身颓业丧"，也就是放着大好机会白白浪费了，最终咎由自取。陈寿和范晔的评价都是准确的，但刘表在"矜强少成"之外，也不失为有能臣的风范，起码像贾诩评价的那样，是"平世三公才也"，在和平年代里也是个当宰相的料；只不过他只有雄才而无大略，在残酷的群雄争霸战中遭到淘汰。

35

老子生猛，儿子软弱

刘焉起兵,不与天下讨董卓,保州自守。犍为太守任岐自称将军,与从事陈超举兵击焉,焉击破之。董卓使司徒赵谦将军向州,说校尉贾龙,引兵还击焉,焉出青羌与战,故能破杀岐、龙等,皆蜀郡人。

范父焉为益州牧,董卓所征发,皆不至。收范兄弟三人,锁械于郿坞,为阴狱以系之。

范从长安亡之马腾营,从焉求兵,焉使校尉孙肇将兵往助之,败于长安。

焉死,子璋代为刺史。会长安拜颍川扈瑁为刺史,入汉中。荆州别驾刘阖、璋将沈弥、娄发、甘宁反,击璋不胜,走入荆州。璋使赵韪进攻荆州,屯朐䏰。

先是,南阳、三辅人流入益州数万家,收以为兵,名曰"东州兵"。璋性宽柔,无威略,东州人侵暴旧民,璋不能禁,政令多阙,益州颇怨。赵韪素得人心,璋委任之。韪因民怨谋叛,乃厚赂荆州请和,阴结州中大姓,与俱起兵,还击璋。蜀郡、广汉、犍为皆应韪。璋驰入成都城守,东州人畏威,咸同心并力助璋,皆殊死战,遂破反者,进攻韪于江州。韪将庞乐、李异反,杀韪军,斩韪。

庞羲与璋有旧,又免璋诸子于难,故璋厚德羲,以羲为巴西太守,遂专权势。

——(三国)王粲《汉末英雄记》

鲁恭王的后代到了汉末，除刘表外还有两个人很有名，他就是刘焉父子。

据《三国志》记载，刘焉，字君郎，荆州的江夏郡竟陵县人，他"少仕州郡"。他的老师也很有名，是司徒祝恬。又因为是宗室，刘焉被拜为中郎。后来祝恬去世（汉代对老师很重视，老师之丧类似于父母之丧），刘焉去职为老师守丧，在此期间居住于阳城山，其在今湖北省黄冈市境内。刘焉一边守丧，一边在此研究学问，收徒教学。后来被举为贤良方正，又被司徒府聘用，之后担任过洛阳令、冀州刺史、南阳郡太守及宗正卿、太常卿等职。

从刘焉的简历看他的经历相当完整：出身宗亲，得名师指点，这两项都跟刘表相似。他担任过县、郡、州三级地方官，又担任过朝廷的部长级官员，除了没有在军界任过职外，刘焉的阅历非常丰富，这说明他具备一定才能。灵帝时，刘焉向朝廷提出了著名的"刺史改州牧"的建议，被后世评论为汉末乱世的根源。而他本人想担任交州牧，因为他看到天下大乱，"欲避世难"，与他私交甚厚的侍中、益州广汉郡人董扶对他说"益州分野有天子气"，劝他不如去益州，这时的益州刺史是郤俭，他执政期间"赋敛烦扰，谣言远闻"，一再激起民变。朝廷于是下诏让刘焉以监军使者的身份兼任益州牧，封为阳城侯。刘焉到益州后把郤俭抓起来治罪，董扶及另一个益州人、朝廷的太仓令赵韪一同随刘焉来到益州。

当时益州到处是民变,其中马相、赵祗所部势力最大,他们在绵竹县起事,也称自己是黄巾军。后来马相更自称天子,下面聚集了一万多人。刘焉到益州前,州政府从事贾龙已率兵将其镇压,贾龙把刘焉迎进益州,刘焉把州治改在绵竹。

民变还不是最让刘焉头疼的,最让他头疼的是地方豪强势力。贾龙就是豪强势力之一,这些人仗着势力强大敢跟刘焉叫板。其实,类似的问题在当时各地都存在,东汉就是世家大族和豪强势力的天下。刘表在荆州也是如此,不过刘表采取的办法是妥协合作,他跟蒯氏、蔡氏、黄氏及马氏等荆州地方豪强结成了利益同盟,任用他们为官,或者跟他们结成姻亲关系,巩固自己的统治。但刘焉不愿意拿权力换稳定,他对豪强们采取的是强硬的态度,找个了借口把州中豪强王咸、李权等十余人杀了,"以立威刑",逼着任岐、贾龙等其余的豪强造反,然后以武力解决,杀了任岐和贾龙。

对此,《汉末英雄记》有相应的记载。当时关东联军起兵讨董卓,刘焉整顿人马,但不是为了去会盟,而是"保州自守"。刘焉对地方实力派的强硬做法逼得犍为郡太守任岐反叛,任岐自称将军,跟从事陈超一同起兵进攻刘焉,刘焉打败了他们。这时董卓派司徒赵谦率一部分人马到益州来,目的是联络时任校尉的贾龙,共同进攻刘焉。这件事恐怕是贾龙策划的,他想趁刘焉与任岐等人交战之机联络董卓对付刘焉,刘焉倒不含糊,那边杀了任岐，这边反身又将贾龙击破，杀了贾龙。

刘焉如此生猛，是因为他有两件"秘密武器"：东州兵与青羌兵。据《汉末英雄记》记载，荆州及内地有不少流民为躲战乱迁移到益州，有数万户之多，刘焉很重视这部分力量，有意扶持他们，从他们中招募军士，组成了一支军队，被称为"东州兵"。这些人都是外来户，与本地势力有利益上的矛盾，刘焉利用他们把本土派的代表人物一一消灭，使益州的政治格局实现平衡。在与贾龙、赵谦交战时，刘焉还联络汉中的张鲁支持自己，同时把益州本地的羌人，也就是青羌发动起来，招募他们编入军队，提高战斗力。

无论东州兵还是青羌兵，因为受本土势力的打压都有反抗的意愿，刘焉看到这些力量可供利用，于是他不愿再向本土势力妥协了，他采取了与刘表治荆州完全不同的策略。这虽然痛快，但也遗留下不少问题。本土势力是不可能完全被压制下去的，他们会换个策略与刘焉周旋，益州内部的矛盾表面减弱了，实际上埋下了更大的隐患。到了刘焉的儿子刘璋手里，这种矛盾就越来越突出了，甚至一直到刘备接手益州后，内外部几种势力仍在不断冲撞之中。那时候形势更复杂，除传统的几股势力外，刘备又带来新的利益集团，幸亏诸葛亮在整合这些势力方面很有手段，他软硬兼施，软起来够软，硬起来又足够硬，才把局面基本稳住。

刘焉在益州势力逐渐强大，而内地战乱不止。刘焉在益州当上了土皇帝，他还造了天子专用的乘舆车具一千多辆。这件事被刘表知道了，上表告了刘焉一状。这时候绵竹城发生了神秘的"天火"，把整座城都烧了，刘焉造的这些车子都烧毁荡尽。刘焉把州治改迁到了成都，成都从此成为益州乃至西南地区的行政中心。这把火也把刘焉烧得心灰意冷，他认为这是天意，兴平元年（194年），刘焉病死了，他得的病跟刘表差不多，是"痈疽发背而卒"，这种病往往与心情不好、郁闷过度有关。

刘焉有四个儿子，分别是刘范、刘诞、刘瑁和刘璋，除了老三刘瑁因为有病被留在刘焉身边，其他三个儿子都在朝廷任职。这大概是刘焉当初下派到地方委以州牧大权的一个条件，说是任职其实就是人质。董卓迁都长安后，刘焉的几个儿子也都到了长安，刘范担任左中郎将，刘诞担任治书御史，刘璋担任奉车都尉，官职都还不算小。据《汉末英雄记》记载，刘范听说父亲刘焉在益州势力一天天强大，就不太拿董卓当回事，董卓一气之下把他们兄弟三人抓了起来，关押在郿坞的监狱里。这条记载恐怕多少有点问题，刘范的政治智慧不可能那么差，即使他老子在益州是个土皇帝，但在长安他还不敢撒野。事实上，刘范和刘诞是因为别的事被董卓抓起来的，不仅抓了起来，而且还杀了头。

这件事在《三国志》和《典略》里有记载。据《三国志》记载，刘焉在益州又是造天子所乘的车子，又是不向朝廷贡献，引起朝廷的不满，献帝命刘璋回益州"晓谕"刘焉，刘焉反而把刘璋留下来不让他回去。据《典略》说，刘璋回益州是刘焉假托自己有病，让刘璋回来探视，刘璋回来就把他留下不让走。后来，征西将军马腾与李傕、郭汜等凉州军阀闹翻，马腾进击关中，刘焉暗中支持马腾，刘范也参与了马腾的图谋，但秘密提前泄露，刘范逃走，马腾随后失败，刘范和刘诞也因此被杀。

《汉末英雄记》说，刘范计划泄露后从长安逃到了马腾的军营，他向刘焉请求援兵，刘焉派校尉孙肇率兵前来支援，但被凉州军打败。刘焉在长安的其他家属在他的老朋友议郎庞羲的协助下反而逃过一劫，被庞羲送到了益州。综上所述，刘范、刘诞被抓应该发生在董卓死后，由于他们跟马腾共谋凉州军，被李傕、郭汜等人关进了郿坞的监狱，后来把他们杀了。

据《汉末英雄记》记载，刘焉死后益州实力派赵韪等人主张由刘璋继位。刘璋字季玉，是刘焉最小的儿子，被陈寿评价为"才非人雄"，被诸葛亮评价为"暗弱"。赵韪等人之所以扶持刘璋上台，看中的就是这个"弱"。刘璋上台后，把政务、军事都交给赵韪、庞羲等人。《汉末英雄记》还说，刘焉死后，朝廷立即派了一个叫扈瑁的人来当益州刺史，并且到了汉中，而荆州人刘阖及刘璋的部将沈弥、娄发、甘宁等人谋反，这些都考验着刘璋的能力。由于刘璋"性宽柔，无威略"，只能完全依赖赵韪等人，结果赵韪势力坐大，他也"素得人心"。后来，赵韪"厚赂荆州请和"，同时"阴结州中大姓，与俱起兵"，这是本土势力发起的反击。在刘焉时代，本土势力遭受重创；如今刘璋上台，他们认为时机来了，于是公开挑战，蜀郡、广汉郡、犍为郡都响应赵韪。刘璋在东州兵的拼死捍卫下击破了赵韪，赵韪的部将庞乐、李异等杀了赵韪投降刘璋,刘璋才躲过一劫。《汉末英雄记》记载,赵韪死后刘璋重用庞羲,因为庞家与刘家有"通家之好",又保护刘焉子孙们从长安逃出来,所以刘璋厚待庞羲,跟他结为儿女亲家,任命他为巴西郡太守,庞羲"遂专权势"。

如果说刘焉是一个有雄才而无大略的人,刘璋就是既无雄才也无大略。他在益州统治了十几年,一来靠的是老子打下的江山,二来靠的是益州地理位置优越,群雄在中原逐鹿,无力过问益州的事,刘璋因此得以偏安。他统治益州期间没有太大作为,又不善识人用人,坐视内部几股势力明争暗斗,削弱了本集团的实力。刘璋重用庞羲等少数人,法正、张松、孟达等一部分有识之士得不到重用,逐渐产生不满,加上本土势力一直不甘心失败,他们纠集在一起,强烈希望把刘璋赶下台,换个人来领导益州。开始他们看中了曹操,希望曹操接管益州,但后来通过对形势的观察,他们认为刘备更合适;于是在赤壁之战后竭力劝说刘璋请刘备来益州,并且明里暗里帮助刘备夺权。刘璋居然天真地认为可以请刘备来帮忙,后来发现情况不对,但为时已晚,最后被刘备赶下了台。

刘备夺取益州后没有杀刘璋,把他迁到了荆州的公安,给他一个振威将军的名号软禁起来,孙权杀关羽夺取荆州后,公安被孙权占领,刘璋到了孙权手里,出于分化瓦解刘备势力的需要,孙权表奏刘璋为益州牧,迁居秭归,刘璋后来病死于此。孙权又以刘璋之子刘阐为益州刺史,迁居于交州和益州的交界处,诸葛亮平南中时,刘阐回到东吴,被任命为御史中丞。相对于韩馥来说,刘璋及其子孙的结局还不算太差,一是因为刘备素以仁义号召天下,不便对他们赶尽杀绝,二是孙权出于对抗刘备的需要,对他们加以利用罢了。

36

被忽视的兵团和另一个赤壁

周瑜镇江夏。曹操欲从赤壁渡江南，无舡，乘簰从汉水下，住浦口。未即渡，瑜夜密使轻船走舸百数艘，艘有五十人移棹，人持炬火，火然，则回舡走去，去复还烧者，须臾烧数千簰。火大起，光上照天，操夜走。

曹操进军至江上，欲从赤壁渡江。无船，作竹椑，使部曲乘之，从汉水来下大江，注浦口。未即渡，周瑜又夜密使轻舸百艘烧椑，操乃夜走。

曹公赤壁之败，至云梦大泽，遇大雾，迷道。

——（三国）王粲《汉末英雄记》

赤壁之战是汉末三国时期最重要的战役之一，一般认为它是"奠定三国鼎立基础的著名战争"，是中国历史上"以少胜多的著名战例"。但是，各种史书对这场战役的记载比较零乱，且存在前后矛盾的地方。现在一般认为司马光根据《后汉书》和《三国志》里各人传记中保留的关于这场战争的片段而进行的整理较为全面客观；《资治通鉴》记载的这场战役发生的地点、过程、结局等得到大多数人的公认，但也存在不少争论；王粲在《汉末英雄记》里的这三条记载就与通常的看法有很大不同。

《资治通鉴》对赤壁之战的整理被公认

除《汉末英雄记》对赤壁之战的这几条记载以外，《三国志》各传记中对这场战役的记载主要有以下几条：

《三国志·周瑜传》："时刘备为曹公所破，欲引南渡江，与鲁肃遇于当阳，遂共图计，因进住夏口，遣诸葛亮诣权，权遂遣瑜及程普等与备并力逆曹公，遇于赤壁。时曹公军众已有疾病，初一交战，公军败退，引次江北。瑜等在南岸。瑜部将黄盖曰：'今寇众我寡，难与持久。然观操军船舰首尾相接，可烧而走也。'乃取蒙冲斗舰数十艘，实以薪草，膏油灌其中，裹以帷幕，上建牙旗,先书报曹公,欺以欲降。又豫备走舸,各系大船后,因引次俱前。曹公军吏士皆延颈观望,指言盖降。盖放诸船,同时发火。时风盛猛,悉延烧岸上营落。顷之,烟炎张天,人马烧溺死者甚众,军遂败退,还保南郡。"

《后汉书·汉献帝纪》:"冬十月癸未朔,日有食之。十二月壬午,征前将军马腾为卫尉。是月,曹操以舟师伐孙权,权将周瑜败之于乌林、赤壁。"

《三国志·武帝纪》:"公至赤壁,与备战不利。于是大疫,吏士多死者,乃引军还。"

《三国志·吴主传》:"瑜、普为左右督,各领万人,与备俱进,遇于赤壁,大破曹公军。公烧其馀船引退,士卒饥疫,死者大半。"

《三国志·先主传》:"与曹公战于赤壁,大破之,焚其舟船。先主与吴军水陆并进,追到南郡,时又疾疫,北军多死,曹公引归。"

《三国志·诸葛亮传》:"权大悦,即遣周瑜、程普、鲁肃等水军三万,随亮诣先主,并力拒曹公。曹公败于赤壁,引军归邺。"

在这些记载中,关于战役的时间,有说十二月的,也有说是十月的;关于战役的地点,有说赤壁的,也有说乌林的;关于曹军失败的原因,有说遇到疾病的,有说遭到火攻的。而同是这个赤壁,由于只提到了它的名字,没有交代具体位置,后世就有了许多种说法,著名的有七种,即蒲圻说、黄州说、钟祥说、武昌说、汉阳说、汉川说、嘉鱼说。可以说，中国古代著名战役里没有哪一场战役像赤壁之战这么扑朔迷离、充满争论。

司马光在分析各种记载的基础上对赤壁之战的过程进行了整理，《资治通鉴》是这样描述这场战役的："冬，十月，癸未朔，日有食之。……进，与操遇于赤壁。时操军众已有疾疫，初一交战，操军不利，引次江北。瑜等在南岸，瑜部将黄盖曰：'今寇众我寡，难与持久。操军方连船舰，首尾相接，可烧而走也。'乃取蒙冲斗舰十艘，载燥荻枯柴，灌油其中，裹以帷幕，上建旌旗，豫备走舸，系于其尾。先以书遗操，诈云欲降。时东南风急，盖以十舰最著前，中江举帆，余船以次俱进。操军吏士皆出营立观，指言盖降。去北军二里余，同时发火，火烈风猛，船往如箭，烧尽北船，延及岸上营落。顷之，烟炎张天，人马烧溺死者甚众。瑜等率精锐继其后，雷鼓大震，北军大坏，操引军从华容道步走，遇泥泞，道不通，天又大风，悉使羸兵负草填之，骑乃得过。羸兵为人马所蹈藉，陷泥中，死者甚众。刘备、周瑜水陆并进，追操至南郡。时操军兼以饥疫，死者太半。操乃留征南将军曹仁、横野将军徐晃守江陵，折冲将军乐进守襄阳，引军北还。"

这里明确了交战的时间是十月之后，地点是赤壁，曹军大营当时驻扎在长江北岸，曹操失败的原因里有疾病问题，但主要是遭到了火攻，曹军损失惨重，不得不撤退，而且溃不成军，从华容道败向了江陵。

《汉末英雄记》的记载有两点不同

对于赤壁的位置,在七种主要说法里居然有三种认为它不在长江之上,而在汉水流域。这三种说法即钟祥说、汉川说和汉阳说。而它们最有力的证据之一,就是《汉末英雄记》里的记述。

根据《汉末英雄记》的说法,周瑜率领的东吴军队当时已经抵达了江夏郡,其治所原来在西陵县,即今湖北省武汉市新洲区;但该郡目前最重要的城市是夏口,即今湖北省武汉市。夏口扼守于汉水与长江的交汇处,地理位置十分重要。根据其他史料的记载,江夏郡及夏口本为刘表的长子刘琦所据有,刘备在长坂坡被曹军击败后"斜趋汉津",沿汉水南下也到了夏口。现在,周瑜率江东的军队由柴桑沿江西进,到夏口与刘备、刘琦完成了会师,夏口成为孙刘联军的大本营。

按照《汉末英雄记》的说法,曹操本来想沿长江而下进攻夏口,但是没有足够的船,于是乘"簰"也就是竹筏子改由汉水南下,抵达浦口(这个地方在哪里不详,应该在汉水之上)。曹操还没有来得及渡江,周瑜连夜密使轻船、走舸一百多艘,每艘五十人划船,都手持火炬,用火烧曹军的战船,曹军共有数千只竹筏被烧,"火大起,光上照天",曹操连夜败走。

对这件事《汉末英雄记》保存有两条相似的记载,应该是同一条记载的两个版本,它们因分别保存在《太平御览》和《艺文类聚》里而造成文字上稍有不同,但主要意思是一样的。如果按照《汉末英雄记》的说法，根本没有赤壁之战，而应该叫"浦口之战"，但这个浦口在哪里已无法考证，因此才有了钟祥、汉川、汉阳三个说法。除此之外，《汉末英雄记》对此战的经过也有不同的记述，根据《汉末英雄记》的说法，曹军在汉水上的主要运输工具居然是竹筏，数量大得惊人，有数千只之多。周瑜取胜的关键是派人趁夜烧了这些竹筏，曹操因此败走。

但是对照大多数史书的记载，发现《汉末英雄记》的说法疑点重重。根据《三国志》的明确记载，曹操本人参加了追击刘备的战斗，并且很快到达了江陵，即今湖北省荆州市。曹操在江陵有一系列活动，包括大封荆州人士，以及为好友王俊迎丧等，曹操本人在江陵是确信无疑的。江陵是刘表的水军基地，刘表负责指挥水军的将领蔡瑁、张允已经投降了曹操，曹操手里不仅有船，而且数量、质量都不逊于江东，不存在"无舡"的局面。退一步说，如果没有船曹操也不可能在条件不具备的情况下向孙刘联军发动进攻，他怎么会用竹筏与江东强大的水军展开对攻？再退一步说，曹操即使打算在没有船的情况下进攻孙刘联军，又怎么会放着长江这个黄金水道不用，而绕道汉江再从那里南下攻击夏口？

是王粲写错了吗？似乎也不会。王粲本人此时就在荆州，他刚刚投身曹操阵营并且是曹操所封的十余个侯爵里的一个，他随后被曹操留在身边任职，正常情况下他应该参加了曹操后面的军事行动。即使他因为有别的事没有亲身经历赤壁之战，也会密切关注此战的动向，对于荆州一带的地理、风物、民俗他都应该很清楚，不会记载有误，也不会语焉不详。他即使有不清楚的地方，回来之后也会询问参加过此战的人再动笔，如果他无中生有，臆造出一个"浦口之战"来，又怎么过曹操这一关？

有人注意到，《汉末英雄记》凡提到曹操时一律称"曹公"，唯独此处称"曹操"，不符合王粲的身份，所以有人得出一个结论：《汉末英雄记》里关于赤壁之战的这几条记载不是王粲所写，可能出自山寨版的《汉末英雄记》。但是，仔细分析一下当时的整个荆州战场，尤其是关照一下曹军各路人马的位置和动态，就会发现也许王粲所写是真的。

被忽略的兵团，也许真有个"浦口之战"

据《三国志》记载，建安十三年（208年）十月曹操亲自率领大军从江陵出发，沿长江东进，目标是江夏郡的夏口。随行的有大小战船数千艘，以及曹军的一部分主力，总人数在三四万人。根据《三国志》各人传记中的记载，之前随同曹操一同到达江陵的有曹仁、曹纯统率的虎豹骑，是他们一日一夜行军三百里在长坂坡追上刘备，把刘备打败。还有许褚统率的宿卫营，他们每次都随曹操本人行动，除此之外，到达江陵的还有徐晃、满宠、任峻等部，徐晃此时担任横野将军，满宠担任奋威将军，任峻是曹操的堂妹夫，此时担任长水校尉。曹操不可能把这些人马全部带走，他留下曹仁守江陵。这里面就有一个问题，张辽、于禁、张郃、乐进等曹军主力部队也参加了荆州会战，他们没有出现在曹操沿江东进的队伍里。那么，他们此刻在哪里？

对照各人的传记和其他史料，发现他们此时正在襄阳一带，他们没有随曹操之后赶到江陵，而是接到曹操的命令在襄阳集结，之后沿汉水直接南下。这支部队至少包括于禁、张辽、张郃、乐进、路招、朱灵、冯楷等七部，其中于禁是虎威将军、张辽是荡寇将军、张郃是平狄将军、乐进是折冲将军、路招是扬武将军、冯楷是奋威将军，按照东汉的军制，他们应该各率领一个"军"。通常情况下一个"军"有一万多人，这支部队总人数接近十万人，这才是曹军的主力。如果曹操亲自率领的那一路看作是西线兵团的话，这一路就可看作北线兵团。

根据《三国志·赵俨传》记载，曹操考虑到这些将军资历差不多、平时都有点互相不服气，就专门派前丞相府主簿、现任章陵郡太守赵俨担任北线兵团的都督护军，相当于北线兵团联席参谋长，曹操还派丞相府军祭酒杜袭协助赵俨。除了这七部人马外，北线兵团还有文聘率领的水军，文聘原来是刘表手下的部将，投降曹操后被任命为江夏郡太守，只是这个郡还在孙刘联军掌握之中，待打败了他们文聘才能上任。文聘参加了北线兵团，他主要负责指挥刘表在汉水流域的水军，相对于江陵水军来说，汉水的水军规模较小，这也就是《汉末英雄记》说的，必须再造数千只竹筏才行。除了这两大兵团，曹操手下的臧霸、李典、李通、曹洪、夏侯渊、夏侯惇所部间接参加了荆州会战，他们有的负责遥相呼应,有的负责后勤供应,有的驻扎在其他地方负责防守。

在西线兵团沿江东进的过程中,北线兵团也沿汉水南下,孙刘联军已经集结于夏口,他们将面临两面作战的不利态势。但是,在周瑜的统一指挥下,孙刘联军也两线出击,一路沿长江西进,与曹操率领的西线兵团相遇于赤壁,作战过程如《资治通鉴》根据《三国志》等史料记载整理的那样,先是曹军中出现流行疾病,导致作战能力下降,后来周瑜采取火攻,曹军战船被烧,曹操败走,退到江陵。而汉水的这一路,尽管曹操和周瑜本人都没有参战,但打得也很精彩,孙刘联军同样采取了火攻的办法,烧了曹军的竹筏,曹军败走。

这当然是一种推论,如果成立的话,赤壁之战以外,还应该有一个"浦口之战",它们都是曹操于建安十三年(208年)发动的荆州会战的组成部分,它们同时存在,因此不必用一个去否定另一个了。

37

《汉末英雄记》里的其他人物

先是，张俭等相与作衣冠糺弹，弹中人相调言："我弹中诚有八俊、八义，犹古之八元、八凯也。"

尚栩先人尚子平有道术，为县功曹。休归，自入山担薪，卖以饮食。

向栩字甫兴，性卓诡不伦。恒读老子，状如学道；又似狂生，好被发，著惨头。常于灶北坐板床上，如是积久，板乃有膝踝足指之处。

向栩为性卓诡不凡。好读老子，状如学道，又复似狂。居尝北坐，被发，喜长啸。人客从就，辄伏不视人，有于栩前独拜，栩不答。

刘翊字子相，颍川人。迁陈留太守，出关数百里，见士大夫病亡道次，翊以马易棺，脱衣殓之；又逢知故困饿于路，不忍委去，因杀所驾牛以救之。众人止之，翊曰："视没不救，非志士。"遂俱饿死。

孔文举为东莱贼所攻，城欲破。其治中左承祖以官枣赋与战士。

茂名在八友中。

凉州贼王国等起兵，共劫忠为主，统三十六部，号车骑将军。忠感慨发病而死。

李叔节与弟进先，共在乘氏城中。吕布诣乘氏城下，叔节从城中出诣布，进先不肯出，为叔节杀数头肥牛，提数十石酒，作万枚胡饼，先持劳客。

——（三国）王粲《汉末英雄记》

《汉末英雄记》只剩下了残篇，除了前面述及的人物、事迹可以连缀补充以成故事外，还有一些更为破碎和分散的记述，有的只是一两句话，有的涉及同时代一些相对次要或者留下史料较少的人物，下面集中进行解读。

被谭嗣同羡慕的朝廷通辑犯

谭嗣同有一首著名的《绝命诗》，诗中写道："我自横刀向天笑，去留肝胆两昆仑！"这已为大家所熟知，而这两句诗的前面还有两句："望门投止思张俭，忍死须臾待杜根。"这个张俭就是《汉末英雄记》里写到的张俭。

张俭，字元节，山阳国高平县即现在的山东省邹城人。他的父亲当过江夏郡太守，他后来当过郡督邮。当时大宦官侯览在本郡残害百姓，张俭上书弹劾，结果与宦官结仇，侯览指使本地人朱并检举张俭及本郡二十四个人结为私党，朝廷下令逮捕张俭等人，由此爆发了党锢之祸。所以张俭的传记被列入《后汉书·党锢列传》里。

谭嗣同诗中说的"望门投止"已成典故，是说张俭逃亡途中"困迫遁走，望门投止"，看到一处人家就去投宿，而大家因为敬重他，都"破家相容"。有一次跑到东莱郡的李笃家,宦官毛钦得到消息率人到李笃家搜捕,李笃对毛钦说:"张俭知名天下,虽然逃亡在外但不是因为有罪,你忍心抓他吗?"毛钦虽然是宦官,但良知仍在,他拍拍李笃的背说:"昔日蘧伯玉以独自当君子为耻,足下怎能以仁义自专?"意思是与李笃共行义举,后来毛钦果然叹息着离开了。谭嗣同后来也成为朝廷的要犯,他思念张俭,也怀念那个人人都敢于"破家相容"的年代。

后来党锢解除,张俭回到家乡,大将军、三公府争相聘请他,朝廷又打算任命他为少府卿,但他都没有去。曹操迁献帝于许县后,征他做卫尉。张俭这一次去了,但他闭门谢客,不出门也不问事,把朝廷配给自己的车子挂到墙上。张俭后来在八十四岁时去世。

汉末三国最酷的"犀利哥"

黄巾起义爆发后,朝廷赶忙组织军队进行镇压,但也有人不同意使用武力,认为还有更好的办法。有个河内郡人就向朝廷上书,说只需要派人到黄河上面向北诵读《孝经》即可退敌。提出这个雷人建议的就是向栩。

根据《汉末英雄记》的记载,向栩,字甫兴,是河内郡朝歌县人,他有个先人叫向子平,做过县里的功曹,大约相当于县政府人事科长。向子平"有道术",辞去公职后到山里隐居,靠挑柴火出来卖为生。向栩从小喜欢读书，但性格"卓诡不伦"，比较另类，他最喜欢读《老子》，一天到晚神神道道，"状如学道，又似狂生"，他平时披头散发，头顶戴一个绛色的绡头。

《汉末英雄记》说向栩经常坐在灶台北面的一张板床上，一坐就能坚持很久，经常在那里沉思，谁也不知道他在想什么。时间久了，床板上都留下了膝踝足指的印记。他不喜欢说话，但经常发出长啸，有朋友来了也不正眼瞧，自己该坐就坐，该躺就躺。有人跑到他面前行拜见之礼，他也不作答，只当没看见。

这种作派恐怕就连最爱耍酷的祢衡也自愧不如。《后汉书》里把向栩列入独行列传中，所谓独行就是有与众不同之处，应着孔子一句话就是"与其不得中庸，必也得狂狷乎"。据《后汉书》记载，向栩倒是有些学问，有人拜他为师，他就给人家改名字叫"颜渊""子贡""季路""冉有"什么的。作为人师，好歹也是个知识分子，但他经常骑驴入市，向别人乞讨。有时还把要饭时结识的乞丐邀请到家里来，对他们好酒好肉招待。向栩不是穷得真要当乞丐，有点像是体验生活，但没有人能猜透他到底想什么，公府征辟他、举他为孝廉他都不去。

最后他还是应征了，居然被朝廷任命为赵国相，也不知道朝廷的人事部门是怎么考察的。大家也认为向栩与众不同，肯定会弄出特立独行的事来，结果发现他一上任就给自己配了好车、好马，很会享受，于是大家怀疑之前他是在作秀。他到任后不太管事，不看公文，官府里的草都长得好高。后来他改任侍中，每次议论国家大事都直言不讳、声色俱厉，大家都害怕他。黄巾起义爆发他提出那项雷人的建议后，宦官头目张让认为他这是反对朝廷用兵，是黄巾军的卧底，于是把他抓起来杀了。

汉末三国助人为乐的楷模

《汉末英雄记》提到的刘翊也被《后汉书》归入独行列传里，但他不是因为言行"雷人"，也不是因为举止狂狷，而是因为他仗义疏财、扶危济困，最后因为救助别人把自己给饿死了。

据《后汉书》记载，刘翊，字子相，是颍川郡颍阴县人，跟荀彧是一个县的老乡。他们家很富有，他喜欢周济别人，曾在路上遇到一个人，因为路上有冰车子毁坏了，刘翊一问才知道这个人因为老师病故要去奔丧，刘翊马上把自己的车子送给他，之后策马而去，真正是"做好事不留名"。被救助的这个人叫张季礼，他记住了刘翊的长相，后来专程到颍阴县感谢，刘翊"闭门辞行，不与相见"。

黄巾起义后，地方上又遇到了饥荒，刘翊把自己家里的粮食拿出来救济穷人，乡人中有家贫的，"死亡则为具殡葬，嫠独则助营妻娶"。献帝西迁长安后，刘翊被推举为本郡的上计吏，当时道路隔绝，路上兵荒马乱，各州郡很少派人到长安上计，也就是汇报年度工作，刘翊为完成使命，夜行昼伏，最后到了长安，献帝颁布诏书以"嘉其忠勤"，想把他留下来在自己身边任职，但刘翊想回去，献帝于是升他为陈留郡太守。在东归路上，刘翊不断见到有"士大夫病亡道次"，刘翊见到一个就资助一个，最后把马卖了给人家买棺材，把自己的衣服脱了给人家入殓。刘翊最后只剩下了牛车，又遇到"困饿于路"的人，刘翊不忍离去，就把牛杀了救人，大家都劝他算了，刘翊说："视没不救，非志士。"最后刘翊居然饿死在路上。

名气很大能力很差的老"愤青"

在汉末三国历史上，孔融是个名气很大的人物。根据《后汉书·孔融传》的记载，孔融，字文举，鲁国人，是孔子的二十世孙，他的父亲叫孔宙，当过泰山郡都尉。孔融小的时候就展露出与众不同的天赋，"孔融让梨"的典故在当时就已家喻户晓，他十岁那年跟随父亲到京师，拜见著名党人领袖、河南尹李膺，而李膺素来简重自居，不随便见客。孔融到了门口对里面的人说："我们家跟李家有通家之好，请给通报一下。"李膺于是接见了孔融，他很奇怪，问两家有何通家之好，孔融不急不慌地说："我的先君孔子与先生的先人李耳同德比义，亦师亦友，我跟先生不是累世通家吗？"孔融机智的回答让大家无比称赞。

上面说过的那个张俭逃亡途中也到过孔家，孔融跟哥哥孔褒收留了张俭；后来事泄，张俭逃走，孔融兄弟俩都被抓了起来，孔融和孔褒抢着承担罪责；县吏问他们的母亲怎么处理，结果孔母又把罪责揽到自己身上,"一门死争"。后来朝廷把罪名落到孔褒身上,而孔融的名气更大了。

孔融后来被司徒府和司空府先后征辟,又改任虎贲中郎将,这时候董卓秉政,欲行废立之事,孔融反对,董卓因为孔融名气太大没有杀他,改任他为议郎,北海国黄巾军闹得很厉害,董卓想为难一下他,就授意三公府一块推举他为北海国相。孔融到了北海国,"收合士民,起兵讲武",开始干得还不错,他"置城邑,立学校,表显儒术",大力发展文化事业。但是,黄巾军势头很猛,孔融说到底只是个文士,他没有能力镇压,被迫退到都昌,被黄巾军管亥部所围。情急之下,孔融派手下人太史慈到邻近的平原国向平原相刘备求救。《汉末英雄记》关于孔融的这条记载,就发生在孔融被管亥围攻之时,当时城内岌岌可危,治中左承祖拿官仓里的枣给战士们吃。

刘备听说孔融求救,第一个反应是"孔北海乃复知天下有刘备邪?"这是因为孔融的名气实在太大,而刘备那时基本上还默默无闻。刘备出手相救,孔融的危机暂时化解。但正如《后汉书》所说,孔融"负有高气"而"才疏意广",能力实在有限,最后被袁绍的儿子袁谭相攻,战斗自春至夏,每天"流矢雨集,戈矛内接",就在这危急之中,孔融仍然"隐几读书,谈笑自若"。但这阻挡不了袁军的进攻,城破之后孔融丢下妻子儿女逃走。

正当孔融走投无路之时,曹操把献帝接到许县,因为孔融素有名气,就征他为将作大匠,后来升任少府卿。开始孔融与曹操还能合作，孔融也积极参与了许多朝政，但很快孔融发现曹操无比专权，天子不过一个名份而已，孔融很反感，开始跟曹操唱对台戏。对孔融一再与自己作梗，曹操早就有所不满，但碍于孔融的名气一直没有发作，孔融自己毫不收敛，一副"愤青"的架势，对曹操想批评就批评，想挖苦就挖苦，终于让曹操不再忍受。建安十三年（208年），曹操出兵荆州前夕，授意路粹诬告孔融"欲规不轨"，又说他"跌荡放言"，孔融及妻子儿女一同被杀。

被曹操派到朝鲜半岛任职的太守

凉茂，字伯方，山阳国昌邑县即现在的山东省巨野县人。《汉末英雄记》说他是"八友"之一，但这一说法还需考证。东汉末年，宦官和外戚把持朝政，士人们为了和他们抗衡，纷纷标榜出"三君""八俊""八顾""八厨"等名号，以互相激励，前面提到的刘表、张俭、张邈等人都在其内。一般来说，也有把"八顾"称为"八友"的，但他们是指郭林宗、宗慈、巴肃、夏馥、范滂、尹勋、蔡衍、羊陟八人，而没有凉茂。《汉末英雄记》里说的"八友"是否另有所指，已经不可考。

但是凉茂的事迹还是很清楚的，他在《三国志》里有列。根据记载，凉茂从小很好学，对儒家经典很熟悉，曹操当司空的时候他被辟为司空掾，相当于司空府里的处长，如果由此来判断，他似乎出道较晚，与党锢之祸时期的"八俊""八厨"不在一个时间段。曹操发现凉茂有实干才能，让他到泰山郡当太守，他很有政绩，被曹操派到乐浪郡当太守。

这个乐浪郡在辽东地区，其地在今朝鲜半岛，那时虽属东汉版图之内，但却不是曹操的控制范围，此时实际控制这一地区的是公孙度。公孙度是辽东本地人，他跟董卓手下的猛将徐荣是同乡，关系也很好，在徐荣的推荐下董卓任命他当了辽东郡太守。公孙度很有手段，迅速在辽东一带站住了脚，势力强大后，他擅自将辽东郡分为辽西郡和中辽郡，分别设置了太守，后来又私自成立了一个所谓的平州，自任平州牧。公孙度又渡海在山东半岛设立了营州，他自封为辽东侯，成了皇帝。

对于这个"辽东王"曹操却无可奈何，因为他分不出身来讨伐。他曾经以献帝的名义拜公孙度为武威将军，封永宁乡侯，但公孙度看不上。公孙度死后，他的儿子公孙康继位，曹操派凉茂到乐浪郡当太守，是想在公孙康的地盘上掺沙子，这可是个苦差，说不定还有生命危险。果然，凉茂到后公孙康就把他软禁起来。曹操南下荆州时，公孙康手下有人建议趁机袭取曹操的大本营邺县，公孙康想听听凉茂的意见，凉茂对他们说："现在海内大乱，汉室衰微，将军拥有十万大军却坐观成败，这是大汉臣子应该做的吗？曹公忧国忧民，正率领仁义之师为天下人诛杀残贼，这样的功德可谓独一无二。现在朝廷没有追究将军您的罪责，那是因为国内刚刚平定，百姓需要安抚罢了，将军您却想趁机兴兵，如果真要那样，生死存亡的结果用不了一个早晨就可见分晓，将军您就看着办吧!"《三国志·凉茂传》说,公孙康及手下诸将听完,"皆震动",袭击邺县的计划也不再提了。

后来曹操把凉茂调了回来,让他担任魏郡太守、甘陵国相,曹丕担任五官中郎将时任命凉茂为长史,曹操建立魏国凉茂是首任尚书仆射,即尚书台的副长官,后来凉茂又升任魏国的奉常,曹丕被立为太子,凉茂担任太子太傅,受到曹氏父子的礼遇和尊重,后死于任上。

此外,《汉末英雄记》还写了两个人,一个叫阎忠,关于他的事迹很少,只知道他是汉阳郡人,当过信都县令。汉阳郡属凉州,他后来到名将皇甫嵩手下任职,皇甫嵩也是凉州人,因为这层关系阎忠跟皇甫嵩能说一些机密的话。皇甫嵩受朝廷之命平息黄巾义军,立下了大功,手里掌握了很大的兵权,此时"朝政日乱,海内虚困",阎忠跟皇甫嵩之间有一场对话,阎忠劝皇甫嵩吸取韩信的教训,趁着兵权在握"请呼上帝,示以天命",皇甫嵩惧不敢为,阎忠逃走。后来凉州人王国等起兵反抗朝廷,他们劫持阎忠,让他统帅三十六部,号称车骑将军,阎忠"感慨发病而死"。

另一个人叫李叔节,是济阴郡乘氏县即今山东县巨野县人。只知道他有一个弟弟叫李进先,吕布与曹操争兖州期间进军到了乘氏城下,李叔节从城中出来见吕布,李进先没有出城,"杀数头肥牛,提数十石酒,作万枚胡饼",拿这些东西"劳客"。据《三国志·武帝纪》记载,在曹操与吕布争兖州期间,曹操屯驻于鄄城,吕布进军到乘氏县,但是吕布被"县人李进所破",被赶到了山阳国。这个李进是不是《汉末英雄记》里的"李进先"不得而知,如果是的话,这将是对《三国志·武帝纪》的一个补充。这可能是李进先、李叔节兄弟俩设下的计谋,先稳住吕布,之后大破吕布,把他赶出乘氏。